인간농장

人性諸相

인간농장

人 性 諸 相

류짜이푸 지음
송종서 옮김

글항아리

1989년 중국을 떠나 해외를 떠돈 뒤로 저는 크게 말하면 두 가지 일에 종사했습니다. 한 가지는 학술 연구입니다. 『추방된 신들放逐諸神』『죄와 문학罪與文學』『고별혁명告別革命』[1], 홍루4서紅樓四書[2], 『쌍전비판雙典批判』[3], 『리쩌허우 미학 개론李澤厚美學槪論』 등이 그 결과물입니다. 다른 한 가지는 산문을 쓴 것입니다. 『인간론 25종人論二十五種』[4]을 냈고, 『표류수기漂流手記』 1~10권을 출판했고, 2009년에는 홍콩 밍바오출판사明報出版社와 싱가포르 칭녠서국靑年書局의 합작으로 『표류수기』 1~10권의 선집을 내면서 제목을 '떠돌이 전기漂泊傳'라 붙였습니다.

제가 해외에 머물며 산문을 쓴 것은 순전히 제 생명의 요청 때문입니다. 제 심리를 글로 쓰지 않으면 평형감각을 유지할 수 없었기에 떠돌며 생활하는 가운데 느낀 바를 토로하는 것이 줄곧 산문의 주제를 이루었습니다. 그렇지만 정신적 중압감에서 벗어나기 위해 저는 인간성의 약점을

---

1 국내에서도 『고별혁명』이라는 제목으로 출판되었다.
2 2006~2009년에 출판된 『홍루몽오』 『공오홍루』 『홍루인삼십종해독』 『홍루철학필기』.
3 국내에서는 『쌍전』이라는 제목으로 출판되었다.
4 국내에서는 『루쨔이푸의 얼굴 찌푸리게 하는 25가지 인간유형』이라는 제목으로 출판되었다.

유머러스하게 비꼬는 산문도 썼습니다. 루쉰 선생은 이런 글을 '잡문'이라고 불렀지요. 『인간농장』(원제: 인성제상人性諸相)은 바로 이러한 잡문을 모아놓은 책으로, 『표류수기』 열 권 가운데 서정적이지도 않고 서사적이지도 않은, 또 문명 비판과 국민성 비판의 메시지가 들어 있는, 그러면서도 가볍고 '짓궂은' 글들을 골라낸 산문집입니다.

학술 연구에서도 마찬가지이지만 저는 타인의 말을 따라하는 것을 좋아하지 않고 자신의 말을 되풀이하는 것도 좋아하지 않습니다. 작가가 진실한 말을 하는 것은 쉽지 않으며 새로운 말을 하는 것도 쉽지 않습니다. 제 글쓰기 원칙은 새로운 말이 없으면 쓰지 않는 것입니다. 『인간농장』의 「틀에 박힌 인간」은 낡은 틀 속에 갇혀 살아가는 인간을 풍자한 것입니다. 저는 학술 연구에서 어떤 주의主義를 사용하여 일정한 틀 속에 역사를 잡아 가두고 전통을 잡아 가두고 현실을 잡아 가두고 문학예술을 잡아 가두는 것을 거부해왔습니다. 그래서 늘 이단 취급을 받았지요. 산문을 쓰면서도 틀에 박힌 격식을 탈피하려고 애썼고, 천편일률적 글쓰기를 경계하고자 노력했습니다. 글은 '정해진 방법이 없는 방법法無定法'으로 써야 한다는 것이 제 생각입니다. 글쓰기의 방법은 천만 가지일 수 있고 변화무쌍한 것일 수 있습니다. 어떤 본보기 하나에 고정될 필요가 없으며 어떤 격식 하나에 빠질 필요도 없습니다. 새로운 가능성을 창조하는 것이 제 글쓰기가 줄곧 추구해온 바입니다.

일반적으로 산문은 소설과 달라서, 없었던 일을 꾸며내서는 안 되고 반드시 실제를 기록해야 합니다. 저는 산문의 이런 기본적 규범은 따르되, 꾸며내지 않는다는 전제 아래서, '실제 사건實事'을 쓰지 않고 '진실한 모습實相'과 '진실한 정황實情'과 '진실한 성질實性'을 썼습니다. 『인간농장』 제2부 '짐승의 모습'에 들어 있는 「날고 도는 족제비」「자식을 먹은 어미 돼지」

「웨이웨이 4대 이야기」「동방의 쥐 재앙」「추인」「늑대인간」과 같은 글들은 소설과 비슷한 형태를 띠지만 실상은 산문입니다. 왜냐하면 그 안에 담긴 이야기들은 꾸며낸 것이 아니기 때문입니다. 더욱이 글에 서술된 '여러 모습諸相'은 전적으로 제가 몸소 보고 느낀 진실한 모습들이기 때문입니다.

인간성은 아주 취약한 것이지요. 인간과 짐승의 차이는 본래 크지 않습니다. 맹자의 말씀처럼 사람과 짐승의 차이는 '아주 조금幾稀'일 뿐이지요. 인간은 생존의 곤경에 빠져들어 강압과 유혹을 받으면 쉽게 '길짐승獸'으로 되돌아가거나 '날짐승禽'으로 탈바꿈하는 존재입니다. 제가 느끼기로 인류는 지금 집단적 변질을 경험하고 있습니다. 현재 인간은 다른 종의 생물로 변하고 있습니다. 바로 '금전의 동물'입니다. 이 생물 종이 공통적으로 숭배하는 것은 '금전과 물질을 숭배하는 종교'입니다. 인류의 본성이 변질되고 있다는 것은 생명의 형태에 거대한 변동이 일어나고 있다는 말이고, 이는 수소폭탄이나 원자폭탄보다 더 무서운 것인데도 사람들은 늘 알아채지 못합니다.

제가 이런 산문을 쓰는 것은 실험적 작업일 뿐입니다. 혹 어느 비평가가 이것을 산문이 아니라고 하더라도 상관없습니다. 어쨌든 이 글은 인간성과 인간의 생존 상황을 직접 보고 증명한見證 것이고, 문학이 해낼 수 있는 일도 바로 '직접 보고 증명하는 것'이기 때문입니다.

넓은 도량으로 제 실험을 받아들여주시고, 이 산문집이 한국어로 번역 출간될 수 있게 소개해주신 고혜숙 선생에게 감사드립니다.

미국 콜로라도에서
류짜이푸

人生諸相

차
례

제2부 짐승의 모습

제3부 아Q의 모습

제4부 마음의 모습

제5부 중생의 모습

제6부 시대의 모습

육체적 인간을 논함

1987년 나는 중국 작가 대표단의 일원으로 프랑스 파리에 갔다. 어느 날 프랑스 친구의 집에서 프랑스 문화에 관해 의견을 나누었다. 나는 이렇게 말했다. 프랑스 문화의 양극단은 무척 놀랍다. 우아함의 극치는 루브르 궁전과 베르사유 궁전 및 여러 전시관 속에 있고 사람들이 그것을 우러러보는 것은 당연하다. 반면 속됨의 극치는 홍등가에 있고 이는 육체적 인간肉人의 세계다. 세속 문화가 육인 문화로 변한 것은 무척 놀랍고 받아들이기 어렵다. 그러자 앉아 있던 프랑스 친구는 즉각 엄숙한 어조로 반박했다. 육인 문화는 프랑스에만 있지 않았다. 당신네 중국에도 이미 17세기부터 육인 문화가 있었을 뿐만 아니라 심지어 우리보다 더 발달했었다. 그가 이렇게 말하자 나는 곧 침묵했다. 확실히 『금병매』가 나온 시대에 중국에 육인 문화가 상당히 발달했고 『금병매』에 등장하는 많은 인물은 실상 육체적 인간임을 부인할 수 없었기 때문이다.

그날 우리 대화에서 언급한 육인 곧 육체적 인간은 기녀妓女, 즉 육체적 거래를 주된 생존 방식으로 삼는 사람들이다. 그렇지만 기녀를 두루뭉술하게 육인이라고 말하면 동의하지 않는 사람들이 있을 것이다. 특히 중국의 문인文人들이 그럴 것이다. 고대 중국 선비들은 흔히 기녀들과 인연을 맺었고, 기녀들은 문인들의 지기 혹은 지음인 경우가 많았기 때문이다. 그것은 이미 전통적 미담으로 자리를 잡았다. 이러한 '인연'은 슬프면서도 감동적인 이야기들을 숱하게 만들어냈다. 기녀는 문인의 여자 친구였고 실의에 빠진 문인이 기댈 수 있는 정신적 지주였다. 그래서 문인과 작가들이 묘사한 기녀는 대부분 사랑스럽게 그려졌다. 기녀들은 아름다운 용모뿐 아니라 빼어난 재주도 있었다. 육체적인 면과 정신적인 면을 겸비했던 것이다. 거문고를 연주하고 바둑을 두고 글씨를 쓰고 그림을 그리는 것과 같은 여러 방면에 뛰어난 기량을 갖추고 있었다. 더욱이 어떤 기녀는 지조까지 강해서 재주才, 품덕德, 미모貌 삼박자를 고루 갖추었으니 현대의 '고상하고高 위대하고大 완벽한全' 인물들과 미를 견줄 만했다. 훗날 중국 문학사에서 유명한 작품에 등장하는 여러 주인공, 예컨대 두십랑杜十娘,[5] 이향군李香君,[6] 유여시柳如是[7] 같은 인물은 영육 양면으로 큰 감동을 주는 여성들이다. 이들을 '육체적 인간'이라는 어휘만으로 개괄할 수는 없다. 나는 기녀의 발달사를 서술한 서적들을 읽은 적이 있다. 저자들은 중국의 역대 기녀들이 연극, 음악, 시사詩詞 발전에 공헌한 바를 자세히 다루면서 기방妓房은 산곡散曲[8]의 산실이었고 기방 여인들의 음악이 없었다

---

5 명나라 풍몽룡馮夢龍의 소설 『경세통언警世通言』 제32권에 등장하는 인물.
6 청나라 공상임孔尙任의 희곡 『도화선桃花扇』의 주인공으로 실존했던 인물.
7 명말 청초의 학자·문인이자 정치가였던 전겸익錢謙益의 첩으로 교양과 절개를 겸비한 인물이었다.
8 원·명·청 삼대에 걸쳐 유행하던, 대사 없는 시가 형태의 곡.

면 중국 음악은 빛이 크게 바랬을 것이라 한다. 역사서 편찬자들은 심지어 송사末詞[9]를 기방문학으로 간주한다. 요컨대 저자들은, 중국의 기녀에게는 감수성이라는 전통이 있었기 때문에 순전히 육체적 욕구에 지배된 서구인들의 육체적 거래와는 큰 차이가 있다고 말한다. 그러나 이런 결론은 서구 작가들의 동의를 얻기 어려울 것이다. 에밀 졸라의 『나나』, 모파상의 『비곗덩어리』, 알렉상드르 뒤마의 『춘화』 등에 나오는 서구의 기녀는 영혼이 없단 말인가, 하고 반박할 것이다.

위와 같은 사실에도 불구하고 기녀를 육인으로 본다면 많은 사람의 불평과 저항을 부를 것이므로 서술 방식을 바꾸는 게 좋겠다. 기방은 기방이고 육인은 육인이다. 기방과 육인을 구분하자. 기방은 육인들로 득실거리지만 그렇다고 육인들이 사는 나라에 기방만 있는 것은 아니다. 이렇게해서 육체적 인간의 의미를 따로 적절히 제한하려고 한다.

중국 고대 전적典籍에서 '육인'을 성인聖人, 지인至人, 신인神人 등과 함께 정식으로 서열지은 것은 문자文子에게서 비롯한 것 같다. 『문자찬의文子讚義』 제7권을 보면 인간을 스물다섯 종류로 구분했고 육인은 끝에서 두 번째에 있다. 문자는 이렇게 기록했다.

세상에는 모두 스물다섯 가지의 사람이 있다. 상등으로는 신인神人, 진인眞人, 도인道人, 지인至人, 성인聖人이 있다. 그다음에는 덕인德人, 현인賢人, 지인智人, 선인善人, 변인辯人이 있다. 중등으로는 공인公人, 충인忠人, 신인信人, 의인義人, 예인禮人이 있다. 그다음에는 사인士人, 공인工人, 우인虞人, 농인農人, 상인商人이 있다. 하등으로는 중인衆人, 노인奴人, 우인

9 시와는 또 다른 운문 형식으로 송나라 때 유행하던 여러 곡조에 맞춰 부르던 가사.

　　　　　　　　　　　　　　　　　　　　　육체적 인간을 논함

愚人, 육인肉人, 소인小人이 있다. 상등의 다섯 가지와 하등의 다섯 가지는 사람과 우마牛馬의 관계와 같다.

2년 전 나는 「육체적 인간에 관하여關於肉人」라는 짧은 글을 썼다. 그때 내가 위 글을 인용하지 않은 까닭은, 문자의 이런 인간 품별 목록을 다 받아들일 수 없었기 때문이다. 인간에 대한 이런 등급 매기기는 적잖은 '편견'과 '폭력'을 내포한다. 나는 중인을 우마로 간주하는 것에 찬성할 수 없고 더구나 문자가 서열지은 상등 다섯 종류의 인간은 그야말로 수준이 너무 높고 깊다. 그는 이 다섯 종류 가운데 성인을 다섯째에 놓은 이유에 관해, 성인은 눈으로 보고 귀로 들어야 하는 일반인의 면모를 아직 갖고 있지만, 신인과 진인은 그럴 필요가 없기에 성인보다 높은 등급이라고 설명했다. "성인은 눈으로 보고 귀로 듣고 입으로 말하고 발로 걷는다. 진인은 보지 않아도 알고 듣지 않아도 귀가 밝고 다니지 않아도 사람들이 따르고 말하지 않아도 사람들이 안다"는 것이다. 나는 성인의 존재 여부에 관해 본디 회의적인데 문자는 성인 위에 성인보다 더 심원하고 오묘한 신인을 두었다. 그래서 나는 더 동의하기 어려웠다. 그 외에 문자의 인간 품평 기준 역시 논쟁의 여지가 많다. 그렇지만 그의 이 목록은 뛰어난 점도 있다. 예를 들면 '변인'이나 '육인' 같은 개념을 제시한 점은 아주 흥미롭다.

쳰중수錢鍾書 선생은 『관추편管錐編』에서 중국 고서에 보이는 '육인'과 관련된 글들을 모으고 평론을 붙였는데 그것이 내 흥미를 더했다. 그래서 아래와 같이 쳰 선생의 원문도 그대로 옮겨 적는다.

「호공壺公」(『신선전神仙傳』)에는 "장방長房이 자리에서 내려와 머리를 조아리며 '육인은 무지하옵고……'"라는 말이 나온다. 「완기阮基」(『신선감우전神

仙感遇傳』)에는 "저는 평범한 육인이라 대도大道를 알지 못하오나······"라는 말이 나온다. '육인'이라는 호칭은 『진고眞誥』에 자주 보인다. 예를 들면 1권에서는 "또한 빼어난 필력을 지닌 사람은 애당초 아래로 육인과 사귈 수 없다"고 했다. 8권에서는 "배우되 생각하지 않는 것은 우물을 파되 물밑을 쳐내지 않는 것과 같으니 육인의 조그마한 결점일 것이다"라고 했다. 11권에서는 "육인은 입을 뻐끔대며 바라기만 할 줄 안다"고 했다. 육인이라는 명칭은 『문자찬의』 「미명微明」에 처음 보이는 것 같은데, 황자黃子는 "세상에는 스물다섯 가지 인간이 있으니" 그중 "하등의 다섯 종류"는 "중인, 노인, 우인, 육인, 소인이다"라고 논했다. 도사道士들은 이들을 아직 환골탈태하지 못한 범속한 육신을 가진 인간이라고 지칭했지만, 이는 『문자찬의』의 본뜻이 아니다. 중탁重濁한 육신으로 말한다면 '스물다섯 가지 인간' 가운데 '상등 다섯 종류'를 제외하고는 '육인' 아닌 사람이 없기 때문이다. 『태평광기太平廣記』 7권 「왕원王遠」에는 (출전: 『신선전』) "채경蔡經에게 말하기를, '너는 기氣가 적고 살肉이 많아 신선의 세계로 올라갈 수 없으니 육신을 두고 혼백만 빠져나가야 한다. 마치 개구멍을 통해 빠져나가는 것과 같다!'고 했다"라는 말이 보인다. 도사들이 말하는 '육인'은 이것을 보면 알 수 있다. 『대당삼장취경시화大唐三藏取經詩話』의 「입대범천왕궁·제삼入大梵天王宮·第三」에 현장玄奘이 수정좌水晶座에 올라가 앉을 수 없는 것을 본 나한이 "범속한 육신은 그 자리에 오를 수 없습니다"라고 한 것이 충분히 참고가 될 만한 증거다. (···) 『태평광기』 「정광업鄭光業」에는(출전: 『척언摭言』) "그때는 귀인을 알아보지 못했으니 범부의 육안肉眼이었고, 지금은 잠시 벼슬에 뒤처져 궁상맞은 몰골을 하고 있습니다"라고 했다. 『구당서舊唐書』 「가서한전哥舒翰傳」에는 "육안으로 폐하를 알아보지 못함이 마침내 이 지경에 이르렀습

육체적 인간을 논함

니다!"라고 했다. 또 노동盧仝의 「금아산 사람 심사로에게 보냄贈金鵝山人 沈師魯」에는 "육안으로 천하의 책들을 알아볼 수 없으니 보잘것없는 선비가 어찌 감히 오묘한 비밀을 엿볼 수 있으리오!"라는 시구가 있다. '육안肉眼'의 '육'은 '육인肉人'이나 '육마肉馬'의 '육'으로, 모두 범속하다는 뜻이다. 시인들, 예컨대 여악厲鶚은 『번사산방집樊榭山房集』「동부가 수선화 다섯 뿌리를 보내오다東扶送水仙花五本」에서 "육인들 자주 보기 껄끄럽구나, 등불 그림자 어여쁜데 반쯤 걷힌 발 너머에 비는 내리고"라고 노래했고, 심덕잠沈德潛은 『귀우시초歸愚詩鈔』 7권 「장홍훈을 위하여 원나라 사람 당백용의 '백준도'에 제자하며爲張鴻勳題元人唐伯庸百駿圖」에서 "다시는 구파법鷗波法이라 꾸짖지 마오, 세상 사람들은 어지러이 육인 그림을 그리거늘"이라고 노래했다. 이 시들은 도가의 어구들을 가져온 것으로, 용속한 범부들을 지칭하는 것으로 봐도 어긋나지 않는다.

(『관추편』, 제2책, 653쪽, 중화서국, 1979년 판)

첸중수 선생이 인용한 글들을 보면, '육인'은 곧 '대도를 알지 못하는 사람' '배우되 생각하지 않고, 우물을 파되 물밑을 쳐내지 않는 사람' '기가 적고 살이 많은 사람' '바라기만 할 줄 아는 사람'이다. 표현상의 차이는 있지만 대체로 영혼·사상·학식이 없고, 오직 범속한 몸뚱이만 가진 사람을 가리킨다. 만약 우리가, 인간은 영혼과 육신이 결합된 존재여야 한다고 확신한다면 '육인'은 영靈은 모두 소실되고 '육肉'만 남은 사람들이다. 첸 선생의 생각에 따르면, 『문자찬의』에서 황자黃子의 입을 빌려 논한 스물다섯 가지 인간 중 상등의 다섯 종류를 제외하면 나머지 스무 종류의 인간은 모두 '육인'의 기질을 띤다. 말하자면 모두가 순수한 영적 인간(신인, 진인처럼)은 아니다. 문자의 논정은 가혹하기는 해도 틀린 말은 아니다. 그러므로 우리가 스스로를 '지인' 곧 지식인으로 생각하더라도 공부하지 않고 사색하지 않고 스스로 의기소침에 빠지거나 사회에 의해 독립적 사색 능력을 박탈당한다면 역시 '육인'으로 변할 위험성이 있다.

문자가 '육인'을 중인, 노인, 우인, 소인과 병렬적 개념으로 본 까닭은, 세계에는 (적어도 이론적으로는) '육체'로만 특징지어지는 단면적 인간이 있음을 인식시키려는 것이다. 그러나 이들은 결코 나쁜 인간이 아니며 간사한 소인배도 아니다. 무식하고 무지한 인간일 뿐이다. 아담과 하와는 지혜를 주는 금단의 열매를 먹기 전에는 단지 '육인'이었다고 할 수 있다. 그러나 이런 생각이 성립될 수 있다면 하느님上帝의 바람은 인간세계가 본디 육체적 인간의 세계여야 마땅하다는 것이 아닐까?

덕인, 현인으로부터 우인, 소인에 이르기까지 모두 육체적 요소가 있기는 하지만 '육인'만은 별도로 독립시킬 필요가 있다고 본다. 가령 '육인'과 '소인'을 혼동해서는 안 될 것이다. '소인'들 대부분은 비록 육체적 요소를 많이 갖고 있지만 육인처럼 우둔하지는 않다. 오히려 소인들은 대개 눈치가 상당히 빠르고, 여우처럼 교활하고 비열한 심보를 가진 경우가 많으며 심지어 독사나 전갈처럼 악랄하기까지 하다. 그러나 '육인'에게는 절대 소인의 이런 성질이 없다. 만약 있다면 '육인'이라 볼 수 없다. 그 외에도 그들은 '중인衆人'이나 '우인'과도 다른 면이 있다. 중인과 우인도 육의 측면이 영의 측면보다 크고 범속한 몸뚱이를 가진 사람들이기는 하다. 그러나 육의 비중이 '육인'보다 크지 않다. 가령 등뼈가 앙상한 어느 무식쟁이가 자신을 육인이라 칭하는 것은 적합하지 않을 것이다. 이런 사람에게 잘 어울리는 말은 '우인'이다. 또 가령 아Q가 자신을 '우인'이라 부른다면 그런대로 말이 되겠지만 스스로를 '육인'이라 칭한다면 전혀 통하지 않을 것이다. 그런데 육체는 발달했으나 무지한 기녀가 자신을 우인이라 부르는

육체적 인간을 논함

것도 온당치 않다. 그런 기녀는 '육인'이라 부르는 것이 적절하다. 그러나 앞에서 말한 바와 같이 호칭을 붙일 때는 조심해야 한다. 기녀라고 해서 모두 육인은 아니며, 적잖은 기녀가 지인至人이나 덕인이었기 때문이다. 단지 성인이 될 수 없을 뿐이다. 고대 중국 지식인들의 사유는 현대인만큼 치밀하지 못했고, 글을 쓰는 것도 지금처럼 편리하지 않았다. 그러므로 옛사람들에게 확실하고 분명하게 말하라고 요구할 필요는 없다. 옛사람들이 이미 핵심을 찌르는 방식으로 갈파한 것을 이어받아서 우리의 치밀한 사유로 차별성을 부여해야 할 것이다.

물론 우리가 고대인보다 더 '진보'한 점은, 하나의 개념을 가지고 어떤 종류의 인간을 개괄할 때 그 개념은 이미 많은 것을 체로 쳐 거른 것임을 알고 있다는 점이다. 그래서 이러한 개념은 인간 본연의 풍부한 존재적 특징과 동떨어진 경우도 많다. 그러므로 어떤 한 개념을 가지고 어떤 종류의 인간을 규정하기란 실상 매우 어려운 일이다. 이 스물다섯 종류의 인간 개념으로 말하자면, 동일한 한 명의 인간도 여러 개념을 가지고 형용할 수 있다. 저팔계로 예를 들자면 그를 육인이라고 말하면 정말 많은 점이 유사하다. 먹기 좋아하고 행동이 게으르며 돼지처럼 잠을 좋아하고 음식과 여색을 밝힌다. 생김새도 돼지처럼 살이 찌고 뚱뚱한 데다 지능까지 낮아 아는 글자가 하나도 없다. 이런 점은 모두 육인의 조건에 부합한다. 그러나 저팔계는 잔머리도 굴리고 교활한 짓도 하고, 게다가 무예도 갖추고 있어 사형인 손오공과 협동작전을 펼치기도 한다. 그리고 마침내 목숨 걸고 삼장법사와 함께 목표를 끝까지 추구한다. 돼지가 스물네 번째 등급인 육인에서 거의 선두 그룹의 비범한 인간으로 비약하는 것이다.

육체적 인간의 지능을 판단하는 것은 쉬운 일이지만 육체적 인간을 도덕적으로 판단하기란 힘든 일이다. 심지어 육체적 인간은 도덕적 가치판단과 아무 상관이 없다고 할 수 있다. 어떤 육인은 흉악하고 어떤 육인은 선량하다. 저팔계는 선량한 육인이다. 그러므로 육체적 인간은 결코 나쁜 인간을 뜻하는 말이 아니다. 물론 육인에 가까운 인간 가운데는 악랄한 이도 있다. 예컨대 『홍루몽』의 설반薛蟠이 그렇다. 이 인물이 술자리에서 흥을 돋우려고 벌주놀이를 시킬 때 제멋대로 지어내는 타유시打油詩[10]는 구절마다 조잡스럽고 저속하며 육체적 의미를 띤다. 그러나 그는 도덕적 감정이 없긴 하나 친분을 매우 중시하는 인물이다. 그를 '육인'이라 하는 것은 이 두 가지 특징이 아주 약하게 드러나 있어서 그의 '육체적' 특징을 두드러지게 만들기 때문이다. 그러므로 그를 '육체적 인간'에 가깝다고 말하더라도 억울한 누명을 씌우는 것은 아닐 터이다.

중국 당대當代 문학에서 나는 '육체적 인간'에 부합하는 인물 형상 두 가지를 발견했다. 하나는 타이완 작가 리앙李昂의 작품에 있다. 그녀의 소설 『남편 죽이기殺夫』에 나오는 천장수이陳江水라는 백정은 성욕과 도축밖에 모르는 육체적 인간이다. 그는 육체의 세계에서만 살아가는 인물로, 그에 대응하는 정신세계와는 전혀 무관하다. 돼지고기건 사람고기건 가리지 않고 고기 속에서 자신의 폭력, 곧 "그의 본질적 힘"을 마음껏 누린다. 육체적 인간인 그는, 그의 아내 린스林市까지 육체적 인간으로 본다. 그러나 육체적 인간이 아닌 아내는 결국 육체적 폭력을 견딜 수 없어 그를 살해한다. 「백정을 논함屠人論」이라는 글에서 이 인물을 분석한 바 있기에 여기서는 부득이하게 생략한다. 또 다른 육체적 인간의 형상은 중국 작가 위뤄진遇羅錦의 작품에 나온다. 그녀의 소설 『어느 겨울날의 동화一個冬天的童

---

10 당나라 때 장타유張打油라는 사람이 시작한 시체詩體로, 운율이나 압운과 같은 형식에 얽매이지 않고 통속적이고 해학적인 내용을 표현했다.

話』에서 여주인공 '나'의 첫 번째 남편 둥웨이귀董衛國가 바로 '육인'이다. 이 인물은 선량하고 부지런하며 힘도 세지만 건장한 몸뚱이를 빼면 인간으로서의 정신적 부분은 거의 소멸되다시피 한 인물이다. 무고한 사람이지만 무지하고 영혼 없는, 거의 단순하고 육체적인 존재다. 여주인공은 북쪽 지방에서 극단적 고립무원의 상황에 처했을 때 출신 성분이 좋은 이 육체를 남편으로 받아들였다. 이 남편의 존재는 나무랄 데가 없다. 지혜가 없지만 죄악도 없다. 총명한 기가 없지만 사악한 기도 없다. 웅대한 포부가 없지만 나쁜 마음씨도 없다. 그에게는 사랑이 있는 것 같기도 하고 없는 것 같기도 하다. 그의 사랑은 단지 육체적 형태의 '사랑'일 뿐이다. 여주인공은 결혼 첫날밤 거대한 육신을 가진 이 남자가 침대 위에서 우람한 자태로 당당히 서 있는 것을 보고 뭐라 말할 수 없는 공포를 느낀다. 그러나 이 건장한 사내의 죄악을 말로 표현할 수는 없다. 그녀는 그를 어떤 도덕의 법정에도 세울 수 없다. 자신의 생활이 불만과 불행으로 충만하다는 것을 절감할 뿐 이런 불만과 불행한 느낌이 드는 이유를 구체적인 말로 설명할 수 없다. 그러나 우리는 그녀를 위해 한 가지 이유를 찾아낼 수 있다. 남자 주인공은 무고하고 선량한 육체적 인간이지만 여자 주인공이 직면한 것은, 공교롭게도, 풍부한 영혼을 가진 여자가 정신적인 면이라고는 전혀 없는 육체적 인간을 받아들여야 하는 비극이라는 것이다. 이는 어쩌면 인간의 영혼이 필연적으로 육체 속에서 소멸할 수밖에 없는 비극이라고 말할 수도 있을 것이다. 그러나 남자 주인공이 육체적 존재로 변했다는 것 그 자체가 또 하나의 비극이다. 이는 문화대혁명 기간에 정신적 성장의 기회를 박탈당한 인간의 비극이기 때문이다. 남자 주인공은 처음부터 육체적 존재로 결정되어야만 할 운명은 아니었다. 그는 육체를 갖고 태어났지만 인간으로서 갖는 또 하나의 측면에 속하는 문화와 지식과 영혼을 보충받을 기회를 얻지 못했다. 스스로 박탈한 것이 아니라 사회로부터 박탈당한 것이다. 1960~1970년대 중국 대륙의 청년 세대는 누구나 이런 비극을 겪었다. 겨우 문화대혁명만으로도 둥웨이궈와 같은 육체적 인간과 그에 준하는 사람들을 얼마나 많이 만들어냈는지 모른다. 실상 '독립적 사고'를 비판한 정치운동들이 모두 육체적 인간을 제조하는 메커니즘이었다. 만약 정치운동과 문화대혁명이 부단히 이어졌다면 지식인까지 육체적 인간으로 퇴화했을 것이고 그에 따라 사회 전체가 육화肉化했을 것이다. 이여진李汝珍은 『경화연鏡花緣』[11]에서 각양각색의 이상한 나라들을 상상했지만 '육체적 인간의 나라肉人國'는 상상해내지 못했다. 만약 그가 육체적 인간의 나라를 생각해냈더라면 틀림없이 사람들을 웃기고 또 슬프게 만드는 이야기를 수없이 지어냈을 것이다.

그러나 육인 현상은 중국만의 순수한 전통國粹은 아니다. 서구에서도 한창 '육체적 인간'들이 대량으로 번식하고 있다. 고도로 발전한 물질문명의 거대한 물결이 인간의 정신을 질식시키고 있다. 첨단기술이 파생해낸 수많은 기술의 노예, 그들은 바로 기계인간이다. 한편 고도로 발전한 경제는 사람을 광고의 노예, 금전의 노예로 바꿔놓고 있다. 그들 중 상당수는 육체적 인간이다. 게다가 육체적 인간을 제조하는 사업이 갈수록 발달하면서 창녀와 남창뿐 아니라 육체적 향유밖에 모르는 보통 사람들도 생겨났고, 그들은 늘 텔레비전에 출연해 전적으로 육체의 쇼를 연출한다. 그들이 벌이는 쇼는 오로지 돈을 벌기 위한 것이며 쇼 배후에서 그들의 삶은 정신생활과 전혀 무관하다. 세계적 규모의 현대화 물결과 물질주의

---

11   청나라 때 작가 이여진이 10여 년에 걸쳐 창작한 장편소설로, 1828년에 간행되었다. 신비하고 환상적인 이야기들과 함께 봉건사회에 대한 비판의식을 풍자적으로 표현한 걸작으로 꼽힌다.

의 홍수는 후진국의 부러움을 사지만 이런 물결이 바로 이 시각에도 사회를 육화하고 육체적 인간을 대규모로 생산한다. 이는 우려할 만한 일이 아닐까? 사회 현대화를 설계한 사람들과 사회 현대화를 추진한 사람들은 현대화를 부르짖으면서 인류사회가 육화해가는 이런 추세를 발견하지 못했을까? 나는 늘 중국의 현대화를 위해 목소리를 높였지만 그 뒤에 급속하게 만연하게 될 육체적 인간과 사회의 육화를 생각하면 머릿속이 차갑게 얼어붙는다. 얼어붙은 나머지 악몽을 꾼다. 꿈속에서 본 지구 전체 세계는 욕망만 있고 영혼은 없는 육체적 인간의 세계다.

가축인간을 논함

'가축인간畜人'이라고 하면 우리는 얼른 가축의 생김새를 한 사람을 떠올리기 쉽다. 『서유기』에 나오는 저팔계처럼 말이다.

현실 생활에서 생김새가 진짜 저팔계 같은 사람을 찾아내기는 어려울 것이다. 만일 그런 사람이 있다면 사람들은 그를 괴물로 취급하고 결코 인간으로 인정하지 않을 것이다. 라틴아메리카의 작가 마르케스의 소설 『백년의 고독』에 묘사된, 고급 장교 가정의 6대손 부엔디아가 낳은 아들은 뜻밖에 돼지 꼬리를 달고 태어난다. 그러나 애석하게도 태어난 지 얼마 되지 않아 개미에게 먹힌다. 그렇지 않았으면 자라서 가축인간이 되었을지 모른다. 하지만 이 이야기는 어디까지나 소설일 뿐, 현실에도 정말 돼지 꼬리가 달린 인간이 있는지는 의심을 품어볼 만하다. 그러나 진짜 있는가 여부와 상관없이, 인류의 총명한 자손들은 확실히 인간과 짐승, 인간과 가축의 기묘한 결합을 좋아한다. 그래서 사자의 몸에 사람 얼굴을 한 유명한 이집트 스핑크스가 생겨났고, 또 사람 몸에 원숭이 얼굴을 한 유명한 손오공이 생겨났다. 그리고 『대승금강계주보살수행분경大乘金剛 髻珠菩薩修行分經』[12]에 따르면, 사람의 몸에서 "무수한 머리와 얼굴이 생겨나고 혹은 말의 얼굴, 코끼리의 얼굴, 돼지의 얼굴, 족제비의 얼굴, 도미의 얼굴도 생겨나며", 심지어는 "노래기 얼굴"과 같은 것까지도 생겨난다. 게다가 개의 몸에 사람의 얼굴을 하면 괴물의 모습이지만 사람의 몸에 돼지의 얼굴이나 말의 얼굴을 한 것은 부처의 모습이라고 한다. 나는 그 이유를 설명하지 못한다. 여하튼 이 때문에 『서유기』에 등장하는 인간과 짐승의 합성물이나 인간과 가축의 합성물에는 원숭이의 모습과 돼지의 모습만 있고 개의 모습은 없다.

『요재지이聊齋誌異』는 사람과 짐승의 합성물이 등장하는 흥미진진한 이야기로 가득하다. 그 책에서 아름다운 여자들은 여우인간으로, 흔히 여우의 총명함과 영리함을 지니고 있다. 그 외에도 『요재지이』에는 인성과 동물성을 함께 갖거나 둘의 경계를 넘나들며 변신하는 흥미진진한 이야기도 많이 나온다. 「쥐」「충견」「뱀을 기르다」「뱀인간」「사자」「쥐 놀이」「코끼리」「아보阿寶」「향고向杲」「아섬阿纖」「푸른 옷의 여자」「화고자花姑子」「아영阿英」과 같은 편이 그러하다. 이중에는 사람이 동물로 변하는 이야기도 있고, 동물이 사람으로 변해 뱀인간, 벌인간, 쥐인간과 같은 것이 되는 이야기도 있다. 그렇지만 이런 괴이한 인간들이 모두 무서운 것은 아니다. 예컨대 「뱀인간」에 등장하는 뱀인간은 인간성이 풍부하다. 그 편의 마

---

12 당나라 693년 인도 출신의 학승 보리유지菩提流支, Bodhiruci가 대주동사大周東寺에서 번역한 한 권으로 된 불경이다. 약칭 『계주경』『대승금강수행분』, 별칭 『금강계보살가행품金剛髻菩薩加行品』이다. 보살이 선정禪定을 통해 깨달음의 경지에 이르는 길과 불법佛法의 수호자 및 비방하는 자가 얻게 되는 결과를 말하고 있다.

지막 부분에서 이사씨異史氏가 "뱀은 꿈틀거리는 짐승일 뿐인데 사람의 마음을 끄는 데가 있다"고 말한다. 물론 무서운 뱀인간도 있다. 「화고자」에 나오는 뱀 요괴는 몸에서 '누린내와 비린내'가 나는 것은 관두더라도, 사람과 서로 몸을 기대고 있을 때 혀끝으로 사람 콧구멍을 핥아대는 통에 "바늘에 찔린 것처럼 머리통이 아찔해져" 곁에 있던 사람이 도망을 치고 싶어도 "온몸이 동아줄에 묶인 것처럼 꼼짝도 못한다." 뱀인간은 뱀과 비슷한 특징을 지니고 쥐인간은 쥐와 비슷한 특징을 지닌다. 「아섬」에 나오는 쥐인간 아섬 부자父子는 완전히 '쥐로 변신하는' 경우다. 이들이 사는 집은 쥐의 소굴과 마찬가지로 대청에는 작은 탁상 하나 없고, 손님을 접대할 때도 나지막한 '족상足床'과 '단족궤短足几'뿐이며, 음식은 "맛을 보니 여러 가지가 뒤죽박죽이다." 아섬 아버지는 "무너지는 담벼락에 깔려" 죽는데, 왜냐하면 그는 정말로 언제나 담장에 뚫린 구멍 속에서 살았기 때문이다. 그러나 아쉽게도 『요재지이』의 작가 포송령蒲松齡은 이빨로 서적들을 비판하기를 좋아하는 쥐의 특징을 쓰지는 못했다. 아마도 그가 살던 시대의 쥐인간들은 대중을 동원하는 비판에 능숙하지 못했기 때문일 것이다. 내가 가장 흥미를 느낀 것은 개인간, 말인간과 같은 가축인간들이다. 「팽해추彭海秋」에 묘사된, 말로 변신하는 인간은 사람의 언어를 사용할 줄 모르고 말의 기능만 가지고 있다. 다시 사람으로 돌아온 뒤에는 또 길들여진 말의 온순한 성격과 함께 말의 생리적 특징까지 갖게 되어 "말똥을 몇 알 싸기"까지 한다.

이 글은 장구한 인류 역사에서 뱀인간, 쥐인간, 말인간과 같은 외적 특징을 가진 인류가 출현했었는가 여부를 자세히 고찰하려는 것은 아니다. 또 사자 몸에 사람 얼굴, 또는 사람 몸에 사자 얼굴, 사람 몸에 개 얼굴, 사람 몸에 돼지 얼굴과 같은 기이한 동물이나 기이한 인간이 진짜로 있었는지 여부를 자세히 고증하려는 생각도 없다. 다만 인성은 야수성이나 가축성과 상통한다는 이야기를 하고 싶은 것이다. 사회에는 정신, 기질 등 에토스 면에서 짐승이나 가축과 유사한 인간이 확실히 적지 않다. 이 글에서 말하는 가축인간은 정신적으로 가축의 성정을 가진 인간이다. 만약 정말로 외형도 가축과 비슷하고 정신적으로도 가축의 성정을 가진, 가축의 형체와 정신을 겸비한 인류가 있다면 당연히 더욱 전형적인 가축인간일 것이며, 미학자들이 말하는 '미의 전형'이라는 표준에 더 부합할 것이다.

가축인간은 사랑스러운 느낌을 줄 때가 많다. 저팔계를 예로 들어보자. 저팔계의 생김새는 돼지의 모습을 하고 있다. 돼지의 큰 귀, 돼지의 큰 코, 돼지의 불룩한 배를 가졌다. 게다가 성정 면에서도 돼지의 온순함, 단순함, 가축의 양순함을 지니고 있다. 『서유기』를 읽어본 사람이라면 첫째로는 당연히 손오공을 좋아할 것이고, 둘째로는 저팔계를 좋아할 것이다. 삼장법사나 사오정은 모두 인간미가 부족해 사람들의 사랑을 받기 쉽지 않다. 물론 옥황대제와 철선공주, 그 밖의 신이나 요괴들도 사람들이 좋아하지 않을 것이다. 불경을 가지러 가는 머나먼 길에서 저팔계는 꽤나 심한 고생을 겪는다. 전투가 벌어질 때면 그는 주력군은 아니라 해도 결국은 손오공의 쓸 만한 조수가 된다. 일상생활 속의 자질구레한 일들도 대부분 그가 맡는다. 만일 저팔계가 그렇게 남과 사이좋게 지내고 재미있는 성격이 아니었다면 삼장법사와 제자들은 틀림없이 기나긴 여행길 내내 무척이나 적막했을 것이다.

그러나 저팔계는 가축인간인지라 돼지라는 가축의 약점도 지니고 있다. 먹기를 좋아하고 여색을 밝히는 것이다. 저팔계는 식욕과 색욕이 다지나치게 왕성하다. 『서유기』에는 "밥이 들어가는 창자는 골짜기와 같고"

"색을 밝히는 쓸개는 하늘과 같다"는 말이 나온다. 제19회에서는 저팔계 스스로 "색을 밝히는 쓸개는 하늘과 같고, 울부짖음은 천둥을 닮았다"고 말한다. 우선, 그는 식탐이 아주 강해서 먹을 것을 보면 목숨도 아까워하지 않으니 그의 뱃속은 끝없는 동굴처럼 아무리 먹어도 언제나 배가 고픈 듯하다. 먹는 모습은 또 어찌나 거슬리는지 음식 맛은 분별도 하지 않고 음식이 손에 들어오기만 하면 제꺽 통째 목구멍 안으로 넘긴다. 인삼과人蔘果와 같은 진귀한 음식을 손오공이 훔쳐다 나눠줘도 그냥 입에 넣기 무섭게 뱃속으로 꿀꺽 삼키는 바람에 무슨 맛인지도 알지 못한다. 또 한 가지 크나큰 결점은 여색을 지나치게 밝히는 것이다. 미녀를 보면 음식을 본 것과 마찬가지로 굶주린 듯 침을 흘린다. 저팔계는 삼장법사를 스승으로 모시기 전에는 자신의 돼지 본성을 숨기고 고로장高老莊에서 혼례를 치른 적이 있다. 이것은 그야말로 함정을 판 것으로, 멀쩡한 양갓집 규수의 신세를 거의 망칠 뻔했다. 반은 가축이고 반은 인간인 괴물은, 이기적이지 않다면, 사람을 속이고 혼인을 해서는 안 된다. 불경을 가지러 가는 일행에 가담한 뒤에도 그는 몇 번이나 과오를 저지른다. 미녀로 변신한 요괴를 알아보지 못해서 하마터면 불경을 가져오는 대업을 그르칠 수도 있었다. 여색을 밝히는 성정이 부른 재앙이었다.

재미있는 것은, 동서고금을 막론하고 인간의 과도한 식욕과 색욕이 돼지의 성정에 비유된다는 점이다. 첸중수 선생의 『관추편管錐編』 제1권 『주역정의周易正義』에서 「구괘姤卦: 돼지는 식욕과 색욕을 상징한다豕象食色」, 제2권 『태평광기太平廣記』에서 「돼지 같은 눈초리로 보다豕視」는 중국과 다른 나라들의 이런 공통점을 한데 모아놓았다. 「구괘: 돼지는 식욕과 색욕을 상징한다」에는 다음과 같은 글이 있다.

가축인간을 논함

……대체로 돼지豕의 모습을 본떠 음란한 욕구를 표시한다. 『좌전左傳』 정공定公 14년에 위衛나라 왕비 남자南子가 송宋나라 대부 조朝와 음란한 짓을 벌이자 "도성 밖에 사는 사람들野人이 이를 두고 '너희 암돼지는 이미 만족했는데 어째서 우리 수돼지를 돌려보내지 않는가?'라고 노래 했다"는 기록이 있다. 『사기史記』「진시황본기秦始皇本紀」에는 진시황 37년 11월 남해를 바라보며 바위에 새긴 글씨는 "나라 안팎을 방어하고 음란과 쾌락을 금지하고 남녀는 순결하고 성실해야만 한다. 남의 집 여자와 음란한 짓을 하는 남자寄猳는 죽어도 죄가 없다"고 되어 있다. 이들을 비교하여 고찰할 만하다. 한산寒山의 시에는 "세상에서 제일 어리석은 이는 (…) 돼지처럼 음란한 짓만 밝히네"라는 구절이 나온다. 『태평광기』 권216「장경장張璟藏」조條에는 『조야첨재朝野僉載』를 인용하여 "상서相書의 말마따나 돼지 같은 눈초리로 바라보는 여자는 음란한 여자다"라고 했는데, 이 속설의 유래는 오래되었다. 옛날 그리스와 로마에서도 '건장한 돼지壯豕' '허약한 돼지羸豕'와 같은 어휘로 음탕한 언사를 주고받았는데 주기周祈의 『명의고名義考』 권10「파巴豝豟」에 나오는 '파巴'자와 같은 뜻이다. 근세 서구 언어에서는 음탕한 일을 일컬어 '돼지 같은 행위(독일어 Ferkelei, 프랑스어 Cochonnerie, 이탈리아어 Porcheria)'라고 표현했다. 돼지는 색욕뿐만 아니고 식욕도 상징한다. 『예문유취藝文類聚』 권94의 곽박郭璞이 지은 「큰 돼지를 기리며封豕贊」에서는 "먹을 것이 있으면 탐욕스럽기 짝이 없으니 (…) 먹고 또 먹어도 만족할 줄 모른다"고 했다. 고대 로마의 철인哲人들은 인간의 다섯 가지 욕망 중에서 특히 탐욕에 빠지기 쉬운 욕망이 식욕과 색욕이며, 살피고 절제하지 않으면 영락없이 당나귀나 돼지와 같이 될 것이라고 했다. 당나귀로 색욕을 상징하고 돼지로 식욕을 상징한 것이다.

오승은吳承恩이 묘사한 저팔계의 식욕과 성욕, 두 가지 특징은 결코 자의적으로 지어낸 것이 아님을 알 수 있다.

식욕과 색욕 외에도, 저팔계의 성격에는 또 하나의 특징이 있다. 비교적 양순하다는 점이다. 그는 손오공처럼 장난이 심하지도 않고 함부로 소동을 일으키지도 않으며 자신만의 소견을 갖고 있다. 불경을 가지러 가는 도정에서 그는 대체로 순종적 도구가 되고, 사부 삼장법사에게 반항하고 대드는 일도 없다. 손오공과 삼장법사가 논쟁을 벌일 때도, 실제로 겪어보면 결국 손오공의 주장이 옳았음이 입증될지라도 이 돼지는 항상 삼장법사 편을 들며 "아랫사람이 윗사람에게 복종해야지"라고 말하기 일쑤다. 기율의 모범이라 할 만하다. 그러나 양순함은 결코 성실함과 동일하지 않다. 양순한 자는 흔히 교활한 놈이기 쉽다. 저팔계도 그런 놈이어서 삼장법사 앞에서 자주 손오공의 험담을 한다. 이렇게 천성적으로 상사에게 아부하는 생존 기교를 갖고 있다는 점이야말로 그가 손오공만큼 사랑스럽지 못한 이유다. 요컨대 그는 농촌사회에서 입만 놀릴 줄 알고 자신의 본분에 충실하지 못한 2등 농민과 아주 닮았다.

그러나 지금의 가축인간들은 저팔계만큼의 사랑스러움에도 크게 못 미친다. 가장 중요한 점 한 가지는, 저팔계에게 그런 농민 같은 교활한 면이 있기는 하지만 총체적으로 본다면 그래도 성실한 편이라는 것이다. 거짓말을 한 뒤에는 조금이나마 미안한 감정을 느낄 줄 안다. 그러나 지금의 가축인간들은 이해타산만 가득할 뿐 성실하지도 않은 데다 성인聖人을 자임하거나 혁명전사로 자처하는 자가 많다. 이 점이 내 마음속에 있던 가축인간의 형상을 크게 바꿔놓았다. 현대의 수많은 가축인간도 먹기 좋아하고 색을 밝히기는 마찬가지다. 음식과 성의 '욕망'이 지나치지만 않다면 아주 가혹한 요구를 할 필요는 없다. 그러나 그들은 항상 자신들이 표준인 양 가장하고 자신들이 혁명의 성스러운 무리인 듯 가식을 떨기 때문에 사람들에게 혐오감을 준다. 저팔계는 자신이 음식과 여색을 밝히는 것을 조금도 숨기지 않고, 이런 약점이 폭로되어 웃음거리가 되어도 화내지 않는다. 이러니 음식과 여색을 밝히는 모습이 아름답지는 않더라도 자연스럽다. 그러나 현대의 가축인간들은 항상 자신의 본성을 감출 뿐 아니라 거창한 도리를 입에 달고 살면서 자신들의 추악한 행동을 혁명에 필요한 것이라 둘러대니 정말 견디기 어렵다. 생각해보자. 만약 저팔계가 고로장에서 양갓집 규수를 억지로 아내로 삼은 뒤, 또 농촌의 생산 대장이나 당 지부 서기가 된다면, 나아가 온종일 젊은이들에게 '하늘의 이치를 존중하고 인간의 욕망을 소멸해야存天理, 滅人欲' 하며 '자산계급의 자유화'에 반대해야 한다고 훈계한다면 젊은이들이 복종하겠는가?

밀란 쿤데라의 「에드바르트와 하느님」이라는 소설에는 어느 학교 여자 서기가 등장한다. 이 인물도 색을 극도로 밝히는 가축인간이다. 소설은 남자 주인공 에드바르트가 형의 소개로 마르크스·레닌주의자인 나이 많은 이 여성을 만나는 장면으로 시작된다. "그녀는 돼지처럼" 남색을 몹시 밝히고 서비徐妃 같은 중년 부인徐娘半老[13]임에도 "늙은 소가 여린 풀을 먹듯이" 자신보다 젊은 남자를 사냥해 환락을 즐긴다. 하지만 그녀는 정치 교육을 전담하는 서기 신분이다. "동지, 당신과 할 이야기가 있소!" 이것이 그녀가 입버릇처럼 하는 말이다. 그리고 대화를 나눌 때면 언제나 "우리는 아무 편견도 없이 건강한 청년 세대를 교육해야 하며 그들의 모범이 되어야 하오"라고 말한다. 주인공 에드바르트가 이 교조주의자 여서기와

---

13 '서낭반로徐娘半老'는 남조南朝시대 양梁나라 원제元帝의 후궁 서소패徐昭佩가 젊지 않은 나이에도 황제 앞에서 우아한 모습을 잃지 않았다는 고사에서 유래한 성어다. 오늘날에는 흔히 나이 많은 여자가 어린 남자에게 애교를 부리는 것을 비웃는 맥락으로 쓰인다.

연애를 할 때도 그녀는 이 말로 그를 훈계한다. 그러나 다름 아닌 바로 그녀가 에드바르트를 아파트 안에서 찾아낸 뒤 혁명의 명분으로 그에게 섹스를 요구한다. 이 여자 서기가 혐오감을 불러일으키는 것은 남색을 밝히고 '여린 풀을 먹는' 데 있지 않다. 자신이 마치 혁명의 교사 어르신이나 된다는 듯 가식적으로 마르크스·레닌주의를 입에 달고 산다는 데 있다. 여성 가축인간은 우리 중국에도 있다. 『주역정의』에서 묘사한 '구姤'라는 괘의 형상을 보자. "이 여자는 매우 건장하다. 음욕이 이처럼 왕성하니 그와 오래 함께 지낼 수 없다. 허약한 돼지羸豕는 암퇘지牝豕를 말하고, 붙는다孚는 것은 힘써 한다務는 말과 같으니 성급하다躁는 뜻이다." 쿤데라 소설의 여서기가 그런 '음욕이 왕성한淫壯' 인간이다. 그러나 고대 중국의 '암퇘지' 같은 여자도 이 여서기처럼 입만 뻥긋하면 '혁명'이니 '주의主義'니 '분투'니 하지는 않았다. 이처럼 혁명이라는 명분으로 타인의 의지를 강간하는 지금의 가축인간들은 허위적인 데서 끝나지 않는다. 더욱이 강간을 범한 뒤에도 강간당한 사람들에게 감격할 것을 요구한다. 만약 강간을 받아들이지 않거나 강간을 당한 뒤 감격했다고 말하지 않으면 그대로 이단 취급하거나 사람으로 여기지 않는다. 이것이 정말 사람들을 견딜 수 없게 한다. 한번 상상해보라. 만약 저팔계도 이렇게 혁명의 교사 어르신으로 가장하고, 고로장의 양갓집 규수에게 나랑 결혼을 안 하면 그것은 혁명을 부정하는 것이며 노동자, 농민, 병사들을 위하지 않는 것이라고 훈계한 뒤 굶주린 늑대처럼, 배고픈 호랑이처럼 여자를 차지했다면 우리는 저팔계를 사랑스럽게 여길 수 있을까?

지금의 가축인간들이 사람들을 특히 불편하게 하는 점이 또 있다. 그들의 가축성이 크게 발달해서 인간성을 완전히 압도하게 되었다는 것이다. 저팔계도 '양순함'이라는 가축성을 지녔지만 그는 양순한 가운데 정의감과 수치심이 있고 게다가 무예와 더불어 어떤 영웅적 기질도 있다. 그러나 지금의 가축인간들은 그렇지 않다. 첫째, 그들은 자신을 복종에 길들여지는 도구라 여기고 또 철저히 양순해지는 데 정성을 다한다. 둘째, 그들은 양순함에 관한 체계적 이론을 만들었다. 예를 들면 혁명의 나사못정신, 혁명의 황소정신, 혁명의 바보정신, 독립적 사고와 자유의지는 곧 죄악이라는 이론들이다. 루쉰은「중국인의 얼굴을 대략 논함略論中國人的臉」에서 양순함을 풍자한 바 있다. 그에 따르면, 중국인에게서 정말 야수성을 없앤다면 두 가지 결과가 나타날 수 있다. 하나는 인간성이 나타나는 것이다. 다른 하나는 가축성이 나타나는 것이다. "(야수성이) 점차 없어지고 나면 인간성만 남을 것인가? 아니면 점점 더 길들여져 온순해지는 것에 불과할 것인가?" "만약 '온순함'이 남게 된다면, 들소가 집소가 되고, 멧돼지가 집돼지가 되고, 늑대가 개가 될 터이다. 야성이 사라지면 목동에게만 좋을 뿐 야수들에게는 전혀 좋을 것이 없다"는 것이다. 루쉰에 의하면, 이렇게 목동에게만 좋고 자신은 아무것도 없게 되는 그런 인간은 실상 또 다른 인간, 즉 별종의 인간이다. 이런 인간을 수식으로 표현할 수 있다.

인간+가축성 = 별종 인간

나는 루쉰이 말하는 '별종 인간某一種人'을 가축인간이라 부르겠다. 그런데 루쉰은 오늘날 가축인간들이 양순함에 관한 이론을 이토록 풍부하게 발전시킬 수 있게 될 것이고, 그래서 독립적 인격을 가진 인간이 되는 것은 곧 양순해지기를 원하지 않는 것이므로 큰 문젯거리가 된다는 것은 예상치 못했을 것이다.

당대當代[14]의 '가축인간'들은 양순함에 관한 이론을 대폭 확장했지만 여러 가지 재능은 크게 축소되어 문무 양면에서 공력이 끝없이 쇠퇴하고 있다. 그래서 유달리 무미건조하며 역량도 눈에 띄게 부족하다. 그들도 저팔계의 무기인 쇠스랑을 쓰기 좋아한다. 그러나 이미 저팔계의 훌륭한 무공은 사라졌고 고작해야 적수를 닥치는 대로 긁고 할퀴고 때릴 뿐 전법이 전혀 없다. 더 다른 점은, 그들의 주 무기가 쇠스랑에서 주둥이와 이빨로 바뀌었다는 것이다. 싸움을 할 때면 항상 축축하고 구질구질한 긴 주둥이를 쳐들고 적수를 무작정 에워싸고는 함부로 침을 칠하고 심지어 마구잡이로 물어뜯는다. 상대방과 대치할 때 그들이 믿는 것은 오직 주둥이에 들러붙은 똥밖에 없다. 그들의 전투성은 실상 적수를 들이받아 무조건 더럽히고 보자는 마구잡이식이다. 수단의 비열함에 개의치 않고 적수를 지저분하게 만들고 악취나게 하면 바로 승리하는 것이다. 그들은 이런 전술을 '먹칠하는 술수抹黑術'라 부른다. '악취나게 하는 술수搞臭術'라고도 부른다. 이런 술수는 문화대혁명 기간에 성행했는데, 최근 몇 년 사이 되살아났다. 부활한 뒤로 가축인간들의 주둥이에 묻은 똥은 더욱 더럽고 게다가 피비린내까지 풍긴다.

내가 이런 먹칠하기 술수와 악취나게 하는 술수를 싫어하는 이유가 또 있다. 가축인간들은 이 수단을 쓸 때 겉으로는 기세등등하고 맹수의 모습과 꽤 닮았지만 맹수의 기백은 전혀 없다. 그들이 입 밖으로 소리를 내기만 하면 사람들은 즉시 그것은 용의 울부짖음도 아니고 호랑이의 포효도 아니며 늑대의 으르렁거림도 아닌, 영락없는 가축 울음소리임을 안다.

---

14 '당대'는 흔히 '현대'와 혼용되지만 양자를 구분해 사용하는 경우 당대는 중화인민공화국 수립(1949) 이후의 시기를 가리키고, 현대는 5·4운동(1919) 이후 현재까지의 시기를 폭넓게 가리킨다.

가축인간을 논함

우우우 하는 시끌시끌한 그 소음은 몹시도 오묘해서 알아들을 수가 없다. 더 실망스러운 점은, 이런 가축 울음소리도 제힘으로 내는 게 아니라 야수성을 가진 주인 나리의 '지지'에 힘입어 내는 소리라는 것이다. 오직 주인 나리의 깃발이 올라가야 감히 돌격할 수 있으니 양순함과 비겁함은 여전히 뼛속 깊이 남아 있다. 그러다가 갑자기 주인 나리가 병이라도 나거나 다리라도 부러지면 그들은 당황해서 어쩔 줄 모르고 또 우우우, 시끌벅적한 소음을 낸다.

　이런 가축인간들을 대하면 맞붙어 싸우지 말고 피하는 것이 상책이다. 예를 들어 무송武松처럼 호랑이와 맞붙어 싸운다면 지든 이기든 반드시 지켜볼 만한 광경이 펼쳐질 것이며 일단 척 보기만 해도 정신이 번쩍 들 것이다. 그러나 가축인간과 맞붙어 싸운다면 이기든 지든 결코 보기 좋은 광경이 아닐 것이다. 당사자만 더러워지는 것이 아니라 지켜보는 사람까지 실망하게 한다. 그러나 피하는 것도 어디까지나 소극적 처신이다. 만약 진짜 영웅이 세상에 있거나 신비한 도력을 가진 사람이 있다면 이런 가축인간을 제대로 다룰 줄 알 것이다. 기효람紀曉嵐의『열미초당필기閱微草堂筆記』첫째 편의 첫째 내용이 바로 어떤 인간가축人畜을 굴복시키는 이야기다. 그 책에 나오는 것은 가축인간이 아닌 인간가축이지만 핵심은 상통하므로 빌려 거울로 삼을 만하다. 이야기는 다음과 같다. "그 마을에는 인간가축인 돼지 한 마리가 있었는데, 이웃집 노인만 보면 눈알을 부릅뜨고 사납게 울부짖으며 물려고 달려들었다. 허나 다른 사람들에게는 그렇지 않았다. 노인은 처음에 괘씸한 생각이 들어 놈을 사다가 고기로 먹을까 생각했지만 조금 지나자 문득 깨달음이 왔다. '이 돼지가 불경에서 말하는 오랜 원한夙冤이로구나. 허나 세상에 풀지 못할 원한은 없지.' 그래서 녀석을 후한 값에 사서 사찰로 보내 장생저長生豬[15]로 삼게 했다. 나중에 다시 보았을 때 녀석은 귀를 늘어뜨리고 친근하게 굴면서 더 이상 예전의 태도를 보이지 않았다." 이 특별한 인간돼지는 다른 사람들에게는 가축성을 보이지만 유독 '이웃집 노인'에게는 야수성을 드러낸다. 그러나 '이웃집 노인'은 불성佛性으로 녀석을 다스렸다. 저자 기효람은 이에 대해 "지인至人은 사나운 호랑이 부리기를 천리마처럼 부리니 어찌 양순하지 않겠는가. 도력으로 사나움을 잠재운 것이다"라고 논했다. 기효람의 관점에서 보자면 가축은 때에 따라 양순하기도 하고 흉포하기도 하지만 이는 중요하지 않다. 그것들이 양순하다는 것도 일부 사람에게 양순한 것이고 그것들이 흉포하다는 것도 일부 사람에게 흉포한 것이다. 중요한 것은, 권세와 이익을 좇아 태도를 바꾸는 인간가축(가축인간도 마찬가지다)은 도력으로 굴복시켜야 한다는 것이다. 당연한 이야기이겠지만 이런 방법은 내가 주장한 소극적 '싸움 피하기'에 비하면 훨씬 더 적극적인 방법이다. 그러나 나처럼 도력이 없는 사람은 가축인간을 대하면 정말 어찌 해야 좋을지 모르겠다.

---

15 살생을 금하는 불교의 가르침에 따라 절에서 늙어 죽을 때까지 기르는 돼지를 말한다.

가축인간을 논함

꼭두각시 인간을 논함

중국에는 오래전부터 꼭두각시극傀儡戲이 있었다. 나무인형극木偶戲이라고도 부른다. 내 고향 푸젠 성 민난閩南 일대 지역에는 지금도 나무인형극이 있다. 또 자주 외국으로 공연을 나가 국가를 위해서 명예를 다툰다. 나는 꼭두각시극을 무척 좋아해서 어릴 적에는 작은 칼을 붙잡고 꼭두각시 인형들을 만들어보려고도 했지만 성공하기는커녕 하마터면 새끼손가락을 깎을 뻔했다.

어린 시절의 체험 때문인지 어른이 되어서도 늘 꼭두각시극에 관심이 많았다. 마침 내가 일하던 문학연구소에 쑨카이디孫楷第라는 저명한 노학자가 계셨는데 꼭두각시극 분야의 전문가였다. 그분이 쓴 「꼭두각시극의 기원에 관한 연구」 「꼭두각시극·그림자극影戲에서 유래한 근대 희곡의 창연唱演 형식에 관한 연구」 「꼭두각시극·그림자극 보록」과 같은 글은 내가 즐겨 읽던 학술 논문이다.

쑨 선생의 논문들을 통해 나는 꼭두각시극뿐만 아니라 꼭두각시 인간 傀儡人에 대해서도 잘 알게 되었다. 논문을 읽기 전에는 꼭두각시극이 곧 나무인형극이고 꼭두각시 인간이 곧 나무인형木偶人이려니 생각했지만 읽고 난 뒤에야 그것도 단순화한 것임을 알았다. 실상 꼭두각시도 막대기로 움직이는 꼭두각시杖頭傀儡, 실을 매달아 움직이는 꼭두각시懸絲傀儡, 화약을 터뜨려 움직이는 꼭두각시藥發傀儡, 물에서 조종하는 꼭두각시水傀儡, 사람꼭두각시肉傀儡와 같은 여러 종류가 있다. 진정으로 꼭두각시 인간의 자격을 갖춘 것은 사람꼭두각시다. 지금도 유행하는 나무인형극의 나무인형은 나무꼭두각시木傀儡에 속하며 사람의 모습을 하고는 있지만 사람이 아니므로 꼭두각시 인간으로 간주할 수 없다. 쑨 선생의 기준에 따른다면 국가를 위해 명예를 다투는 내 고향의 나무인형들은 꼭두각시 인간의 자격이 모자라는 것 같다.

쑨 선생은 주제를 끈질기게 추구하는 학자다. 그는, 송원宋元시대 이래의 희문戱文[16]과 잡극雜劇[17]이 송나라의 꼭두각시극과 큰그림자극大影戲에서 비롯된 것임을 논증하면서 꼭두각시극의 발전과정을 고찰했다. 그에 따르면, 꼭두각시극은 세 단계의 발전을 거쳐왔다. 첫째는 '나무인형' 단계라고 할 수 있다. 그는 이렇게 말한다.

송나라의 꼭두각시극은 처음에는 등장인물을 나무인형으로 만들었다. 나무인형은 스스로 움직일 수 없으니 실로 매서 끌어당기거나 막대기로 들어올려야 했는데 예인藝人들은 그것을 진짜 사람이 활동하는 모습

---

16   남송 시대의 희곡.
17   익살과 해학을 갖춘 송나라 시대의 공연이 원나라 시대에 이르러 희곡 형식으로 발전한 것.

                                      꼭두각시 인간을 논함

처럼 조종했다. 나무인형은 스스로 말할 수 없으니 다른 누가 대신 말을 해서 널리 알려야 했다. 이것이 꼭두각시극의 최초 형식이다.

이런 초기 단계 나무인형의 특징은 스스로 움직일 수 없고 말할 수도 없으므로 반드시 누가 뒤에서 실을 잡아당기고 대신 말을 해야 했다는 점이다. 둘째는 '어린아이 꼭두각시' 단계다. 이것은 어린아이로 나무인형을 대신하는 것, 즉 사람꼭두각시로 나무꼭두각시를 대신하는 것이므로 꼭두각시극의 큰 변혁이었다. 쑨 선생은 말한다.

그 후 사람꼭두각시로 바뀌었는데, 거기서 꼭두각시는 어린아이로 대체되었다. 당시 예인들이 들어올린 것은 진짜 사람이었고 나무로 만든 인형이 아니었다. 물론 이미 훗날의 분희扮戱에 가깝지만 어린아이가 춤추고 회전하려면 여전히 바닥에서 누가 도와줘야 한다. 또 말을 해서는 안 되므로 도와주고 이끄는 사람이 따로 있어야 한다. 이것이 꼭두각시극의 첫 번째 변화다.

사람이 몸소 연기하는 이 꼭두각시는 '나무인형'이 아닌 어린아이였으니 크게 진보한 것이라 할 수 있다. 그러나 진짜 사람(아동)이 배역을 맡았는데도 여전히 꼭두각시라 부르는 이유는 무엇일까? 그것이 여전히 꼭두각시의 특징을 띠었기 때문이다. 첫째는 '말을 해서는 안 된다'는, 곧 자신의 대사가 없었다는 점이다. 둘째는 스스로 설 수 없고 타인에 의거해야 했다는, 즉 무대 뒤에서 '도와주고 이끄는 사람'의 제어를 받아야 했다는 점이다. 그렇지만 그 '어린아이'는 진짜 사람이므로 쑨 선생은 '사람꼭두각시'라고 불렀다. 초등 단계의 꼭두각시 인간인 셈이다.

나는 이 '어린아이 꼭두각시'가 무척 경이롭다. 그들은 분명히 살아 있는 진짜 사람이었지만 말을 해서는 안 되었다. 말을 못 하는 건 그렇다 치자. 그들은 또 말하는 흉내를 내서 조작자의 생각을 처음부터 끝까지 그대로 전달해야만 했다. 처지를 바꿔 생각해보자. 사람꼭두각시들이 얼마나 고생이었을까. 현대의 연약한 어린이들에게 이런 배역을 맡긴다면 아마 해내지 못할 것이다.

쑨 선생의 고증을 근거로 하면, 이런 '어린아이 꼭두각시'는 여전히 초등 단계의 꼭두각시 인간인 셈이다. 그 후 꼭두각시극에 두 번째 대변혁이 일어난다. 그것은 '젊은이'로 '어린아이'를 대신한 것, 즉 소년으로 아동을 대체한 것이다. 이런 '젊은이'는 외형적으로 어린아이보다 키가 크고 덩치가 클 뿐 아니라 "스스로 움직일 수 있었고, 다른 사람이 들어올릴 필요도 없었다." 그렇지만 그가 여전히 꼭두각시 인간인 이유는, 쑨 선생의 말에 따르면, 그는 "여전히 말을 해서는 안 되었을" 뿐 아니라, 가장 중요한 점은 "도와주고 이끄는 사람이 별도의 타인으로서 그를 제어했다는" 것이다. 말하자면 이런 '젊은이 꼭두각시'는 어른의 모습을 하고 있었고 또 자신의 행위와 동작을 했지만 여전히 꼭두각시의 두 가지 근본적 특징을 갖고 있었다. 즉 자신의 말을 할 수 없었다는 점과 배후의 '다른 사람'의 제어를 받아야만 했다는 점이다. 쑨 선생의 말을 인용하면 "여전히 말을 해서는 안 된다는 규칙을 지켰으며" "돕고 이끄는 것을 필요로 했던 사람"이다. 그리고 꼭두각시극은 다시 발전하여 마지막 단계로 들어선다. 이 단계에 이르면 젊은이는 성숙해져 동작을 할 수도 있었고 말을 할 수도 있게 되었다. '말을 해서는 안 된다는 규칙'을 깨고 "동작과 언어가 모두 그 자신에게서 나왔다." 이는 훗날의 '분희'와 상당히 비슷하다. 그런데 연기자가 말을 할 수는 있었지만 자신의 말이 아니라 돕고 이끄는 사람의 말만 할 수 있었기에 오늘날의 메가폰과 비슷했다. "말한 바는 돕고 이끄는 사람의 대사였고, 노래한 바는 꼭두각시 어린아이가 불렀던 노랫말"이었으니 여전히 꼭두각시극의 범주에 들었다. 그렇지만 이 시기에 꼭두각시극은 이미 희극에 접근했으며 꼭두각시 인간은 움직일 수도 있었고 말을 할 수도 있었다는 점에서 고등 꼭두각시 인간이었다. 표면적으로 고등 꼭두각시 인간은 진정한 인간과 차이가 없어 보이지만 심층적으로 들어가 정신의 층위에서 보면 그들은 진정한 인간과 여전히 큰 차이를 보인다. 그에게는 인간이 인간일 수 있는 필수 요소인 독립적 인격과 그 인격을 표현하는 자신만의 언어가 없었다. 즉 말을 할 수는 있었지만 자신의 말을 할 수 없었다. 지금까지 서술한 바를 종합하면, 꼭두각시 인간이란 타인에게 조종되고 장악되어 자신의 영혼이 없고 자신의 언어가 없는 사람임을 알 수 있다.

꼭두각시 인간은 본디 무대 위의 인물이다. 그러나 근대 중국의 사상가들은 그 당시 중국이라는 땅에는 위부터 아래까지 도처에 꼭두각시 인간이 즐비하다는 것을 발견했다. 임금은 꼭두각시 임금이었고, 신하는 꼭두각시 신하였고, 인민은 꼭두각시 인민이었으니 국가 공동체를 구성하는 세포들이 전부 꼭두각시였다. 그리하여 국가도 꼭두각시 국가가 되었다. 이런 현상을 발견하고 폭로한 최초의 인물이 량치차오梁啓超다.

량치차오는 『청의보淸議報』 일을 하던 그 당시 '시대를 슬퍼하는 나그네哀時客'라는 필명으로 「꼭두각시를 말한다傀儡說」(1899. 3. 22)라는 글을 발표했다. 여기서 그는 꼭두각시로 변한 중국을 슬퍼하며 "임금도 꼭두각시요 관리도 꼭두각시요 나라도 꼭두각시"라고 탄식했다. 황제에서 평민까지 죄다 꼭두각시가 되었다는 것이다. 당시 광서황제光緒皇帝는 자희태후慈禧太后의 꼭두각시였고, 관리와 인민은 애신각라愛新覺羅 황족의 꼭두각시였다.

량치차오가 설파한 근대 중국의 중대한 사회 현상은 국가가 영혼을 상실하고 국가의 임금이 영혼을 상실하고 국가의 관리가 영혼을 상실하고 국가의 백성이 영혼을 상실해 광서황제로부터 평민에 이르기까지 모두 영혼 없는 물건이 되었고 모두 자신의 말을 할 줄 모르게 되었다는 것이다. 이런 보편화된 꼭두각시 현상에 대한 강렬한 감상이 당시 지식인들의 공통된 감상이었다. 그리하여 량치차오의 시의적절한 발언이 나온 뒤 유학생과 개혁가들이 문득 큰 각성을 얻어 비판의 목소리를 높이기 시작했다. 죽어가는 국혼과 죽어가는 민혼을 살려내고, 국가·임금·관리·백성으로부터 꼭두각시 꼴로 변해버린 국가 전체에 이르기까지 개혁을 해야 한다는 목소리였다. 당시 『절강의 물결浙江潮』 창간호 맨 앞에 실린 글이 「국혼편國魂篇」이다. 국혼을 불러일으키려면 무엇보다 먼저 꼭두각시 인간 역할을 해서는 안 된다는 주장이 담긴 글이다. "오관五官과 사지를 갖추었다고 해서, 두개골이 둥글게 생기고 발이 반듯하게 생겼다고 해서 그를 사람이라 할 수 있는가? 어떤 자는 사람이 아닌 꼭두각시다. 왜 그런가? 혼이 없기에 죽이고 베어도 아픔을 느끼지 못하기 때문이다"라고 그들은 말했다. 꼭두각시에게는 사지와 오관이 있기는 하지만 인간의 영혼이 없다. 따라서 사람들을 구제하고 나라를 구하려면 먼저 꼭두각시 인간의 형상을 변화시켜야 한다는 것이 그들의 생각이었다.

'꼭두각시'를 호되게 규탄한 량치차오와 우국지사들의 글을 읽고 내가 가장 잊을 수 없었던 것은 스스로를 살피는自審 그들의 정신이었다. 그들은 당시 중국이 꼭두각시로 변해버린 것은 결코 어느 한 사람(예컨대 자희태후)의 책임이 아니라고 보았다. 자희태후가 광서황제를 그녀의 꼭두각시 황제로 바꿔놓고 대신들도 꼭두각시 대신으로 만든 것은 사실이다. 그러나 만약에 황제로부터 백성에 이르기까지 모두 자신의 영혼을 가지고 있었고 스스로 설 수 있었고 자신을 아낄 줄 알았고 자신을 존중할 줄 알았고 자신의 언어를 가지고 있었다면, 그래서 과감하게 자신이 말하고 싶은 바를 말하고 자신의 인격을 수호할 수 있었다면, 청나라 말기의 그 꼭두각시 시스템이 성립할 수 있었을까? 자희태후라는 늙은 여인 한 사람이 독립적 인격을 가진 수억 명의 신하와 백성을 조종할 수 있을 정도로 충분한 힘을 갖고 있었을까? 그래서 량치차오는 "중국은 꼭두각시 중에서도 풍채가 큰 꼭두각시라서 한 사람의 힘으로는 들어올릴 수 없다. 사람들이 서로 힘을 잇대어 중국을 꼭두각시로 만든 것"이라고 했다. 그가 통탄해 마지않던 것은, 사람들이 "서로 힘을 잇대어 중국을 꼭두각시로 만들어"놓고도 스스로 그것을 알지 못하고 혹은 알면서도 스스로 부끄러워하고 반성할 줄 모르는 점이었다. 그리하여 중국은 마침내 널리 꼭두각시 인간들로 가득한 꼭두각시 놀음판으로 바뀌었고 수많은 관리와 백성이 타인의 손아귀에 붙들려 꼭두각시극을 연기하고 있으니 정말 비참하기 이를 데가 없다 하는 것이었다. 량치차오는 비분강개한 어조로 말한다.

슬프도다! 스스로 꼭두각시가 된 뒤라야 남들도 그를 꼭두각시 취급하는 법이다. 중국이 꼭두각시가 된 지 참으로 오래건만 오늘에 이르러서도 자신을 구제하고자 애쓰기는커녕 오히려 다시 임금을 꼭두각시로 만들고 백성을 꼭두각시로 만들어놓고는 충성을 다하고 꾀를 짜내어 타인을 위해 죽을힘을 바친다. 이리하여 사방 2만 리 우리 땅 전체가 마침내 거대한 꼭두각시 놀음판이 되고 말 것이다.

"반드시 스스로 꼭두각시가 된 뒤라야 남들도 그를 꼭두각시 취급한다"는 량치차오의 말은 매우 타당하다. 청나라 시대에 위로부터 아래까지 그처럼 거대한 꼭두각시 놀음판이 만들어질 수 있었던 까닭은 확실히 국민이 저마다 이 꼭두각시 놀음판에 하나의 세포, 하나의 조건, 하나의 기초를 제공한 데에 있다. 그러므로 꼭두각시 처지에서 벗어나려면 모든 사람이 스스로 반성하는 데서 출발해 다시는 꼭두각시 인간이 되지 않는 것이 가장 중요하다. 이렇게 한다면 꼭두각시를 조종하는 자가 뜻대로 지배할 수 없고 하고 싶은 대로 할 수 없게 된다. 량치차오의 이런 정신이야말로 이 시대 중국의 아주 귀중한 우국참회憂國懺悔의 정신이다.

이렇게 스스로 살피고 스스로 구제하는 정신은 천두슈陳獨秀나 루쉰 같은 근현대 사상가들이 다양한 문화적 형식으로 표현한 바 있다. 그것은 이미 잘 알려진 사실이다. 그런데 꼭두각시 인간 역할을 맡았던 것에 대한 직접적인 「참회록」이 있다는 사실을 아는 사람은 드물다. 그 글은 1920년에 출판된 황위안성黃遠生 선생의 『원생유저遠生遺著』에 실려 있다. 이 저서에는 특별히 그의 「참회록」이 들어 있다. 그가 참회한 것은 자신이 꼭두각시 인간이었다는 것이다. 그는 자신이 "이미 진정한 소인도 될 수 없었고 또 진정한 군자도 될 수 없었다"며 절절한 어조로 탄식했다. 황 선생은 매우 정직한 지식인이었다. 거궁전戈公振 선생은 『중국 신문학의 역사中國報學史』에서 그를 '신문계의 드문 인재'라고 일컬었다. 황 선생은 21세 때인 광서光緒 연간 갑진년에 진사시험에 합격한 뒤 일본 유학길에 올랐고, 신해혁명이 일어난 뒤로는 신문 쪽에 투신하여 단기간에 저명한 언론인이 되었다. 그러나 당시 중국은 정세가 급변하던 때였고 각종 세력이 그의 명성을 이용하려 들었다. 그는 독립적 인격을 지닌 사람이기는 했으나 강력하고 거대한 압력을 버텨내기 어려운 경우도 종종 있었다. 특히 그를 상심하게 한 것은 위안스카이袁世凱가 황제로 불리던 때에 어쩔 수 없이 어명을 받들어 「옳은 것 같지만 틀린 것似是而非」이라는, 황제제도를 찬양하는 글을 쓴 것이다. 그러나 그는 얼른 자신을 구제하려 애썼고 결연히 베이징을 도망쳐나와 상하이에 은거하면서 "앞으로는 마땅히 재삼 신중히 처신하여 베이징에서 저지른 타락의 죄를 참회하고 싶다"(『잡지 '갑인' 기자에게 보냄致甲寅雜誌記者』)는 입장을 공개적으로 밝혔다. 그는 나아가 「참회록」을 집필했다. 그의 참회록은 자신이 꼭두각시 역할을 한 것을 질책하는 데서 시작된다. "한 몸뚱이가 둘로 갈라진 것만 같았다. 그중 하나는 꼭두각시로, 바로 나 자신의 모습이었다. 다른 누군가가 가지고 노는 대로 따라 움직였다. 다른 하나는 타인의 안목이었다. 누군가가 이리 저리 가지고 노는 모습을 우연히 힐끗 보게 될 때면 구역질이 솟구쳤다." 그는 타인이 '가지고 노는' 대로 따라서 움직이는 자신에게 수치심을 느꼈으며, 자신이 한때 '나 아닌非我' 꼭두각시 형상을 하고 있었다는 것에 대해 스스로를 진심으로 심각하게 원망하고 꾸짖었다. 그렇지만 결국 "원망해도 그것을 잘라낼 수 없었고, 그것을 몽둥이질해서 내쫓아버리지도 못했다." 이러한 정신은 고위직에 있으면서 타인이 자신을 가지고 노는 것을 기꺼이 받아들인 권세가들에 비하면 얼마나 고귀한 것인지 모른다.

5·4신문화운동의 선구자들도 '인간이면서 꼭두각시'인 것에 불행을 느꼈고, 인간과 꼭두각시는 공존할 수 없으며 인간이 되려면 꼭두각시 노릇을 해서는 안 된다는 것을 느꼈다. 그래서 그들은 인간의 존엄성을 부르짖고 '인간답지 않은非人' 관념을 비판할 때는 입센의 희곡과 그의 사상을 특히 좋아했다. 그들은 '인형의 집'에서 도망쳐 나온 노라를 애지중지했다. 5·4 개혁가들은 그들이 '혁명'을 수행한 뒤에도 중국이 여전히 무수히 많은 인형, 그것도 혁명의 복장을 한 인형들을 만들어내리라고는

생각지 못했을 것이다. 이런 인형과 꼭두각시는 복장이 비록 다르지만 여전히 '자신의 말을 할 수 없다'는 본질적 특징을 갖고 있다. 말하자면 오직 "주석께서 지시하시기를……"이라는 말을 되풀이하는 것밖에 모르고, 정치판에서나 문인들 모임에서나 회의장에서나 그들이 하는 말은 죄다 무대 뒤의 동일한 사람의 입에서 나오는 것과 같은 느낌을 준다. 그렇기에 어쩌다 어느 지식인이나 지도자가 자신만의 말을 하는 것을 듣게 되고 그들의 말에서 어떤 유머감각이나 개성적인 감각이 배어나오기라도 하면 상당히 놀랍고 기쁜 느낌이 들고, 이건 꼭두각시 인간의 숨결이 아니네, 하는 느낌이 들기 마련이다. 오늘 나는 몇 해 전에 '주체성'과 '참회의식'이라는 명제를 제기한 일이 생각난다. 꼭두각시 현상과 더불어 한때 꼭두각시 인간이었던 자신에 대한 혐오감 때문이리라. 그렇게 꼭두각시가 번식하는 것을 막아보려고 심혈을 기울였고 실존적 고민도 깊이 해봤지만, 그것은 '사마귀가 앞발로 수레를 막는' 격에 불과했다. 어떻게 글 몇 편으로 꼭두각시의 큰 물결을 대적할 수 있겠는가?

틀에 박힌 인간을 논함

중국에서 문학을 좋아하는 사람이라면 누구나 루룽汝龍 선생이 번역한 체호프의 「틀에 박힌 인간套中人」[18]을 읽어보았을 것이다. 내가 쓰는 이 글은 엄밀하게 말하면 「틀에 박힌 인간」의 독후감에 불과하지만, 내 의도는 체호프 시대의 틀에 박힌 인간과 우리가 살아가는 오늘날 이 시대의 틀에 박힌 인간을 비교해보려는 것이다.

체호프의 「틀에 박힌 인간」이 묘사한 인물은 중학교 희랍어 교사인 벨리코프다. 이 인물이 여느 사람들과 다른 점은 온갖 틀 속에서 생활한다는 것이다. 그는 집을 나설 때 날씨가 아무리 좋아도 항상 장화를 신고 우산을 들고, 게다가 어김없이 따뜻한 솜외투까지 입는다. 그의 모든 것

---

18 안톤 체호프의 단편소설로, 국내에서는 「상자 속에 든 남자」 「상자 속의 사나이」 등으로 번역되었다.

이 틀 속에 담겨 있다. 얼굴은 세워진 옷깃에 숨겨지고, 눈동자는 검은 안경 속에 감춰지고, 귀는 솜으로 틀어막는다. 마차를 잡아타면 차에 오르기가 무섭게 마부에게 마차 덮개를 치라고 시킨다. 자신이 사용하는 우산, 회중시계, 작은 칼 따위까지도 각각 작은 집들 속에 꼼꼼히 간수한다. 집 안에서 사용하는 잠옷, 나이트 캡, 창 덧문과 빗장까지도 모두 빈틈없는 규칙 속에 놓인다. 침실도 상자와 같은 모양으로 모기장을 침상 위에 드리우고, 잘 때는 머리까지 이불 속에 파묻는다. "절대로 말썽이 생기면 안 되는데." 이것이 그의 입버릇이요 좌우명이다. 오늘날 우리 중국인들이 "절대로 계급투쟁을 잊어서는 안 된다"고 말하는 것처럼 엄숙하면서도 진지하다. 자나 깨나 말썽이 생기지나 않을까 걱정하다보니 입만 열면 "순전히 틀에 짜인 논조로만 말하고", 더구나 그 틀에 짜인 논조는 고지식하고 지독해서 동료 교사들을 꼼짝도 못하게 하고, 교사들뿐 아니라 교장까지도 그를 두려워한다. 그렇게 그 중학교가 온통 그의 손바닥 안에 붙잡힌 것이 족히 15년이다. 체호프의 이 소설에서 중요한 스토리는 이 틀에 박힌 인물이 사람들은 생각도 못 한 일을 벌인다는 것이다. "누가 예상이나 했겠어? 그가 결혼할 뻔했다니!" 날씨가 어떻든 간에 언제나 장화를 신고 솜외투를 입는 그가 뜻밖에도 누군가를 사랑할 수 있었다는 사실은 정말 사람들을 깜짝 놀라게 한다. 그가 거의 결혼할 뻔했던 대상은 새로 온 역사지리 교사 코발렌코의 누나 바렌카다. 틀에 박힌 그는 마흔 살이 넘었고, 그녀는 서른 살이었다. 바렌카는 꽉 찬 서른 살이기는 했지만 어찌나 활기차고 잘 웃었던지 그야말로 아가씨가 아니라 꿀에 절인 과일이었다. 그렇지만 그녀는 남동생과 자주 말다툼을 벌였고, 서둘러 자신의 보금자리를 마련해서 독립을 하고 싶어한다. 게다가 나이도 결혼 대상을 가릴 여유가 없게 되어 좋은 자리든 나쁜 자리든 시집을 가야만

틀에 박힌 인간을 논함

했고, 누구에게든 시집만 갈 수 있다면 그만이었다. 더구나 시간이 남아도는 교장 부인과 여러 부인의 끈질긴 중매로 말미암아 정말 그녀는 거의 벨리코프와 결혼을 결심하기 직전까지 간다. 하지만 틀에 박힌 그 인간은 여전히 지난날의 틀을 가지고 자신의 '일생에서 가장 중요한 일終身大事'에 대처한다. 항상 나중에 무슨 말썽이 생기지나 않을까 걱정하던 나머지 자신의 오장육부를 괴롭히면서 밤마다 잠에 들지 못한다. 이렇다보니 그는 결혼에 성공도 못 할 뿐 아니라 외려 그 자신을 최후의 틀 속에, 즉 관 속에 밀어넣고 만다.

체호프가 이 소설을 쓴 때가 1898년이니 현재로부터 거의 100년 전이다. 기이한 점은, 그가 묘사한 이 틀에 박힌 인간은 이미 관 속에 들어갔지만 인류사회에는 새롭고도 현대적인 틀에 박힌 인간들이 끊임없이 쏟아져 나온다는 것이다. 20세기의 틀에 박힌 인간은 19세기의 틀에 박힌 인간보다 수적으로만 늘어난 것이 아니라 질적으로도 높아졌다. 현대의 틀에 박힌 인간의 '틀'은 그야말로 '지금은 옛날과 비교가 안 될' 정도로 갈수록 정교해지고 갈수록 찬란한 빛을 발한다. 그들의 운명도 벨리코프보다 훨씬 더 나아졌다. 천재적 작가인 체호프는 소설 속에서 일찌감치 틀에 박힌 인간은 앞으로 끊임없이 번성할 것이다, 라고 예언했다. 소설 속 인물의 입을 빌려 그는 이렇게 말한다.

정말로, 벨리코프는 땅속에 묻혔다. 그러나 그 외에도 이렇게 틀에 박힌 채로 살아가는 사람이 얼마나 많은가. 더군다나 앞으로도 또 얼마나 많이 생겨날 것인가!

체호프의 예언은 틀리지 않았다. 틀에 박힌 사람들은 살아가고 있을 뿐만 아니라 그 수를 헤아릴 수 없을 정도로 많다. 끊임없이 형태만 바뀔 뿐이다. 그러나 체호프도 미처 예상하지 못한 점이 있다. 그가 말한 '앞으로', 곧 우리가 살고 있는 '현재'의 '틀에 박힌 인간'은 이렇게 쾌활하고, 이렇게 자유자재하게 살아간다는 것이다. 벨리코프처럼 고지식하지도 않고 비바람을 겁내지도 않는다. 그들 중 적잖은 이는 끊임없이 변화하는 사회 속에서 위풍당당하게 살아가는 인물들이다.

물론 현대의 '틀에 박힌 인간'도 어디까지나 틀에 박힌 인간인지라 벨리코프와 마찬가지로 일정한 틀 속에서 생활한다. 그들은 벨리코프처럼 날씨가 어떻든 간에 장화를 신고 솜외투를 입는 것이 아니라 '중국 특색'을 띠는 별도의 틀을 갖고 있다. 예컨대 1960~1970년대에 그들은 한결같이 황색 군복과 남색 제복을 입고, 손에는 '홍보서紅寶書'[19]를 한 권 들고, 가슴에는 마오쩌둥의 배지를 달았다. 생활 질서에도 격식이 있었다. 예컨대 아침에는 지시를 받고 저녁에는 보고를 한다. 회의를 열 때는 우선 마오쩌둥의 어록을 읽고, 다음으로 문건을 읽고, 마지막으로 만세, 만만세를 세 번 외치는 것 등이 그것이다. 그러나 그 뒤 개혁이 실시되었다. 오늘날의 틀에 박힌 인간들에게 가장 두드러진 점은, 벨리코프처럼 "순전히 틀에 짜인 논조로 말하는" 그런 특징을 안으로도 간직하고 밖으로도 펼쳐내는 것이다. 중국식 표현으로 말한다면, 틀에 박힌 말套話을 하고, 틀에 박힌 이론套論을 펼친다고 하겠다. 현대 중국의 틀에 박힌 인간은 정말 틀에 박힌 말을 하는 데 고수다. 언제나, 어디서나 틀에 박힌 말과 틀에 박힌 주장을 능수능란하게 구사할 줄 알며 더욱이 기세까지 등등하다.

---

19 '보배로운 붉은 책'이라는 뜻으로, 문화대혁명 당시 중국 인민이 휴대하며 읽어야 했던 마오쩌둥의 어록 또는 선집이다. 그 책의 붉은색 겉표지에서 유래한 이름이다.

틀에 박힌 인간을 논함

그들은 체육 회의에서는 "우의를 다지는 것이 첫째이고, 기량을 겨루는 것은 둘째다"라고 말한다. 생산 회의에서는 "혁명과 건설 두 가지는 상호 모순되지 않는다"고 말한다. 학습 회의에서는 "계급이 다르면 노선도 다르다"고 말한다. 비판 회의에서는 자연히 "평화적 변천(수정주의 노선—옮긴이)과 자산계급의 자유화 노선에 반대한다"고 말한다. 그들이 말하는 것은 전부 팔고문八股文[20]이기에 틀에 박힌 그들을 팔고인八股人이라 부를 수 있다. 오늘날 틀에 박힌 인간은 한결 더 기세등등해 보이지만, 심리적으로는 벨리코프와 마찬가지로 걱정이 많아서 늘 "말썽이 생기지 않을까 두려워"한다. 이런 틀에 박힌 걱정을 날마다, 달마다, 해마다 하지 않으면 금세 당黨이 망하고, 국가가 망하고, 원수元首가 망할 위험이 있나보다. 이런 틀에 박힌 걱정을 능숙하게 뇌까리는 자들 가운데 대다수는 크고 작은 여러 관리이며, 일반인들은 대세를 따르면서 그 관리들을 좇아 안전해 보이는 말을 몇 마디 하면 말썽을 피할 수 있다고 여긴다. 그렇다보니 틀에 박힌 인간이 빠른 속도로 보편화되고 집단화되어 중국 땅 도처에서 지위가 높건 낮건 언제 어디서든 틀에 박힌 인간들을 볼 수 있고, 틀에 박힌 말을 들을 수 있다. 체호프가 살던 시대처럼 그렇게 드문 현상이 아니다. 생각해보니 나 자신을 포함해서 다들 오랫동안 틀에 박힌 인간으로 살아왔다.

현대의 일반인과 지식인은 모두 말썽이 생기는 것을 두려워한다. 주로 이단 분자, 자산계급 분자, 우파 분자, 또는 그 밖의 무슨 분자로 지목되는 것을 두려워한다. 말썽을 피하려면 혁명의 틀 속에 자신을 감출 필요

---

20 여덟 개의 짝으로 이루어진 한시漢詩 문체로, 명나라 초기부터 청나라 말기까지 과거시험 답안에 사용되던 고정적 형식이다.

가 있다. 그래서 사람들은 자신의 신분 위에 혁명의 틀, 곧 혁명의 모자를 씌우기를 좋아한다. 남들이 씌워주지 않을 것 같으면 스스로 만들어서 쓴다. 스스로 칭하기自稱, 스스로 봉하기自封라 할 수 있다. 예를 들어 그냥 지식인이라고 하면 될 것을 반드시 혁명 지식인이라고 부른다. '혁명' 두 글자를 덧붙이면 더 안전해지는 것이다. 그래서 사회의 온갖 사람도 자신들에게 혁명이라는 모자를 씌운다. 이 때문에 소년은 혁명 소년이 되고, 청년은 혁명 청년이 되고, 노년은 혁명 노년이 되고, 부녀자는 혁명 부녀자가 된다. 다만 남성이 혁명 남성으로 높여지는 경우가 드물 뿐이다. 이밖에도 간부, 작가, 시인, 과학자 등도 모두 혁명 간부, 혁명 작가, 혁명 시인, 혁명 과학자 등으로 바뀌었다. 오랜 기간 혁명 작가라는 칭호를 얻지 못하면 반동 작가라는 혐의를 받기 십상이다. 안전을 바란다는 견지에서는 부부라 해도 혁명 부부로 일컬어지는 것이 좋다. 부부 생활도 혁명의 틀 안에서 이루어지면 잠도 더 편안하고 따뜻하게 잘 수 있다. 1960~1970년대에는 남녀가 결혼할 때 대문에 써 붙이는 대련對聯에 흔히 쓰던 문구가 있었다. 가로로는 '혁명 부부'라고 써 붙였고, 세로로는 '경사가 있을 때도 계급의 고통을 잊지 않고, 즐거우니 더욱더 혁명의 길을 가자'라고 쓰든가 '해방됐다고 공산당 잊지 말고, 결혼해도 마오 주석을 깊이 새기자'와 같은 문구를 써 붙였다. 모두 틀에 박힌 말들이긴 했지만, 그 위력은 대문에 써 붙이는 부적과 별 차이가 없었다. 그러면 밀월을 더욱 안전하고 달콤하게 보낼 수 있었다.

경삿날 '혁명 부부'라고 써 붙이는 일은 그야말로 필수였다. 그러나 그 후로 서서히 골치 아픈 일이 생긴다. 많은 부부는 진지해진 나머지 부부 관계를 혁명적 관계, 곧 계급적 관계로 보았다. 그래서 결혼할 때는 '한 쌍의 홍군—對紅'이나 다름없고, 결혼생활을 시작할 때는 '한 쌍의 결사—

對幇'나 다름없이 혁명적 결의로 충만한 두 식구이지만, 아주 사소한 일을 놓고 서로 정치적 입장과 원칙을 내세운다. 그러다가 언쟁이 시작되면 전부 다 틀에 박힌 말들뿐이다. 가령 친구를 식사에 초대해야 할지를 두고 의견 충돌이 생기면 초대를 반대하는 쪽에서 최고 지시를[21] 인용해서 말한다. "혁명은 손님을 초대해서 밥을 먹는 것도 아니고, 그림 그리고 꽃을 수놓는 것도 아니에요." 그러면 손님을 초대해야 한다고 주장하는 쪽에서도 최고 지시를 인용해 말한다. "우리 모두가 다른 곳에서 모였지만 혁명이라는 공동 목표를 위해 함께 걸어가야 해." "혁명 대오는 서로 관심을 쏟고, 서로 아끼며 지켜주고, 서로 도와야 해." 그러다가 언쟁을 견디기 어려우면 또 최고 지시를 인용한다. "단결해야지 분열하면 안 돼." 만일 쌍방이 모두 절망에 빠져 마침내 헤어지기로 결심한다면 이혼 신청서를 쓰는데, 그 양식도 결혼 신청서와 마찬가지로 상투적 격식이 따로 있다. 반드시 문서 맨 앞에 '최고 지시'를 인용해야 한다. 결혼할 때 어떤 지시를 인용했는지는 나도 잊었지만, 이혼할 때 인용하는 것은 하나같이 "투쟁·비판·개조를 잘해내자"라는 구절이었다. 장셴량張賢亮의 소설 『남자의 반은 여자』에서 남자 주인공 장융린章永璘이 이혼 보고서를 쓸 때 인용하는 것 역시 이 어록의 한 구절이었으니 간결하고도 적절하다. 비록 모두가 틀에 박힌 말이었지만, 틀에 적당히 잘 맞으니 이 역시 예술이다.

부부를 포함해서 온갖 다양한 부류의 인사도 대개 '혁명'이라는 두 글자로 틀을 씌울 수 있지만, 그러기 곤란하거나 오해를 부르기 쉬운 계층도 있다. 예컨대 과학자를 혁명 과학자라고 부르면 혁명의 역사나 혁명 전략을 연구하는 전문가로 오해받을 수 있다. 또 스포츠 선수도 스스로

---

21 문화대혁명 시기에 마오쩌둥이 발표한 언론.

를 혁명 운동원이라 칭할 것 같으면 스포츠 선수가 아닌 정치운동원으로 오해받기 십상이라 영웅 본색을 잃어버리게 된다. 그래서 똑똑한 스포츠 선수들 가운데 적잖은 이는 스스로를 붉은색紅色 운동원이라고 불러 정치운동권의 졸개나 뺀질이들과 구별지으려 한다. 이런 붉은색의 틀은 그 후 진보적·주체적으로 공장과 기업을 넘겨주는 자본가들 머리 위에 씌워지면서 붉은색 자본가라는 호칭이 등장한다. 확실히 혁명 자본가라는 호칭보다 훨씬 더 적절한 명칭이다. 그 밖에 좀도둑, 소매치기, 깡패, 접대부 같은 특수한 부류에게도 혁명의 틀을 씌우기란 쉽지 않다. 그들이 스스로를 혁명 좀도둑, 혁명 소매치기, 혁명 깡패, 혁명 접대부라고 부른다면 사람들이 믿지도 않을뿐더러 도리어 혁명을 모독한다고 생각할 터이니 반反혁명이나 매한가지가 된다.

위의 정황에 근거하면, 이 시대의 틀에 박힌 인간은 기본적으로 '혁명적'인 '틀에 박힌 인간'이다. 그러니 정말 훨씬 더 휘황찬란하게 바뀐 것이다. 틀에 박힌 인간의 진화는 여기서 그치지 않는다. 오늘날의 '혁명적'인 '틀에 박힌 인간'은 이미 황색 군복과 남색 제복을 입었던 그 당시의 촌스러운 모습이 아니다. 대개는 양복을 입고 넥타이를 맨 현대화된 모습을 하고 있다. 다만 언어에서는 큰 변화가 없어 아직도 "순전히 틀에 짜인 논조"로 발언을 하는데 이 점은 정말 실망스럽다. 가령 1960~1970년대의 틀에 박힌 인간이 중시한 것은 잠시라도 계급투쟁을 잊지 말자는 것이었지만, 1990년대의 틀에 박힌 인간이 중시하는 것은 '평화적 변천을 방지하자'라는 구호다. 학술계의 유명 인사로 자처하는 사람들마저도 무엇이건 죄다 틀 속에 집어넣는다. 철학은 '반영론反映論'의 틀 속에 넣고, 정치는 '너 죽고 나 살자'라는 틀 속에 넣고, 사상은 '자본주의와 사회주의'라는 틀 속에 넣는다. 말을 하건 글을 쓰건 상관없이 천편일률적이다. 이런 틀에 박힌 말과 틀에 박힌 이론이 1950년대에 비판 대상으로 삼았던 것이 개인주의였는데 1990년대에도 비판의 대상이 여전히 개인주의다. 하지만 수십 년간 개조를 거치면서 대륙의 개인 대다수는 무슨 주의主義라는 것을 갖지 않게 되었다. 주의라는 것이 없는데 아직도 마냥 개인주의를 성토하고 있으니 사람들의 마음을 어떻게 움직일 수 있겠는가? 가장 골치 아픈 자들은 관리다. 그들이 쓴 고깔모자는 전적으로 틀에 박힌 말에 의해서만 보호받을 수 있다. 그들이 관직을 지내는 예술은 곧 틀에 박힌 언어의 예술과 한가지다. 이 때문에 그들은 지극히 상투적인 말을 배운다. 혹자는 "결연히 옹호하자"와 같이 밖으로 자신의 태도를 드러내는 상투어를 배우고, 혹자는 "결연히 타격하자"와 같이 공포감을 주는 상투어를 배우고, 또 혹자는 "결연히 시정하자"라는 전략적 상투어를 배워 구사할 줄 알게 되었다. 이런 틀에 박힌 말들은 갈수록 순수해져 '틀'을 제거하고 나면 남는 것이 아무것도 없다. 40년간 경험이 쌓인 대륙의 대중은 '혁명적'인 '틀에 박힌 인간' 또는 '혁명적'인 '틀에 박힌 지도자'가 무대 위에서 읊어대는 순수한 대사를 잘 알고 있다. 그래서 그 대사를 들더라도 자신들과는 아무 상관도 없다고 느낀다. 항상 자신들과 아무 상관도 없다보니 그들 자신도 서서히 자신만의 틀 속으로 빠져든다. 너한테 틀이 있으면 나한테도 틀이 있다. 네가 무대 위에서 대사를 읊조리면 나는 무대 아래서 딴 생각이나 하련다. 네가 얼렁뚱땅 속이면서 넘어가면 나는 게슴츠레한 눈으로 졸거나 하마. 네가 늘 잊지 말자고 말하면 나는 늘 기억을 안 하마. 네가 먼저 끈질기게, 라고 말하면 나는 너를 좇아 발전시키자, 라고 말하련다. 너에게 정책이 있으면 나에게는 대책이 있다. 요컨대 위는 위대로 아래는 아래대로 상투적 틀 속을 전전하다보니 무수한 사람이 다 어떤 무섭고도 연쇄적인 틀 속으로 빠져든다. 이 연쇄적 틀은 마귀의 틀과도 같아서 아무도 모르는 사이에 중화 민족 자녀들의 생명의 활력과 지혜의 활력을 빨아들인다.

이 시대의 틀에 박힌 인간은 저마다 자신의 틀이 있고 문화는 문화의 틀이 있고 정치는 정치의 틀이 있다. 중국의 문인들은 세속적 틀에 빠지면 안 된다는 말을 수천 년 동안 부르짖었다. 그러나 20세기 후반에 그들은 뜻밖에도 무리를 지어 시류에 아첨하며 세속적 틀 속으로 빠졌다. 세속적 틀에 빠졌을 뿐 아니라 더욱이 관료적 틀에 빠졌다. 틀에 박힌 온갖 말은 전부가 관료의 말이다. 이렇게 되면서 틀에 박힌 말을 듣는 것이 일상적 풍습이 되었는데, 그러다가도 문득 틀에 박힌 말과 다른 인간적인 말을 듣는 경우가 있다. 가령 인간의 도리, 인간의 본성, 주체성 같은 인간적인 말을 듣게 되면 오히려 가슴이 콩닥거리고 정신이 멍해지는 것을 느낀다. 그리하여 "당신, 어떻게 이런 말을 할 수가 있지?" "이거 큰일이네!" "이게 어찌 평화적 변천(수정주의 노선)이 아니겠나?"와 같이 반응한다. 실상 이런 인간적인 말은 매우 정상적인 말이건만, 틀에 박힌 인간은 이런 말이 나오면 항상 무슨 말썽이 생길까봐 겁을 집어먹는다. 진짜 말썽이 생길 경우 그들은 자신이 무슨 잘못을 했는지는 반성하지 않는다. 그들은 인간적인 말을 입에 담은 당사자가 틀에 박힌 화법을 계속 준수하지 않았고 틀에 박힌 논조를 위반했다고 질책하며 그들을 크게 비판한다. 너희는 정말이지 틀을 어지럽혔어, 그야말로 난동 분자들이야, 하며 꾸짖는다.

이 시대의 틀에 박힌 인간은 체호프 시대의 벨리코프에 비하면 정말 행운아들이다. 이들도 벨리코프처럼 순전히 틀에 박힌 논조로 타인들을 굴복시킬 수 있고, 제 손아귀에 틀어쥐는 것은 물론거니와, 그것 말고도 사회적으로 널리 존경받을 수 있게 되었다. 그래서 벨리코프처럼 남들이

틀에 박힌 인간을 논함

은밀하게 비웃는 일도 없다. 결혼 문제도 벨리코프처럼 그렇게 골머리를 앓지 않는다. 이 시대의 틀에 박힌 인간의 '틀'은 권력 및 지위와 밀접한 연관이 있다. 일단 틀에 박힌 말의 예술을 거머쥐기만 하면 곧 관리가 될 수 있고, 심지어 고위 관료도 될 수 있다. 그에 걸맞게 넓은 집, 호화로운 자동차, 또 혁명을 동경하는, 설탕에 잰 과일과 같은 여자도 소유하게 된다. 상투적 틀이 집과 자동차와 여자를 갖다주다니, 체호프 시대의 틀에 박힌 인간은 발밑에도 따라올 수 없는 것이다. 더욱이 심리적으로도 이 시대의 틀에 박힌 인간은 벨리코프처럼 그렇게 결혼을 중시하지 않는다. 그들은 현대인의 선진적 심리를 갖고 있어서 결혼에서 조금 말썽이 생겨도 대수롭지 않게 여긴다. 혁명은 큰 문제를 중시하지 작은 문제는 중시하지 않는 법이니까 말이다. 이제껏 말한 것을 종합해보자. 우리는 20세기와 19세기의 틀에 박힌 인간의 커다란 차이를 알 수 있다. 19세기의 틀에 박힌 인간은 대부분 성실함이 넘치고 영리함은 부족했다. 반면 20세기의 틀에 박힌 인간은 대부분 성실함이 부족하고 영리함은 넘친다. 이로부터 우리는, 19세기의 틀에 박힌 인간이 20세기의 틀에 박힌 인간보다 훨씬 더 사랑스럽다는 결론을 얻을 수 있다.

분열된 인간을 논함

20세기는 서양에서 동양까지 전 세계가 분열된 인간을 대규모로 제조해냈다. 이 시기에 이르러 인류는 갑자기 온 정신이 파괴되고 통일적 인격이 소멸하는 것을 느꼈다. 또 영혼의 하늘이 두 쪽으로 갈라지고 심지어 갈기갈기 찢기는 것을 느꼈다. 신의 죽음을 갓 선언한 철학자들은 곧 인간 주체의 죽음도 선언했다. 그리하여 인간에 대한 부정적 사유가 도처에서 유행하고 작가들은 '잃어버린 세대'와 '방황하는 세대'를 작품으로 묘사했다.

20세기 이전에도 분열된 인간은 물론 있었고 그 시대 문학작품 속에도 분열된 인간의 형상이 있었다. 셰익스피어가 쓴 햄릿, 도스토옙스키가 쓴 카라마조프 형제들 중 첫째와 둘째도 독자들에게 온전히 이해되기 어려운 분열된 사람들이다. 햄릿은 아버지를 사랑했지만 어머니도 사랑했다. 그러나 그의 어머니는 그의 숙부와 불륜에 빠졌을 뿐 아니라 아버지를 살해한다. 그러자 햄릿이 사랑했던 온전한 세계는 분열되고 사랑의 절반은 한恨이 되어 아버지의 복수를 부추긴다. 그는 복수할 것인가 말 것인가라는 두 가지 선택 사이에서 고통의 극점에 다다른다. 아버지를 사랑했기 때문에 아버지를 위한 복수를 갈망하면서도, 어머니를 사랑하기 때문에 복수가 어머니에게 가져다줄 불행도 의식하는 것이다. 그리하여 그는 동요하고 주저하고 방황하다가 정신적 피폐와 분열 속으로 빠져든다. 한편 도스토옙스키는 더 나아가 자신의 인물들에게 인간의 영혼 속에는 본디 서로 용납하면서도 서로 용납 못 하는 두 개의 심연이 있어서 분열이 불가피함을 선언하게 했다. 이 두 심연은 언제나 서로 맞부딪치고 충돌하며, 또 항상 대화와 논변을 벌이고 있다. 도스토옙스키를 연구한 바흐친 M. Bakhtin은 이 '대화'의 특징을 포착해서 도스토옙스키 소설을 '복수 선율複調'의 소설이라 이름 붙였고, 고리키는 그의 '분열'을 비평했다. 이렇게 무산계급 문학의 지도자들은 분열된 인간을 받아들이기 어려웠다.

20세기 후반이 되어 인류는 햄릿의 저 고귀하고도 완전한 아버지가 죽은 뒤 부활하지 않았으며 혼령조차 나타나지 않는다는 것을 알게 되었다. 반면 어머니의 불륜은 보편화되면서 성性이 사회의 해방자요 문학의 에너지가 되었다. 불륜이라는 개념이 해체를 필요로 하게 된 것이다. 가는 곳마다 육체적 인간들로 넘치고 악의 꽃이 만발하고 폭력의 개선곡이 들려온다. 인류의 손으로 이룩한 공업 문명은 인류 자신의 정신의 무덤으로 변하고, 하늘을 찌르는 고층 건물은 인류가 뛰어넘을 수 없는 높은 담벼락이 되었다. 인류는 프로메테우스보다 더 강대한 원자탄을 만들어낸 한편, 자신들이 만든 '불벼락天火'에 놀라 곤두박질치듯 방공호로 숨어들었다. 아담과 하와의 후예들은 영웅이었다가 겁쟁이가 되었고, 기계를 제조하는 설계자였다가 기계 속 작은 나사못으로 전락했다. 인류는 스스로 황당무계한 짓을 저질렀다는 것을 느끼고는 제 손으로 만든 세상 앞에서 멍하니 넋을 잃고 있다가 미쳐버리고 말았다. 그리하여 도처에서 분열된 인간들의 황당한 이야기가 생겨났다. T. S. 엘리엇의『황무지』의 인간은 그의 몸이 더없이 번화한 문명세계 속에 있지만 내면은 아무것도 없는 '황무지'임을 깨닫는다. 낙원이 실제로 존재한다면 황무지도 실제로 존재한다. 층층이 쌓아 올린 빌딩이 눈앞에 있다면 휑뎅그렁하게 텅 빈 것도 눈앞에 있다. 현대인은 낙원에서 절반을 살고 황무지에서 절반을 산다. 그래서 인류는 처음에는 자신이 창조한 문명의 정원에 낯설어하지만 그러면서도 또 재미를 느낀다. 그들은 정원을 알지 못하고 자신을 알지도 못한다. 이 정원은 그들의 존재 의미를 박탈하고 갖가지 신성한 이유를 내세워 그들을 추방하며 심지어 그들에게 사형 판결을 내리기까지 한다. 그리하여 그들은 자신들이 고향 속의 이방인이며 문명의 정원에서 이질적 존재임을 의식하게 된다. 그들은 존재의 황당무계함과 본질의 황당무계함을 깨닫고는 이 황당무계함을 조롱한다. 그들은 죽음의 순간만이 쾌락에 가까움을 인정하면서도 그때가 오기 전까지는 여전히 '생'을 꽉 움켜쥐고 구차한 삶을 살고자 한다. 이것이 바로 카뮈의 소설『이방인』에 나오는 또 다른 종류의 분열된 인간이다. 그리고 베케트의『고도를 기다리며』에서 길을 가는 사람은 내내 기다리면서도 내내 실망하고 실망하면서도 또 기다린다. 이상은 무너졌지만 여전히 기다린다. 기다림이 곧 유일한 의미다. 그리고 '기다림'도 분열한다. 기다림은 허무한 것 같기도 하고 실재하는 것 같기도 하다. 설령 허무하다 해도, 그래도 기다려야 한다. 기다림은, 절반은 자신을 속이는 것이고 절반은 자신을 증명하는 것이다. 분열된 인간은 실상 현대사회의 황당무계함과 자기 존재의 황당무계함을 가장 심각하게 감지하지만 그 황당무계함에 집어삼켜지기를 원하지 않는다. 그리하여 그들은 황당무계함에 대항하면서 삶과 죽음의 의미를 찾고자 한다. 분열된 인간을 이해해야만 20세기를 이해할 수 있다.

서구의 분열된 인간은 현대사회에서 소위 '현대인의 정신병을 앓는 인간'이다. 그러나 서구에서 '분열'은 현대인의 정신적 특징이 되다시피 했고 그들은 항상 물질과 정신의 분열, 영혼과 육체의 분열, 현실과 이상의 분열에 처한다. 정신은 기댈 곳이 없고 정신의 모든 원칙은 혼란에 빠져 있으며 모든 것이 모호하고 불분명해져 인간의 생존 법칙과 도덕 원칙조차 불명확해졌다. 현대의 분열된 인간은 햄릿과 같은 뚜렷한 고통의 얼굴을 갖고 있지 않다. 햄릿만큼 고통스럽지도 않고, 고통스럽다 해도 시시덕거리는 것을 잊지 않는다. 어차피 성격도 그리 분명치 않은 데다 이제는 얼굴도 복제할 수 있게 되어 영화계의 빅 스타 메릴린 먼로의 얼굴은 포스트모더니즘 계열 화가들에게 무수히 복제되었다. 그 모든 것 중에 이제 남은 것은 언어뿐이다. 언어는 곧 우주의 본체이자 인생의 본체다. 곧 신앙, 진리, 역사, 미래, 주체와 같은 것들은 전부 허무해졌고 언어만이 유일하게 실재하는 마지막 정원이 되었다. 이제 어떻게 말하고 해석하느냐에 따라 모든 것이 결정된다. 그렇게 본다면 햄릿 어머니의 불륜은 어쩌면 옳은 것인지도 모른다. 그녀는 곧 자유사회의 선구자일 수도 있다. 햄릿의 숙부도 어쩌면 옳았는지 모른다. 그는 곧 사랑의 본보기일 수도 있다. 햄릿은 더 이상 검을 치켜들 필요가 없다. 인간은 진작부터 산산이 쪼개진 상태였다. 인간은 순간적이고 단편적인 존재일 뿐 진즉부터 온전한 존재가 아니었으며 일찌감치 온전한 인격을 상실했다.

분열된 인간이 서구에서 빠른 속도로 번져나갈 때 동방의 중국에서도 스스로 분열된 인간들이 탄생했다. 그러나 중국의 분열된 인간은 서구의 분열된 인간과 다르다. 서구의 분열된 인간이 제 손으로 만든 현대 문명에 염증과 피로를 느끼고 옛날의 고전 문명을 그리워할 무렵 중국의 분열된 인간은 이제 막 현대 물질문명을 열광하며 추종하기 시작했고, 이 추종은 큰 대가를 치러야 했다. 전통문화에 의해 구축된 그들의 온전한 정신의 하늘이 부서지고 찢긴 것이다. 그리고 그 후로는 '여와女媧'[22]가 보수를 한다 해도 소용없게 되었다. 이것은 앞으로도 영원히 부서지고 찢긴 것이다. 바로 이 시점, 세기말에 회고해보건대, 중국인들은 100년 가까운 사회 혼란 속에서 고통을 겪었고, 정신적으로는 항상 혼백을 잃은 느낌 속에서 정신을 지탱해줄 것을 찾아내지 못했다. 그들의 모습은 마치 공중에서 원을 그리며 맴도는 매가 이리저리 날아다니기만 할 뿐 착륙할 곳을 찾지 못하는 것과 같다.

'혼백을 상실한' 느낌을 받게 된 이유는 지난 100년 속에 있다. 그동안 중국인들은 여러 차례 혼을 상실했다. 그중 첫 번째는 5·4신문화운동 기간이다. 5·4운동은 아버지를 심판하는 운동, 말하자면 아버지 세대의 문화와 선조들의 문화를 심판하는 운동이었다. 인정사정 봐주지 않고 철저히 진행된 이 운동은 조상들의 무덤을 파헤치고 국가의 혼이던 유가儒家의 학설을 파헤쳤다. '낡은 혼'을 다 파헤친 뒤, 원래는 프랑스의 자유·평등·박애 정신을 새로운 혼으로 삼으려 했다. 그래서 『신청년』의 맨 앞에 천두슈가 쓴 「프랑스인과 근대 문명」을 둔 것이다. 그러나 안타깝게도 이 혼은 들어오자마자 더 강대한 영혼으로 대체되었다. 바로 마르크스주의

---

22 중국 신화에서 여와는 자신의 모습을 본떠 진흙으로 인류를 빚어낸 창조주다. 고대 전설에 따르면, 어느 날 물의 신 공공共工이 반란을 일으켜 불의 신 축융祝融과 싸움을 벌였지만 패배하자 화를 참지 못하고 불주산不周山을 들이받았다. 불주산은 서쪽 세상을 떠받치던 기둥이었기에 하늘의 강물이 인간을 덮쳐 세상에 홍수와 범람이 일어났다. 여와는 인간이 겪는 재앙을 차마 볼 수가 없어 오색의 바위를 불에 담금질해 하늘을 보수하고, 신령스런 자라의 발을 잘라 세상의 네 모서리를 지탱하고, 홍수를 가라앉게 하고, 사나운 짐승들을 잡아 죽였다. 이로써 인류는 편안히 지낼 수 있게 되었다고 한다.

분열된 인간을 논함

다. 투쟁을 거치면서 마르크스주의는 과연 중국 건국의 혼이 되었고 인민을 세우는 혼이 되었다. 20세기 후반에 대륙은 영혼 깊은 곳을 끊임없이 혁명했다. 이는 곧 낡은 혼이 새로운 혼으로 바뀌는 혁명이었다. 그러나 중국의 일부 어리석은 교조주의자들은 마르크스주의를 사람을 압박하고 괴롭히는 큰 교본으로 삼았다. 그 결과, 마르크스주의는 비록 학설로서만이 아니라 사회 속에서도 작용을 일으켰지만 중국인의 내면에서 의미 있는 것이 되지 못했다. 곧 중국인의 영혼이 될 수 없었다. 그리하여 자유·평등·박애 세 가지 정신적 자원은 있는 듯 없는 듯한, 가까운 듯 먼 듯한 것이 되었다. 그러니 사람들이 어찌할 바 모르고 혼백을 잃은 느낌을 갖게 된 것도 당연하다.

5·4 이전에 중국인들은 불교를 혼으로 삼거나 도교를 혼으로 삼거나 아니면 유교를 혼으로 삼았다. 유교·불교·도교가 얼마나 많은 문제를 일으켰건 간에 혼은 결코 파괴되지 않고 통일되어 있었다. 5·4 이후 개혁가들은 한편으로는 중국의 전통문화를 심판하면서 다른 한편으로는 서구 문화를 끌어들였다. 따라서 사람들의 머릿속에는 한편으로는 선조들에게 받은 문화적 영향이 여전히 남아 있으면서 다른 한편으로는 이방인들의 문화가 대량으로 쏟아져 들어왔다. 그리하여 두 가지 문화가 머릿속에서 갈등을 일으키고 충돌하고 투쟁하면서 온전한 전통적 인격은 온전치 못한 현대의 인격으로 변질되고, 온전한 인간은 분열된 인간으로 바뀌었다.

현실 생활에서 분열된 인간이 많아진 까닭에 문학작품 속에서도 분열된 인간이 많아지기 시작했다. 중국 현대문학의 새로운 장을 연 소설『광인일기狂人日記』의 주인공이 분열된 인간이다. 그는 선조들의 문화적 태반에서 핵분열을 통해 태어났지만 낡은 문화를 목 놓아 울면서도 규탄하는 분열된 인간이다. 이후 루쉰의 작품에는 분열된 인간이 여럿 나온다. '고독한 자孤獨者' 웨이롄수魏連殳는 그 가운데서 정도가 심한 인간이다. 고독한 자의 고통은 두 문화가 서로 용납하면서도 용납 못 하는 분열의 괴로움이다. 그는 한편으로는 과거와 결별을 고하고 과거에 대해 전쟁을 선포하지만, 다른 한편으로는 과거에 굴복하지 않을 수 없고, 자신이 반대했던 모든 것을 몸소 행한다. 그는 양쪽의 적을 맞아 '새로운' 힘과 '낡은' 힘의 틈새에서 선택의 고통을 겪을 대로 겪는다. 공교롭게도 틈새는 갈수록 좁아지고 마지막에는 자신의 분열과 고독을 곱씹는 것밖에 할 수 없다. 루쉰의 『야생초野草』의 「그림자의 고별影的告別」에서 '나'는 선언한다. "나는 그림자에 불과합니다. 나는 당신과 헤어져 어두움 속으로 가라앉으려고 합니다. 어두움은 나를 집어삼킬 테지만, 밝은 빛은 또 나를 소멸시킬 것입니다." 이 '나'는 밝은 빛과 어두움 속에서 발버둥치는 인간이며, 웨이롄수 역시 이처럼 고독하게 발버둥치면서 반은 희망, 반은 절망인 상태에서 분열되는 인간이다. 루쉰 외에 또 다른 중요한 소설가들도 '새로움'과 '낡음' 속에서 동요하고 발버둥치고 자신과 악전고투하는 갖가지 분열된 인간을 그려냈다. 딩링丁玲의 주인공 소피아莎菲 여사, 바진巴金의 주인공 가오줴신高覺新도 고통을 겪는 분열된 인간이다. 가오줴신의 경우, 그는 항상 새로운 문화와 낡은 문화가 이어지고 교차하는, 이러지도 저러지도 못하는 상황에 처한다. 그의 뒤편으로는 무섭고 음산하며 낡고 거대한 집이 버티고 있지만 그의 내면은 또 새로운 문명을 동경한다. 두 문화의 충돌 속에서 그는 어쩔 수 없이 조금씩 타협하면서 자신을 조금씩 왜곡시킨다. 그러나 그의 괴로움은 늘 다른 사람들에게 이해받지 못하고, 결국 그는 자신의 이상을 매장하지 않을 수 없게 된다. 희망 없는 그 집을 위해 자신의 희망을 희생하는 것이다.

분열된 인간을 논함

그 시대의 문학에서는 분열된 인간의 형상이 드물게 보이지만, 1980년대에 우리는 왕멍王蒙의 장편소설 『활동변인형活動變人形』[23]의 주인공 니우청倪吾誠을 만났다. 이 주인공 역시 중국과 서구의 문화 충돌이 만들어낸 분열된 인간이다. 봉건 대지주 가정에서 태어난 주인공은 소년기부터 반역의식을 갖고, 이는 그의 어머니를 무척 당황하게 만든다. 당황한 어머니는 뜻밖에도 그에게 아편을 피우도록 부추겨 새로운 삶을 향해 나아가려는 그의 의지를 질식시킨다. 훗날 그는 대학에 진학하고 또 유럽으로 유학을 갔다가 귀국해서 대학 강사가 된다. 서구 자본주의 문명을 받아들이고 다시 마르크스주의를 받아들인다. 해외로 나가 다른 세계를 접하자 그는 번민에 빠진다. 처음에는 고국의 현실에 속한 모든 것이 마음에 들지 않고, 자신이 혼인한 뒤로 가정은 과거 천 년의 야만, 잔혹함, 어리석음, 그리고 오물이 쌓여온 가정이며, 참고 견디기 힘든 지옥이라고 여긴다. 그러나 다른 한편으로는 조상들로부터 물려받은 문화의 혼백이 그의 골수 깊이 간직되어 있다. 그리하여 그는 언제나 새로운 것과 낡은 것 사이에서 안착하지 못한 채로 떠다니고, 발버둥치고, 온갖 엄혹한 정신적 심판과 괴로움을 감당하다 결국에는 일생에 아무것도 이루지 못한다. 게다가 정신과 인격도 완전히 분열되고 변형된다.

그 시대 문학에서는 니우청과 같은 분열된 인간의 형상이 극히 드물다. 중국 작가들이 마르크스주의를 찾아낸 뒤로는 명확하게 통일된 두뇌를 갖게 되었기 때문이다. 작가가 명확한 주의主義를 갖게 되면 '주의'를 자신의 창작의 전제로 삼게 되고, 작품은 '주의'를 형상화形象化하는 매체가 된

---

23   왕멍이 1986년 베이징에서 출간한 장편소설로, 국내에서는 『변신하는 인형』 혹은 『변신 인형』이라는 제목으로 번역되었다.

다. 그리하여 작품 속의 인물도 분열된 상태에서 합치된 상태에 도달하고, 성격도 갈수록 고도로 통일된다. 최후에는 '주의'를 획득한 영웅적 인물이 정신적으로 분열의 흔적이 전혀 없이 완전무결한, '고상하고高 위대하고大 완벽한全' 인물로 변신한다. 그러나 안타깝게도 이는 추상적 우화에 불과할 뿐 진실한 인간의 형상이 아니다.

지금까지 서술한 갖가지 분열된 인간은 모두 정신 깊은 곳에서 분열을 겪는다. 이런 분열된 인간들은 정신세계가 비교적 복잡하고 풍부한 사람들이다. 그들은 현실사회 속에서 마주치는 단순한 양면적 인간, 곧 두 얼굴 혹은 몇 개의 얼굴을 하고서 적당히 사회에 맞춰 살아가는 사람들이 아니다. 양면적 인간이 가진 두 얼굴은 사회에 적응하는 기교이며 책략이다. 소위 양면이란, 한 면은 좋고 한 면은 나쁘고, 한 면은 선하고 한 면은 악하고, 한 면은 참되고 한 면은 거짓된 것으로, 이는 본래 일종의 가치판단이다. 그러나 분열된 인간의 '분열'은 가치판단이 아니다. 그것은 내적 충돌이며 정신세계 내면을 보여주는 그림이다. 양면적 인간에게는 이런 내면적 그림이 없다. 세계에 대해 느끼는 깊은 깨달음도 없다. 그들의 영혼의 세계는 문화의식의 충돌이나 대화가 전혀 없다. 그러므로 현대인의 정신적 특징도 당연히 없다.

현대의 분열된 인간을 마주할 때 우리는 이해하는 수밖에 없다. 그리고 그들에 대해 판결을 내릴 필요는 없다. 더구나 우리도 어느 정도는 분열된 인간 집단에 속하는 일원이다. 우리도 항상 모순 속에서 생활하고 있으며 전혀 '고상하고 위대하며 완벽한' 영웅이 아니다. 그러나 우리는 현대 서구의 분열된 인간과 중국의 분열된 인간은 정신적 충돌의 내용이 크게 다르다는 것을 알 수 있다. 서구의 분열된 인간은 이왕 19세기 물질문명에 실망을 느끼고 당황한 이상, 자연스레 과거의 문명을 동경하기 시작했기 때문에 분열된 와중에 늘 옛날을 그리워하는 갖가지 향수nostalgia 를 품고 있었다. 그 속에는 포스트모더니스트의 병치竝置가 포함된다. 그 것은 곧 시간을 공간화해서, 구식이고 역사적인 광경과 현대적이고 유행 적인 광경을 병치함으로써 역사를 이 시대의 화려한 건축물들 속에 응고 시켜놓았다. 그러나 현대 중국의 분열된 인간은 햄릿과 같이 항상 무겁게 가라앉은 얼굴이었다. 그것은 그들도 햄릿과 같이 고통스러운 느낌으로 충만했고 게다가 그것 또한 선택의 고통이었기 때문이다. 그러나 1980년 대 중반 이후 새롭게 등장한 젊은 작가들에게는 이미 '황당무계함'을 볼 줄 아는 안목이 자라나고 있었다. 그들 작품에서도 현대 서구의 분열된 인간과 유사한 인물 형상이 출현했다. 그들의 얼굴은 더 이상 무겁게 가 라앉지 않고 언제나 시시덕거리고 있으며 얼굴 생김새도 뚜렷하지 않다. 그러나 인생에 대해 느끼는 황당무계한 감각만은 뚜렷이 지니고 있다. 이 들이 보기에 인간은 태어나면서부터 황당무계한 존재다. 왜냐하면 인간 은 근본적으로 이 세상에 오고 말고를 스스로 선택할 권리가 없으며, 오 고 싶지 않더라도 와야만 했기 때문이다. 오고 나서도 자신의 의지대로 살아갈 수 없으며 영원한 이상기류 속으로 빠져 들어갈 수밖에 없다. 결 국 "당신은 다른 선택이 없다你別無選擇."(류쒀라劉索拉)[24] 이는 당대 미국 작 가 헬러Joseph Heller의 『군대 규칙 제22조』에서 군대 규칙에 제약을 받는 군인들이 이상기류에서 벗어나려고 아무리 애써도 벗어날 수 없는 그런 상황과 비슷하다. 규칙대로 임무를 완성하면 전쟁에서 벗어날 수 있지만 아무리 노력해도 임무를 완성할 수 없다. 방법을 아무리 짜내봐도 '군대 규칙'이라는 이 황당무계한 함정에서 벗어날 길이 없다. 인간이 환경을 개

---

24 1985년 베이징에서 출간된 류쒀라의 소설 『당신은 다른 선택이 없다你別無選擇』의 제목이다.

조할 수 있다고는 하지만 도리어 인간이 환경에 의해 개조된다. 내가 언어를 말한다고는 하지만 거꾸로 언어가 나를 말한다. 인간이 군대 규칙을 제정한다고는 하지만 뜻밖에도 군대 규칙이 인간을 제정한다. 우리는 베토벤의 말대로 운명의 목을 조르려고 하나 거꾸로 우리 자신의 목이 운명에 의해 단단히 졸라진다. 이미 태어난 이상, 이미 사람인 이상 우리는 욕망을 갖는다. 허나 욕망은 공교롭게도 무궁무진한 것이어서 수습할 수가 없다. '포위된 성圍城'25에 들어갈 수 없을 때는 갖은 방법을 다 짜내 포위망 안으로 들어가려고 애쓴다. 그러나 그 안에 들어간 뒤에는 또 온갖 방법을 짜내 포위를 뚫고 나오려고 한다. 이것을 영원히 끝낼 수 없다. 끝낼 방법도 알지 못한다. 이 시대 중국의 분열된 인간은 인간이 곧 황당무계한 이상기류임을 발견했다. 그리하여 예민한 작가는 이 발견을 거머쥐고 분열된 인간의 방황하는 눈동자를 묘사한다. 모든 것이 매우 선명한 국가와 문단에서 갑자기 불분명하고 낯선 얼굴들이 나타나 사람들을 흥분시키고 감동시킨다. 비평가들은 그들을 선봉이네 전위네 일컫지만 이들 선봉과 전위도 실상은 분열된 인간이다. 그러므로 20세기의 정신 현상, 특히 문학 현상을 분명히 이해하려면 '분열된 인간'을 연구하는 것이 중요한 과제가 되었다. 어쩌면 우리 후손들은 수백 년이 지난 뒤 역사를 돌아보면서 이렇게 말할지도 모른다. "20세기는 실상 분열된 인간의 세기였다. 따라서 신경질적인 세기였다."

---

25 1947년에 출간된 첸중수의 소설 『포위된 성圍城』의 제목이다.

분열된 인간을 논함

양서인간을 논함

여기서 말하는 양서인간은 주로 두 나라 사이에서 양쪽에 거처를 두고
兩棲 생활하는 인간을 가리킨다.

나는 화교華僑의 고향 푸젠福建에서 태어났기 때문에 양서인간을 특히
잘 안다. 어릴 때부터 그런 사람들이 있다는 것을 알고 있었다. 그들은 고
향인 대륙에서 반을 살고 해외에 나가서 반을 살기 때문에 양서兩棲생활
을 한다고 말할 수 있다. 젊었을 때 나는 장난삼아 양서인간에 대한 정의
定義를 지어낸 적이 있다. 우리 화교들은 국내에도 아내가 있고 해외에도
아내가 있으니 양처 인간兩妻人[26]이라 부른다고 말이다. 이 정의는 부분으
로 전체를 개괄한 것일 뿐만 아니라 애정의 절개를 굳게 지키고자 애쓰는

---

26 '양서인兩棲人'과 '양처인兩妻人'의 한어 병음 표기법은 'liǎngqīrén'으로 발음과 성조가 동일
하다.

화교들에 대한 모욕이었기에 감히 널리 전파시킬 수 없었다.

뜻밖에 1989년 이후 나 자신도 양서인간이 되었다. 나의 양서생활은 몸은 미국에 있고 마음은 중국에 있는 식으로 몸과 마음이 갈라져 있었기에 견딜 수 없이 괴로웠다. 거처가 양쪽으로 갈라진 데서 느끼는 이러한 감상 외에도 나 자신이 중국 문화와 미국 문화 사이에 처하면서 느낀 점도 있다. 본래 중국의 황토지黃土地 문화의 품속에서 숨 쉬고 온기를 얻고 사색하는 것이 이미 몸에 익고 아주 편안했건만 갑자기 서구의 쪽빛藍色 해양 문화 속에 던져져 가는 곳마다 낯선 문화의 제한을 받게 되면서 늘 적응이 안 되고 질식당하는 것만 같았다. 그러면서 비로소 느끼게 된 것은, 인간은 한곳에 거처를 두고 살다가 다른 곳으로 거처를 옮겨 생활하려고 하면, 더욱이 다른 문화 규범 속으로 들어가려고 하면 자유를 얻기가 아주 어렵다는 점이다. 처음에는 심리적으로 한쪽에 치우치는 것을 면하기 어려워서 몹시 분노하게 되고, 고통을 당할 때는 당혹스러움을 면하기 어려워 눈물을 흘리게 된다.

8년을 지내면서 나는 중국에서 건너온 양서인간이 날이 갈수록 많아지고 양서의 형태도 날이 갈수록 다양해진다는 것을 알게 되었다. 그들은 공부와 생활을 미국에서 하지만 매년 중국으로 돌아간다. 학술 강연을 하러 돌아가고, 친지를 방문하러 돌아가고, 사업을 하러 돌아가고, 배필을 찾으러 돌아가고, 그렇게 귀국하는 이유가 아주 다양하다. 요컨대 두 나라에 거처를 두고 뻔질나게 출입한다. 그리고 뻔질나게 출입하는 가운데 총명함이 절정에 달한 양서인간의 무리가 출현했다. 이 양서인간은 두 제도와 두 문화가 부딪치는 가운데서 생존의 곤란을 느끼는 것이 아니라 두 제도와 두 문화의 좋은 점(훌륭한 점이 아니라는 데 주의할 것)을 모두 필요로 한다. 가정에서 부모의 도움이나 금전적 원조가 필요할 때 그가 말하는 것은 중국의 '인의仁義' 문화다. 부모의 도움이 필요치 않고 심지어 부모를 배척할 때 그가 말하는 것은 미국의 '독립' 문화다. 사회에서 미국 자동차와 자유를 향유할 필요가 있을 때 그가 말하는 것은 '자본주의' 문화다. 중국에 돌아가서 영예를 찾고 명성을 취할 때 그가 말하는 것은 '사회주의' 문화다. 중국 문화에 대해서나 미국 문화에 대해서나 모두 존중이 결핍됐고 분석이 결핍됐으며 가치를 판단하는 이성이 결핍되었다. 모든 것을 단지 '이용'할 뿐이다. 오늘 나에게 쓸모가 있으면 바로 '예스'라고 말하고, 내일 나에게 쓸모가 없으면 바로 '노'라고 말한다. 오늘 갑이 좋은 것을 주면 바로 갑을 진리로 믿고, 내일 을이 좋은 것을 주면 바로 을을 진리로 믿는다. 양서인간은 그렇게 이쪽으로 변하고 저쪽으로 변하는 와중에 점차 변질되어 '양서인간'에서 '양면인간'으로 바뀌었다. 완전히 하나의 몸뚱이에 두 개의 얼굴을 하고 있다. 한때는 '박사'의 얼굴을 하고 있다가 한때는 '전사'의 얼굴을 하고 있다. 한때는 '국제주의'의 얼굴을 하고 있다가 한때는 '민족주의'의 얼굴을 하고 있다. 미국에서 하나의 얼굴을 가지고 중국에서 또 하나의 얼굴을 가진다. 그리고 중국에 있을 때에도 사람들과 즐겁게 담소할 때의 얼굴이 있고 정부 측과 악수를 할 때의 얼굴이 따로 있다. 얼굴 바꾸기는 때에 따라 정해지고 장소에 따라 적당히 만들어진다. 양서동물이 육지와 수중에서 고루 잘 적응하는 것과 아주 비슷하다. 그러나 어디까지나 인간이기에 적응하는 가운데 생존을 추구할 뿐만 아니라 더욱이 발전과 영광을 위해 분투한다.

양서동물에서 양서인간으로 진화했고 양서인간에서 양면인간으로 진화했으니 이 단서는 인류가 확실히 부단하게 진화하고 있음을 증명하기에 충분하다.

산성 인간을 논함

산성 인간_{酸人}[27]을 이야기하자면, 먼저 질투가 심한 인간을 생각할 수 있다. 역사상 질투심이 많았던 일부 비통한 황후와 황비들이 질투로 말미암아 그녀들 자신을 위험에 빠뜨린 사건이 떠오른다. 예컨대 건륭황제_{乾隆皇帝}의 첫 번째 황후 부찰_{富察} 씨는 황제를 따라 덕주_{德州}로 외유를 갔다가 여색을 밝히는 황제의 버릇을 보고 질투심이 발동해 결국 멀쩡하던 사람이 화병으로 죽었다. 두 번째 황후였던 오라나랍_{烏喇那拉} 씨도 황제를 따라 강남에 갔다가 여색을 좋아하는 황제를 본 뒤로 역시 질투심이 폭발해 비구니가 되겠다며 스스로 머리를 깎았다. 건륭황제는 참아 넘기고 그녀를 먼저 황궁으로 돌아가게 했지만 이듬해 그녀도 우울 증세에 빠져

---

27 '산酸'은 신맛(냄새)·눈꼴시다·메스껍다(역겹다)·진저리나다·질투·비통하다·궁상맞다(초라하다)·고리타분하다(진부하다) 등 여러 의미를 갖는다. 작가는 '산' 한 글자로 이 다양한 의미를 두루 표현하고 있다.

죽고 말았다. 질투심이 강한 황후가 있었던 이상 자연스레 질투심 많은 황제도 있었겠지만 필자는 아직 자세히 고찰하지 못했다. 게다가 이 글에서 말하는 산성 인간은 이들처럼 질투심이 많은 인간도 포함하기는 하지만 주로 살갗을 오그라들게 하는 짓을 재미삼아 하는 인간을 가리킨다. 그들의 산성은 고의로 부끄러운 척하거나, 일부러 상냥한 척하거나, 짐짓 달착지근한 태도를 취하는 것으로 나타난다. 특히 노인이 일부러 어린아이 시늉을 하거나, 남자가 고의로 여자 흉내를 내는 것으로 나타난다. '고의로 꾸며내는 것'이기 때문에 부자연스럽고 사람을 진저리나게 한다. 무릇 이와 같이, 고의로 어떤 태도를 꾸며내 진저리나게 하는 인간을 산성 인간이라 부를 수 있을 것이다.

산성과 비산성은 뚜렷이 구분할 수 있다. 예를 들자면 모파상의 『좋은 친구』에 등장하는 남자 주인공의 다섯 애인 가운데 네 명은 독자들을 메스껍게 하지 않지만 나머지 한 명, 중년 귀부인은 유달리 산성이 두드러져 독자를 메스껍게 만든다. 그녀는 귀부인이므로 귀족과 귀부인의 허세도 유지하고 싶고, 또 그 잘생긴 평민 출신의 젊은 장교도 갖고 싶다. 그래서 짐짓 부끄러운 척하며 '좋은 친구'의 품에 안기면서 말한다. "저 이러는 거 처음이에요!" 이런 게 바로 사람을 진저리나게 하는 것이다. 또한 차오위曹禺의 『일출日出』이라는 희곡에 등장하는 돈 많은 과부 노파 구바顧八와 구바가 '노리개로 삼는 미남자面首' 후쓰胡四도 한 쌍의 산성 인간이다. 그들이 하는 말은 온통 역겨운 말뿐이다. 후쓰는 자기가 화단花旦[28]의 노래를 할 줄 안다며 노래를 부르는데, 그것은 자연스레 메스꺼운 노래가

---

28 중국 전통 희극에 등장하는 젊은 여자 배역으로 천진하고 활발하며 때로는 말괄량이 성격을 드러낸다. 전통 희극에 등장하는 여자 배역을 통칭하는 말로도 쓰인다.

된다. 그 둘이 함께 있을 때 집 안은 온통 메스꺼운 맛으로 충만하다. 독자와 함께 극본을 되새겨보면서 이 산성 커플이 천바이루陳白露의 집에서 하는 어린아이 작태를 구경해보자.

구바: (천진난만한 여자아이처럼 교태를 부리며) 너 나를 따라오네! 안 보여줄 거야. 안 보여줄 거란 말이야! 내가 안 보여주면 넌 못 볼 거야! 내 말 듣고 있니?

후쓰: 좋아, 알았어, 알았어! 듣고 있어. 그런데 너 좀 봐, 참 예쁜 옷이야!

구바: 너 좀 봐!

천바이루: 두 분 이게 어찌된 겁니까?

후쓰: 아무것도 아닌데요? (한 손으로 구바 할머니의 손을 잡고 교태를 부리며 생긋 웃는다.) 너 좀 봐!

구바: (천바이루에게) 우리 온종일 다투는 것 같지요? 우리 참 재미있게 놀지 않아요?

천바이루: 남들 앞에서 대놓고 이렇게 응석을 부리시니 두 분 정말 어린아이가 되셨나봐요.

구바: 우린 원래 한 쌍의 어린아이예요. (후쓰를 향해) 그래, 안 그래?

후쓰는 '귀부인이 노리개 삼는 미남'이니 구바 앞에서 언제나 아양을 떤다지만 구바는 이미 노인이 된 과부인데도 후쓰와 사람들 앞에서 어리광을 피우며 스스로 한 쌍의 '어린아이'라고 말한다. 바로 이것이 고의로 어린아이의 태도를 꾸미는 것이다. 살갗을 오그라들게 하는 짓을 재미삼아한다는 것은 전적으로 이런 것을 두고 하는 말이다.

산성 인간을 논함

루쉰 선생은 이런 어린아이의 작태에서 풍기는 역겨운 맛을 진작부터 견딜 수 없었기에 「스물네 개의 효 그림二十四孝圖」(『아침 꽃을 저녁에 줍다朝花夕拾』에 수록)이라는 글에서 특히 '노래자老萊子가 어버이를 즐겁게 하다老萊娛親'라는 고사를 풍자한 것이리라. 루쉰은 효행의 본보기 스물네 가지를 모두 좋아하지 않았고 그중에서도 특히 '노래자가 어버이를 즐겁게 하다'와 '곽거가 자식을 땅에 묻다郭巨埋兒'에 대해 거부감이 심했다. 효행의 모범으로 일컬어지는 노래자는 춘추시대 초楚나라 사람이었다고 한다. 『예문유취藝文類聚』「인부人部」에 따르면, 그는 일흔 살에 부모에게 효도와 공경을 하려고 부모 앞에서 일부러 수줍어하는 어린아이 흉내를 내고 색동옷을 입은 채 땅에 걸려 넘어지는 시늉을 해 부모의 웃음을 얻었다고 한다. 노래자는 이미 노인이었는데도 어리광을 부리고 '땅에 걸려 넘어지는 시늉'을 한 데다 아버지 앞에서 황아장수가 치는 북까지 흔들었으니 정말 견딜 수 없을 만큼 사람을 메스껍게 하는 것이다. 그래서 루쉰은 이를 "살갗을 오그라들게 하는 짓을 재미삼아 하는 것"이라고 말했다. 그는 "어린아이가 부모 앞에서 어리광을 부리는 것은 재미로 봐줄 수 있지만 어른이 이런 행동을 한다면 눈에 거슬리는 것을 피할 수 없다"고 했다. 남의 이목을 신경 쓰지 않는 부부가 사람들 앞에서 서로 아껴주는 것도 재미의 경계선을 조금만 넘으면 살갗을 오그라들게 만들기 쉽다. 자연스레 구바 할머니와 노래자는 모두 살갗을 오그라들게 하는 영역에 속한다.

어린아이의 어리광과 어른의 어리광이 다른 이유는, 어린아이의 어리광은 자연스러운 것인 반면 어른의 어리광은 '고의로 꾸며낸' 것이기 때문이다. 전자는 천진함이지만 후자는 지어낸 모습이다. 곧 천진함을 꾸민 것이다. 이렇게 보면 어리광에는 특히 나이 제한이 있다는 점에 주의해야 한다. 그렇지 않으면 매우 위험해진다. 이는 내게 문화대혁명을 떠올리게 한다. 문혁 당시 소년 홍위병 용사들은 마오쩌둥을 '마오 주석 어르신'이라 불렀다. 소년들이라 그렇게 부르더라도 노인을 높이고 공경하는 천진한 맛이 있었다. 그런데 칠팔십 살이나 먹은 늙은 동지와 선생들이 입만 벙긋하면 '마오 주석 어르신'을 일컬었을 때에는 맛이 영 달랐다. 후에 나는 소년 홍위병들이 부르는 '아빠 엄마가 마오 주석 어버이만 못해요'라는 노래를 들었는데, 그래도 듣기가 좋았고 유쾌한 맛이 있었다. 그러나 칠팔십 살이나 먹은 늙은 동지, 선생들이 불렀을 때는 부자연스러운 느낌이었고 유쾌하기는커녕 메스꺼운 맛뿐이었다. 심지어 노래자가 불렀던 메스꺼운 노래가 자꾸 생각나는 걸 피할 수 없었다. 그때 젊은이들은 그들 또래의 레이펑雷鋒이 부른 '당에게 들려주는 산가山歌'[29]를 즐겨 불렀다. 특히 어린 소녀의 낭랑한 노랫소리는 귀를 더욱더 즐겁게 했다. 그러나 칠팔십 살이나 먹은 늙은 선생과 늙은 부인들이 불렀을 때에는 정상적인 맛이 아니었고, 게다가 그들은 짐짓 다정한 포즈까지 취하며 불렀다. 그 모습은 '산가山歌'가 아닌 '산가酸歌', 곧 '당에 들려주는 메스꺼운 노래酸歌'인 것처럼 느껴졌다. 그리고 가장 번거로운 일이 있었다. 나 자신이 '문학 연구 작업'에 종사했기 때문에 문학작품을 읽지 않으면 안 되었다. 그래서 송가頌歌 문체로 쓰인 시가, 산문, 소설을 수없이 읽어야 했다. 그럴 때마다 일흔 살의 늙은 시인이 마오 주석과 악수를 하고 감격해서 어린아이처럼 울었다는 내용을 읽거나, 특히 칠팔십 살 먹은 늙은 작가가 자신보다 어린 '화華 주석'[30]의 얼굴을 '자애로운 표정'으로 칭송한 것을 읽었을 때는

---

29 중국의 농촌이나 산촌에서 노동할 때 즐겨 부르는 노래. 특히 남부 지방에서 유행하던 민간 가곡이다.

30 화궈펑華國鋒. 문화대혁명 초기부터 후난 성 제1서기를 시작으로 빠르게 승진, 1976년 9월 마오쩌둥이 사망한 뒤 당 주석과 중앙군사위원회 주석이 되어 문혁을 주도한 사인방을 숙청했지만 이듬해부터 덩샤오핑의 강한 비판에 직면하여 1980년 이후로 점차 권력을 내놓았다.

산성 인간을 논함

온몸에 괴로움이 가득했다. 20세기 후반에 대륙에서는 이렇게 고의로 어린아이 시늉을 하며 교태를 떠는 시와 문장이 정말 몹시도 많았고, 역겨운 맛은 아주 진했다. 이런 작품들을 읽고서 나는 시인과 산성 인간은 뒤섞이기 쉽다는 것과, 사람들은 늘 산성 인간을 시인으로 오해한다는 것을 알게 되었다. 그런데 더 낭패스러운 일은, 내가 이로 인해 1980년대 이전의 대륙 당대 문학이 미성년 상태에 있는 것만 같다는 생각을 자주 하게 되었다는 것이다. 또한 수많은 늙은 시인과 작가도 '어른으로 성장하지 못하는 겉늙은이'인 것처럼 느껴졌다.

　이로부터 나는 또 다른 생각을 하기에 이른다. 역사상 중국에 질투심 많은 황제와 황후, 그리고 노래자를 닮은 산성 신하와 산성 백성도 더러 있기는 했지만 사회 여러 계층 가운데 산성 인간이 가장 많은 곳은 문인 계층이라는 점이다. 그렇기에 문인 노릇 하는 사람들은 '산성'이 되지 않게 스스로 특별히 경계해야 한다. 무인은 대개 시원시원한 기상이 있고 깡패는 늘 교활하다. 반면 유독 '지식인의 선물은 원래 종이 반쪽秀才人情本是半張紙'이라는 말도 있듯이 산성의 메스꺼운 과오를 저지르기 쉬운 사람들이 또 문인이다. 문인은 늘 웅대한 포부를 갖고 살아간다지만 스스로 일가를 이루기 힘든 것이 문인이기에 황제의 비위를 맞추거나 권력자를 찬양할 수밖에 없는 경우가 허다하다. 권력자에게 의탁하다보면 곁에서 돕는 문인이 되거나 어용문인이 된다. 돕는다면 그래도 지모 있는 신하謀臣나 책사策士가 될 가능성이 있다. 그러나 빌붙어 아첨이나 한다면 늘 온몸에 산성의 궁상맞은 티가 흐르게 된다. 빌붙어 아첨하는 자는 권세가의 마음속에 파고들기 위해 항상 자신을 축소시키려고 애쓴다.(그러다가 어린아이 모습으로 축소되고 만다.) 그래서 어용문인들은 역겨운 작태를 하고 진부한 논조를 붙잡고 메스꺼운 노래를 부르고 고리타분한 말을 하고 급기야 초라한 눈물을 흘리게 된다. 궁상맞은 장군이나 초라한 최고사령관은 보기 어렵지만 궁상맞은 문인이나 초라한 작가는 도처에서 볼 수 있다. 이렇게 문단을 부식시키는 산성의 폐해는 특히 심각하니 특별한 주의를 요한다. 그렇지 않을 경우 시인협회는 쉽사리 산인酸人협회로 변하고 말 것이다.

얼마 전에 나는 「진부한 논조酸論」라는 글에서 가보옥賈寶玉[31]과 견보옥甄寶玉이 서로 만날 때의 광경을 묘사했다. 가보옥은 견보옥의 생김새가 자신과 똑같아 거의 분간할 수 없을 정도라는 말을 듣고, 그를 만나면 둘도 없는 친구 사이가 될 수 있기를 바랐다. 그런데 처음 만난 견보옥의 입에서 나온 말은 뜻밖에도 온통 벼슬, 경륜, 비단옷과 귀한 음식 같은 낡고 상투적인 것들뿐이다. 게다가 옆에 앉아 있던 가란賈蘭까지 덩달아 그의 말에 부화뇌동한다. 가보옥은 가란의 말을 듣고 부아가 치밀어 속으로 '얘는 언제부터 또 이런 진부한 논조를 배웠담' 하고 말한다. 이들 두 산성의 젊은이를 보고 이들의 낡고 상투적인 말을 들은 가보옥은 크게 실망해서 마침내 출가를 결심한다.

가보옥과 견보옥의 차이는, 한 사람은 참된 성정이 있고 다른 한 사람은 참된 성정이 없다는 것이다. 진부한 논조를 붙잡는 인간, 역겨운 말을 하는 인간, 메스꺼운 노래를 부르는 인간의 특징은 참된 정眞情과 참된 성眞性이 없다는 것이다. 견보옥이나 가란 같은 사람들이 즐겨 말하는 벼슬과 경륜이라는 틀에 박힌 문장은 겉은 그럴싸하지만 결코 그들 마음속에서 우러나온 것이 아니다. 이것은 오래되다 못해 진부한 교조주의다. 이

---

31 이하에서 언급되는 가보옥, 견보옥, 가란, 임대옥, 가서, 왕희봉 등은 청나라 시대 조설근이 지은 장편 통속소설 『홍루몽紅樓夢』의 등장인물이다.

산성 인간을 논함

런 교조는 항아리에 오랫동안 담가둔 채소와도 같다. 처음에는 신선한 채소이지만 항상 밀봉을 해둔 채로 묵히면서 오랫동안 햇볕을 쬐지 않으면 시큼한 채소김치가 된다. 견보옥과 가란의 '팔고八股'[32]는 담근 지 아주 오래된 것이기에 가보옥은 이들의 케케묵은 냄새를 맡게 된 것이다. 마찬가지로 혁명에 관한 어떤 이론들, 예컨대 계급론은 마르크스주의의 창시자가 처음 그것을 말했을 때는 확실히 신선한 느낌이 있었다. 그래서 1920~1930년대 중국 작가들은 잇따라 진화론을 포기하고 계급론을 받아들였다. 그러나 수십 년을 거치면서, 특히 문화대혁명 기간에 계급론은 저속한 것으로 변질되었고 사회 전체가 날이면 날마다 달이면 달마다 심지어 하루에도 수십 번이나 계급론 타령을 했다. 이것은 계급론을 날이면 날마다 사회라는 항아리 속에 담가둔 것과도 같다. 날마다 달마다 해마다 담가둔 결과 케케묵은 냄새가 진동하게 된 것이다. 그러므로 오늘날 비판적 문장들이 다시 계급을 논하는 것은 분명 진부한 것이며 1920~1930년대에 계급을 논하던 맛과는 크게 다르다.

초라하고 궁상맞은 산성의 티가 다른 계층보다 문인 계층에서 많은 것은 맞다. 그러나 문인들이 전부 산성 인간이라는 뜻은 아니다. 그들의 진실한 성정을 '산성'으로 오해해서는 안 된다. 이는 임대옥林黛玉이 울기를 잘하고 자주 슬픔에 젖지만 절대로 산성 인간이 아닌 것과 같다. 왜냐하면 그녀는 참된 성정을 지닌 인물이기 때문이다. 임대옥의 '비통함'은 가서賈瑞가 왕희봉王熙鳳 앞에서 하는 산성의 역겨운 말酸話과 동질적으로 취급되어서는 안 된다. 작가들 가운데 어떤 사람들은 깊은 슬픔이라는 정서가 있고, 그들의 작품에는 진지한 눈물이 있다. 그것을 산성의 초라한

---

32 이 글에서는 내용 없는 형식, 무미건조한 글이나 화자의 태도를 비유한다.

눈물로 오해해서는 안 된다. 거듭 말해 진지한 문인들을 산성 인간으로 여겨서는 안 된다. 설령 견보옥이나 가란처럼 산성의 고리타분한 논조를 붙잡는 진부한 자들이라 하더라도 악랄하게 곡학아세를 일삼는 저질의 산성 문인들과는 가르다. 견보옥과 가란의 '진부한 논조'는 그저 고리타분한 지론일 뿐이지만 학문을 왜곡하고 세상에 아첨하는 문인들이 산성의 논조를 붙잡는 것은 단순히 재미삼아 하는 '살갗 오그라드는 짓'이 아니다. 그들은 그런 짓을 무기삼아 한다. 그것은 산酸에 비상砒霜 같은 독약을 넣는 것과 같다. 그들이 무기삼아 하는 '살갗 오그라드는 짓'는 아첨을 하기 위한 것이며 세인들의 마음과 눈에 들기 위한 것이다. 그러므로 이런 산성은 이미 염산이나 초산, 아니 그보다 더 무서운 것이다. 이런 종류의 산성 인간은 보통의 산성 인간이 아니라 염산인鹽酸人, 초산인醋酸人, 독산인毒酸人이라 할 것이다.

그러나 이와 같은 극단적 산성 인간은 많지 않다. 대부분의 산성 인간들이 지닌 산성은 심리적 불균형이 초래한 일종의 변태적 산성이다. 이는 자연계에 내리는 산성비와 일정하게 닮았다. 대기층에 오존층이 있고 오존층에 일단 구멍이 뚫리면 생태계의 균형이 무너져 산성비가 내린다. 인간세계의 역겨운 수작, 고리타분한 논조, 메스꺼운 노래, 초라한 춤, 역겨운 말도 심리세계의 균형이 무너지면서 생기는 산성 행위들이므로 산성비와 유사하다. 생태학자들은 산성비가 대자연에 백해무익하다고 말한다. 상황은 훨씬 더 복잡하지만 인간 세상의 진부한 논조나 역겨운 말도 정상적 사회가 요구하지 않는 것이며, 정상적 인간이 좋아하지 않는 것이다. 그러므로 역시 산성 인간은 되지 않는 게 좋겠다.

잔인한 인간을 논함

　'잔인한 인간忍人'은 내가 지어낸 말이 아니다. 이 개념은 이미 『좌전』 문공文公 원년에 자상子上이 상신商臣을 논하는 부분에 나온 적이 있다. 자상은 상신에 관해 "벌 눈에 승냥이 소리를 하니 잔인한 인간입니다"라고 말했다. '벌 눈蜂目'이란 꿀벌처럼 불거져 나온 눈을 말하고, '승냥이 소리豺聲'는 물론 승냥이 울음소리를 말한다. 중국의 관상가들은 얼굴 생김새뿐 아니라 마음 생김새, 곧 심상心相도 즐겨 보았다. 심상을 살피려면 목소리까지 살피게 되는데, 벌 눈이 관상에 속한다면 승냥이 소리는 심상에 속한다. 조익趙翼은 『구북집甌北集』 7권 「관상가 팽철취에게 보냄贈相士彭鐵嘴」에서 "옛사람들의 관상법에 심상을 보는 요령이 있습니다. 승냥이 소리를 내면 잔인하고, 까마귀 부리처럼 입이 뾰족하면 독종이고, 솔개의 골격은 조급하고, 소의 배는 경솔하다고 합니다"라고 썼다. 여기서도 사람이 승냥이 소리를 내면 성격에 '잔인함'의 특징이 있음을 말하고 있다. 벌 눈과 승냥이 소리는 모두 잔인한 인간의 상징이다.

그러나 이런 상징이 확정적인 것은 아니다. 중국에서 잔인한 인간으로 유명한 진시황을 예로 들면, 그의 얼굴 생김새는 '벌'과 관계가 있기는 하나 벌 눈이 아니라 벌 코였다. 『사기』「진시황본기」에 "진왕의 생김새는 벌 코에 기다란 눈이다"라는 말이 나온다. 어쩌면 '벌 코'가 '벌 눈'보다 더 무서운 것이었기에 '분서갱유焚書坑儒' 같은 아주 못된 짓을 저질렀는지도 모른다. 진시황이 잔인한 인간이 아니었다면 지식인을 도살하고 문화를 말살하는 선례를 창시할 수 없었을 것이다.

나는 관상가는 아니지만 '벌 눈'과 '승냥이 소리'를 '잔인한 인간'의 기호적 상징으로 보는 것이 이해가 간다. 중국인들은 흔히 야수성과 가축성의 특징들을 인간성의 열악함에 비유하기를 즐긴다. 예컨대 돼지는 우둔한 인간을, 여우는 교활한 인간을, 개는 천한 인간을, 고양이는 아첨하는 인간을, 호랑이는 사나운 인간을 비유하는 데 사용된다. 이런 식으로 보면, 어떤 사람들이 "만물이 모두 나에게 갖추어져 있다萬物皆備於我"[33]고 말한 것은 만물을 자신의 흉금에 두루 포용하고 있다는 뜻이 아니라 각종 야수와 가축의 특성을 집약해놓았다는 뜻이 된다. 승냥이의 흉악함과 벌의 악독함을 한 몸에 가진 자를 잔인한 인간이라고 일컫는 것도 적합한 말이다. 총명한 조상들이 이룩한 언어 창조의 천재성은 지금까지도 우리 같은 후손들을 탄복케 한다.

그러나 내가 사용하는 '잔인한 인간'은 관상과 심상을 개괄한 개념이

---

33 『맹자』「진심盡心 상」에서 맹자는 만물이 모두 '나'에게 갖추어져 있으니 자신에게 돌이켜보아 성실하면 더없이 큰 즐거움을 느낄 수 있고 이를 미루어 힘써 실행에 옮기면 인仁을 구하는 길이 그보다 더 가까울 수 없다고 말했다. 훗날 남송南宋의 육상산陸象山과 명나라의 왕양명王陽明 등은 이를 계승하여 세상 모든 사물과 모든 이치가 주체心를 떠나서 존재하지 않는다는 학설을 세웠다. 작가는 맹자뿐 아니라 이들 육왕 심학자들까지 염두에 두고 말한다.

잔인한 인간을 논함

아니다. 왜냐하면 벌 눈과 벌 코는 판단하기 그래도 나은 편이지만 승냥이 소리'를 판단하기는 무척 어렵기 때문이다. 특히 오늘날 중국은 삼림 남벌이 매우 심각한 지경이어서 승냥이도 거의 볼 수 없게 되었다. 나는 지금껏 승냥이 소리를 들어본 적이 없으니 승냥이 닮은 음성을 판단할 수 없다. 물론 사회 안에서 늘 살육을 말하거나 계급투쟁을 강령으로 삼아야 한다고 하거나 전면적 인민 독재를 말하는 이런 시끌벅적한 소리들을 승냥이 소리라고 부르는 것은 오히려 가능할 테다. 허나 그러려면 또 한참 쟁론을 벌여야겠기에 역시 벌 눈과 승냥이 소리를 가진 인간을 잔인한 인간의 상징으로 삼지 않는 게 좋겠다.

내가 염두에 두는 '잔인忍'은 '불인不忍'(차마 하지 못함)과 대응되는 말이다. 중국의 문화 체계에서 '불인'은 대단히 중요한 개념이고 맹자가 가장 먼저 불인지심不忍之心을 말했다. 그는 인성 가운데 선량한 면을 '불인지심' '측은지심'이라고 했다. 불인지심이란 곧 양심이다. 이는 인간이 인간일 수 있는 특징이며 야수와 구별되는 특성이다. 가령 어떤 사람이 학대받거나 살육당하거나 박해받는 인류의 모습을 본다면 동정심이 생길 것이다. 이런 동정심을 야수도 반드시 가지고 있다고 보기는 어렵다. 정상적인 인간은 아녀자나 어린아이가 강물에 빠지는 것을 보면 언제나 안타까움을 느낀다. 또 정상인은 도살자가 사람의 팔다리를 자르거나 머리를 베어 죽이는 것을 본다면 견디기 어렵고 차마 '눈뜨고 볼 수' 없게 된다. 이것은 인성의 세계 안에서 신비한 뭔가가 작용을 일으키는 것이다. 중국의 옛 성인들은 이 신비한 것을 '불인지심'이라 불렀다. 나는 이런 불인지심을 가진 사람이 정상적 인간이며 '잔인한 인간'이 아니라고 생각한다. 잔인한 인간은 불인지심을 깡그리 후벼 파낸 인간이다. 그들은 인류가 겪는 불행과 재난, 잔인한 폭력을 마주해도 감정이 동요하지 않고不動情 본성이 동요하지 않고不動性 마음이 동요하지 않는不動心 경지에 족히 도달한 인간이다. 잔인한 광경을 보고도 마음이 움직이지 않기에 스스로 살인자가될 수도 있다. 더 중요한 것은, 그런 자들은 잔인한 짓을 할 수 있을 뿐아니라 더욱이 추호도 마음의 동요 없이 잔인한 행위를 즐길 수 있다는점이다. 이렇게 잔인한 행위를 저지를 수 있고 잔인함을 즐길 수 있는 인간이 바로 잔인한 인간이다.

중국의 백성이 흔히 하는 욕 중에 '사람을 죽여도 눈 한번 깜박이지 않을' 사람이라는 말이 있다. 곧 잔인한 인간이다. 만약 어떤 이의 마음속에 야수와 구별되는 인성이 조금이라도 남아 있다면 같은 인류를 죽였을때 최소한 눈 한 번은 깜빡일 것이고 마음 한 번은 꿈틀거릴 것이다. 한찰나라도 말이다. 그러나 세상에는 살인을 해도 눈 한번 깜박이지 않고마음 한번 꿈틀거리지 않는 인간이 있다. 중국 역사에도 이런 사람들이적지 않았는데, 그래서 그들은 '능지처참陵遲' '가죽 벗기기剝皮' '기름에 튀기기油炸' '말 다섯 필로 시체 찢기五馬分屍' '구족 연좌株連九族' 같은 형법을발명했다. 이런 형벌을 발명하고 집행한 사람들을 모두 잔인한 인간이라부를 수 있을 것이다. 나는 예전에 친구들에게, 잔인한 인간은 인간으로진화가 아직 덜 완성된 사람들이라고 말한 적이 있다. 그러나 친구들은동의하지 않고 이렇게 반박했다. 인간과 동물의 구별은 인간이 도구를 제조할 수 있다는 데 있다. 만약 인간으로의 진화가 덜 완성된 것이라면 그들이 어떻게 그토록 정교한 형벌 도구를 만들 수 있었겠는가? 생각해보니 친구들 말에도 일리가 있었다. 그래서 나는 한 걸음 물러나 말했다. 잔인한 인간은 인간으로의 진화가 기본적으로 완성되었지만 짐승 부류에가장 가까운 사람들이라고 말이다.

중국의 잔인한 인간 중에 유명한 사람들은 모두 궁궐에서 나왔다. 평범한 사람들 중에도 물론 잔인한 인간은 많았을 테지만 그들의 잔인함이 후세까지 이야기로 전해지기는 쉬운 일이 아니다. 궁궐에 살면서 높은 지위에 있는 사람들이 포악한 짓을 거리낌 없이 저지르면 사관들이 그것을 기록으로 남기곤 했기에 그들의 잔인함이 후세까지 전해질 수 있었다. 중국에는 잔인한 황제와 황후들의 이야기가 많다. 일찍이 기원전 1100년 이전 잔인한 인간으로 유명한 주紂[34]라는 임금이 있었다. 주 임금은 '포락지형炮烙之刑'이라는 형벌을 사용해 조정의 신하나 노역자들을 고기 굽듯 불로 지지고 태워 죽였다. 또 과감히 직언을 아뢴 제후 매백梅伯을 칼로 베어 죽인 뒤 육포로 만들고 젓갈을 담가 제후들에게 나눠주고 먹게 했다. 심지어 과감히 진심어린 충고를 한 왕자 비간比干[35]을 죽여 심장을 끄집어 냈고 문왕文王의 아들 백읍고伯邑考[36]를 삶아 고깃국을 끓여 먹었다. 이 이야기들이 보통 사람들로서는 도저히 믿기지 않는다. 주왕의 잔인함은 감히 살육을 저질렀다는 데 있다기보다 살육을 즐길 수 있었다는 데 있다. 그렇기에 심장을 끄집어내 한 차례 감상까지 한 것이다. 『사기』「은본기殷本紀」에 "비간의 시신을 가르고 그 심장을 보았다"고 기록한 것처럼 잔인하고 포악한 행위를 애첩 달기妲己와 함께 즐거운 놀이로 삼았고, 마침내 그는 인육人肉으로 음식을 만들어 제후들에게 나눠주고 먹게까지 했다. 이런 짓을 다 저지르려면 인성 속의 불인지심을 조금도 남김없이 솔로 문질

34　은殷나라의 마지막 임금으로, 그 이전 하夏나라의 마지막 임금이었던 걸桀과 함께 폭군의 대명사로 꼽힌다.

35　주 임금 당시에 승상을 지낸 충신으로, 바로 주 임금의 숙부였다. 훗날 공자는 미자微子, 기자箕子, 비간을 가리켜 "은나라에 어진 신하가 세 사람 있었다殷有三仁"라고 말했다.(『논어』「미자微子」)

36　주周나라 문왕의 맏아들로 무왕武王의 형이다. 은나라 주 임금은 장차 주나라가 위협 세력이 될 것을 두려워하여 서백(문왕)을 유배지에 가둔 뒤 그 아들 백읍고를 인질로 잡았다가 결국 잔인하게 살해했다.

러 깨끗이 없애야 한다. 이 정도로 말끔하게 문질러 씻는다는 것은 확실히 쉽지 않은 일이다.

한漢 왕조에서 여태후呂后[37]도 잔인한 인간으로 상당히 유명하다. 한고조 유방이 죽자 그녀는 조정을 장악한 뒤 공신들을 죽이고 원수들을 철저히 토벌했는데, 그 잔인함은 '마음은 악독하고 수단은 악랄한心狠手辣' 지경에 이르렀다 할 것이다. 중국 문화대혁명 당시 '적에게 자비로운 마음과 너그러운 수단을 베풀어서는 안 된다'고 요구한 것과 잘 맞는다. 그녀가 척부인戚夫人과 그 아들 조왕趙王 여의如意를 죽인 수법은 정말 사람이 보는 족족 큰 충격에 빠지게 한다. 『사기』 「여태후본기呂太后本紀」에 이런 기록이 있다. "……태후는 마침내 척부인의 팔과 다리를 자르고, 눈알을 빼고, 귓구멍을 불로 지지고, 벙어리가 되는 약을 마시게 한 뒤 변소 밑 똥물 속에서 살게 하고 '사람돼지人彘'라 부르라고 명했다. 며칠이 지난 후 효혜제孝惠帝를 불러 사람돼지를 보여주었다. 효혜제가 이를 보고 누구냐고 묻다가 척부인인 것을 알고는 울부짖다가 병으로 몸져누워 1년 넘게 자리에서 일어나지 못했다. 그는 다른 사람을 시켜 여태후에게 '이것은 사람이 할 일이 아닙니다. 저는 태후 마마의 아들로서 도저히 천하를 다스릴 수 없습니다'라고 말했다." 여태후의 이런 잔인한 행위는 잔인한 인간이 남긴 행적의 전형이다. 혜제는 비록 여후의 아들이었고 또 황제 신분이었지만 마음속에 불인지심이 남아 있었기에 척부인을 잔인하게 죽이는 끔찍한 모습을 차마 눈뜨고 볼 수 없었다. 그래서 그는 이때부터 병을 핑계

---

37 한 고조 유방의 황후로, 중국 역사상 최초의 '황후'이며 '황태후'였지만, 당나라 측천무후, 청나라 서태후와 함께 흔히 중국 황실의 3대 악녀로 더 유명하다. 유방이 죽자 아들 혜제를 즉위시키며 실권을 잡았고, 혜제가 23세에 죽은 뒤에는 혜제 후궁 소생의 왕자들을 차례로 등극시키면서 16년간 권력을 독점했다.

로 정무를 보지 않았다.

황제의 신분으로 살인한 기록도 적잖은데, 이는 원래 이상할 게 전혀 없다. 그래서 잔인한 황제로 후대에 이름을 남긴 자는 특별히 잔인한 행위를 저질렀다고 봐야 한다. 명나라 성조成祖 주체朱棣(영락대제)를 예로 들면, 그가 이름을 떨친 첫째 이유는 사람을 아주 많이 죽였다는 것이고, 둘째 이유는 매우 악독하게 죽였다는 것이다. 그는 '위난을 평정한다靖難'는 명분으로 혜제惠帝를 몰아낸 뒤 마침내 자신의 군대에 저항한 이전 왕조의 고관들을 예외 없이 모두 사형에 처하고, 게다가 그들의 삼족부터 구족까지 도합 2500여 명을 죽였다. 그중에서도 혜제의 어전시강이었던 방효유方孝孺와 어사대부 경청景淸을 죽인 것은 더욱이 유례를 찾아볼 수 없을 정도로 잔인했다. 성조가 수도에 입성한 뒤 방효유에게 천자 등극을 알리는 조서詔書를 기초하라고 명했다. 방효유는 이를 거부했을 뿐 아니라 '연적찬위燕賊簒位'(연나라 도적놈이 황제의 자리를 찬탈하다)라는 네 글자를 큼지막하게 썼다. 이에 성조는 불같이 화를 내며 방효유에게 물었다. "너는 구족이 멸문의 화를 당해도 상관없느냐?" 그러자 방효유가 욕을 하며 대항했다. "십족을 멸한다 해도 나를 어쩌지 못할 것이다." 성조는 과연 방효유의 구족에 학생 일족을 더하여 십족을 멸했으니 일거에 800명이 넘는 사람을 죽였다. 그리고 방효유 자신은 양쪽 귀밑까지 베여 살해당한 뒤 저잣거리에서 책형磔刑[38]을 당했다. 경청 역시 구족이 몰살당했는데 성조는 멀리 시골의 친척들까지 한 명도 남김없이 죽였다. '나쁜 놈들은 철저히 제거한다除惡務盡'는 말을 진짜 실행에 옮긴 셈이다. 이 밖

---

[38] 죄인의 살을 갈라 뼈를 발라내고, 양팔을 자른 뒤 양다리를 자르고 마지막으로 목을 자르는 사형법이다. '능지처참陵遲處斬' 또는 줄여서 '능지陵遲'라고도 부른다.

에도 성조 주체가 병사를 일으켰을 때 혜제의 산동山東 참정參政으로서 제
남濟南에서 연왕(주체)의 군대를 여러 차례 패퇴시켰던 철현鐵弦(이 일로 병
부상서로 승진했다)도 주체에게 가장 잔인한 처벌을 받았다. 처벌하는 것
자체는 이해가 가지만 주체는 이미 영락황제로 등극했는데도 "그놈의 귀
와 코를 베고 (…) 손가락 굵기로 놈을 토막내 (…) 그러고는 큰 가마솥을
들어다 걸고 기름을 가득 채운 뒤 졸을 때까지 끓이다가 철현의 시체 토
막을 던져넣어 순식간에 숯으로 만들어버려라"라고 명했다. 자르고, 잘게
토막내고, 기름에 튀겨 인체를 숯으로 변하게 한다는 것은 극도의 잔인
함이다. 이런 행위는 중국인의 심리에 심대한 영향을 끼쳤다. 중국의 정
치투쟁사에서 변절한 사람이 비교적 많은 것은 중국이 이처럼 대단히 흉
악하고 잔인하며 가혹한 형벌을 갖추고 있었던 것과 관련이 깊다.

　잔인한 인간의 이야기를 들으면 사람들은 자연스레 분노가 치민다. 그
래서 주왕이나 여태후는 후대 사람들에게 언제나 저주의 대상이었다. 영
락제는 황제에 등극한 뒤 비록 문무를 아울러 다스리고 뛰어난 재능과
원대한 포부를 펼쳤지만 그의 잔인함은 역시 후대 사람들에게 용서받을
수 없었다. 중국의 언어에서 '용인容忍'이라는 두 글자도 한계는 있다. 여태
후처럼 척부인을 참혹하게 살해하고 주체처럼 정적을 잔인하게 죽이는
행위는 어떠한 경우에도 인류의 도리와 의리상 용인하기 어려운 것이다.
인류에게 이런 잔인한 행위를 거부하는 양지良知의 역량이 없다고 가정해
보자. 그렇다면 인류는 퇴화해서 야수의 세계로 되돌아가고 말 것이다.
그러나 세상의 일이란 참 골치가 아파서 어떤 행위든 다른 해석이 나올
수 있다. 잔인한 행위 역시 매우 합리적으로 해석될 수 있고 심지어 신성
화할 수 있다. 잔인한 행위를 신성화하는 이런 구실들은 시간이 지남에
따라 자꾸만 바뀐다. 때로는 '법치의 필요성'이라는 구실로, 때로는 '예치

의 필요성'이라는 구실로, 때로는 '혁명의 필요성'이라는 구실로, 때로는 '개혁의 필요성'이라는 구실로 바뀐다. 그래서 착실한 학자들은 언제나 골머리를 앓는다. '벌 코'였던 진시황으로 말하자면 그의 분서갱유는 당시 매우 희소가치가 있었던 400여 명의 지식인을 무리하게 생매장했다. 어떤 이유에서든 가장 잔인한 수단으로 지식인을 제멋대로 살해한 이런 야만적 행위는 인간이 인간일 수 있는 도덕 준칙에 결코 맞지 않는 것이다. 그렇지만 역사상 진시황을 변호하려고 애쓴 사람들도 있다. 그들이 진시황을 변호하며 내세운 구실은 바로 법치의 필요성이었다. 1970년대가 되면서 인류사회는 이미 크게 문명화되었지만, 진시황의 '분서갱유'는 다시 한 번 영예로운 사적이 되었다. 진시황은 '위대한 법가法家'로 봉해졌고, 현대사회에서 지식인을 대규모로 박해한 문화대혁명의 선구자가 되었다. '유가를 비판하고 법가를 재평가하는批儒評法' 운동이 벌어지고 있을 때는 진시황을 욕하는 것도 '죄'로 간주되어 반드시 '이기심과 투쟁하고 수정주의를 비판'[39]하는 심판대에 세워졌다. 그래서 그 시기의 청년들은 '분서갱유'라는 흉악하고 잔인한 행위를 어떻게 대해야 하는지 알 수 없었다. 옳고 그름을 쉽게 분별할 수 있는 역사적 사건을 놓고 시비를 분명히 가려 말할 수 없었던 것이다. 이렇게 되면서 '분서갱유'는 정당성을 얻게 되었고, '유생儒生' 곧 지식인들은 불운한 일을 당해도 싸다고 간주되어 끊임없이 '생매장'을 당했다.

법치의 명분으로 행하는 변호도 무섭지만, 예치의 명분으로 행하는 변호는 더 무섭다. 5·4 시기에 우위吳虞는 「식인과 예교吃人與禮敎」라는 글에

39　마오쩌둥이 1967년 9월 지방 시찰에서 "이기심과 투쟁하고 수정주의를 비판해야 한다要鬪私, 批修"고 발언한 것을 『런민일보』가 '투사비수鬪私批修'라는 표어로 만들어 '문화대혁명의 근본 방침'으로 확대시켰다.

서, 장홍臧洪과 장순張巡이 첩을 죽인 사례를 들어 군신의 예를 명분으로 사람을 죽이고 잡아먹은 일을 폭로했는데 이는 이치에 맞는 것이다. 안녹산이 반란을 일으켰을 때 당나라 황제를 위해 수양성睢陽城을 굳게 지킨 고급 군관 장순은 포위된 상태로 빈곤이 오래 지속되자 성안의 식량이 바닥나 기아에 허덕이게 되었다. 장순은 위기를 만회하고 성을 계속 굳게 지켜 왕조에 충성을 다하기 위해 자신의 애첩을 죽여 병사들에게 먹게 했다. 그는 휘하의 군사들에게 이렇게 말했다. "그대들은 국가를 위해 죽을힘을 다해 성을 지켜달라. 그 마음 변치 말아달라. 나는 내 살을 도려 내 장병들을 먹일 수는 없지만, 어찌 이 부인을 아까워하겠는가!" 장순이 애첩을 죽인 뒤 모든 군사가 눈물을 흘렸고 성안의 모든 사람이 감동했다. 이어서 성안의 백성이 너도나도 장순을 본받아 부인과 자식을 죽였고 결국 도합 2~3만 명을 먹어치웠다. 장순이 자신의 처를 죽이고 처의 고기를 전사들에게 나누어준 이런 행위가 옳은가 그른가 하는 문제를 둘러싸고 늘 논쟁이 벌어진다. 장순은 『당서唐書』 「충의전忠義傳」에 기록되어 있으니 당연히 충의의 모범으로 여겨진다. 그의 행위가 비록 잔인하지만 충성의 원칙에 맞고 군신의 예에 맞는다는 것이 그 이유다. 영도자에게 충성을 다한다는 명분으로 이런 대규모의 직접적 식인 행위가 신성화될 수 있으니 잔인한 인간이 성인聖人으로 둔갑하는 것도 이상한 일이 아니다. 역사의 황당무계함이 현대인에게 되풀이되면 자연스레 더 황당한 일이 벌어진다. 5·4운동은 물론 첩을 죽인 장순의 행위를 비판했다. 그러나 문화대혁명 시기에 어린 홍위병들은 이미 장순이 어떤 사람인지 알지 못했고, '영도자에게 충성을 다한다'는 기치 아래 내키는 대로 사람을 때리고 심지어 죽였으며 사람을 만 명이 발로 짓밟는 것도 '충의忠義'의 장렬한 행위라 여겼으니 그들의 도덕적 기준은 장순과 서로 통하는 것이었다. 이 시기에 잔인함은 신성함으로 둔갑했고 성인의 명분으로 잔인한 일을 저지르는 것이 큰 유행이 되었다. 우리가 잔인한 일을 마주했을 때 "아주 좋군" 하지 않고 "아주 틀렸군" 했다면, 바로 거기서부터 계급적 입장이 문제시되었다.

또 한층의 폐해는 혁명의 명분으로 하는 변호다. 장헌충張獻忠이나 손가망孫可望과 같은 농민혁명 지도자들은 잔인하기로 유명하다. 그들은 적들에게 항상 '살가죽 벗기기' 같은 극단적 수단을 사용했지만, 혁명을 진행하고 있었다는 이유로 용서해야 했을 뿐만 아니라 더욱이 '역사의 긴 두루마리'로 그들을 기리는 송가까지 써내야 했다. 문화대혁명 기간에 나온 "○○○를 기름에 튀기자" "○○○를 난도질해 죽이자"와 같은 소리를 들으면 나는 모골이 송연해졌다. 1960~1970년대 수많은 나날 동안 내 귓가에는 온통 이런 소리로 가득했고 마음속이 항상 부들부들 떨렸다. 문화대혁명이 끝난 뒤에는 장즈신張志新[40]의 목구멍이 잘린 것과 같은 끔찍한 사건을 수없이 들으면서 나는 날마다 악몽을 꿨다. 그러나 이런 잔인한 소리와 행위는 언제나 혁명의 어구語句들에 덮여 가려졌다. 그들이 사용한 것은 '반란을 일으키는 데는 이유가 있다造反有理'라는 영도자 지시였다. 또 혁명은 손님을 초대해서 밥을 먹거나 그림을 그리거나 수를 놓는 일이 아니라 한 계급이 다른 계급을 전복하는 폭력적이고 사나운 행위라는 말도 했다. 이 말에 따를 것 같으면 장즈신의 목구멍도 혁명이고 그 폭력적이고 사나운 행위도 혁명에 필히 수반되는 의로움이다. '기름에 튀기

---

40 중국 공산당 랴오닝 성 위원회 여성 당원이었다. 문화대혁명 때 사인방의 활동을 '권력 찬탈' 음모라고 정면비판하고 사인방에게 '현행 반혁명'으로 정죄되어 1969년에 투옥되었다. 1975년 4월 옥중에서 형무소 직원에게 피살되었다. 사인방이 타도된 뒤 1979년 랴오닝 성 위원회에서 '혁명 열사'로 추인했다.

자 '난도질해 죽이자'와 같은 구호는 자연스레 혁명의 논리가 된다.

아마도 잔인한 행위를 위해 찾아내는 구실이 갈수록 더 많아지고 신성화되었기에 잔인한 인간들이 '굳건한 법가' 또는 '강철 같은 혁명전사' 등의 명목으로 중국에 빠르게 번식한 듯하다. 참 이상한 점은, 문명의 번식은 매우 어려운 반면 야만의 번식은 아주 빠르다는 것이다. 현대 중국에서 벌 눈을 가진 사람의 수가 크게 늘었는지 장담할 수는 없지만, 승냥이 소리는 확실히 세상을 가득 채우고 있다. 잔인한 인간들이 막힘없이 세상을 휘젓고 다닐뿐더러 '용감'하며 '굳건'하다고 찬양된다. 반면 불인지심을 갖고 있는 인간은 자연히 가소로운 존재로 변하기 마련이고, 낙후될 뿐 아니라 혁명과 대립하는 것이 된다. 이렇게 되면 흉악함과 숭고함, 잔인한 인간과 좋은 인간을 뚜렷이 구분할 수 없게 될 것이다. 또 그렇게 가다가는 잔인한 인간 집단의 세력은 틀림없이 갈수록 방대하게 불어날 것이다. 미래 사회에도 만약 계급투쟁이 존재한다면 아마 잔인한 인간 계급과 잔인하지 않은 인간 계급의 투쟁이 될 것이다. 그것은 인간과 야수의 투쟁과 맞먹는 일이다.

잔인한 인간을 논함

어리석은 인간을 논함

황정견黃庭堅[41]은 안기도晏幾道의 『소산사小山詞』를 위해 지은 서문에서 이렇게 말했다.

나는 전에 숙원叔原(안기도)에 대해 사람도 걸출하거니와 그 어리석음도 남들보다 뛰어나다고 말한 적이 있다. (…) 관직생활에서 굴곡을 만나도 지위 높은 사람의 대문 근처에 얼씬도 할 줄을 모르니 이것이 하나의 어리석음이요, 글을 논함에 자신의 문체를 가지고 새롭게 앞서가는 선비들의 문투를 따라 글을 짓지 않으니 이것이 또 하나의 어리석음이요, 거금을 아끼지 않고 쓰되 집안 식구들은 춥고 배고픈데도 안색은

---

41   송나라를 대표하는 시인·화가·서예가로 소동파(소식蘇軾)의 제자였기에 같은 문인화파에 속했다. 정치적 불운이라는 공통점 때문에 함께 거론되기도 한다. 자유분방한 초서체의 대가로서 소동파, 미불米芾, 채양蔡襄과 함께 북송 4대가로 일컬어진다.

어린아이와 같으니 이것이 또 하나의 어리석음이요, 수많은 사람이 등을 돌려도 원망하지 않고 한번 사람을 믿으면 자신을 속인 사람을 끝내 의심하지 않으니 이것이 또 하나의 어리석음이다.

황정견이 묘사한 북송의 시인 안기도는 '어리석은 인간癡人'이다. 그의 '어리석은 감정癡情'과 '어리석은 태도癡氣'와 '어리석은 행동癡行'은 정말 천진하고 사랑스럽다. 중국인들은 어리석음癡이라는 글자를 말할 때 늘 '우둔함呆'이라는 글자와 연결시킨다. 어리석은 인간의 특징은 확실히 우둔한 태도다. 남들이 뭐라 말하고 어떻게 생각하든 그들은 항상 미련스럽게 자신이 하던 것을 그만두지 않고 계속 추구해간다. 안기도가 그랬다. 그는 저명한 시인 안수晏殊의 막내아들이었으니 고관대작의 후손에 속했다. 송나라 인종仁宗 때 안수는 벼슬이 재보宰輔에 올랐고 현명한 재상으로 일컬어진 인물이었다. 안기도는 비록 재상의 아들이었지만 중앙정부의 명망 높은 대신의 아들과 같은 태도는 전혀 없었고 미련스럽게 그의 인생과 그의 시가詩歌 예술만을 추구했다. 그렇게 안기도의 사람됨과 글됨은 참된 성정을 지니고 있었다. 그의 네 가지 어리석음은 전부 바보스러움으로 충만하다. 그는 벼슬이 높은 집안의 자손이었지만 다른 권문세가와 교류할 줄 몰랐다. 그는 자신만의 문체를 고수했으며 당시 유행하던 팔고문체에 영합할 줄 몰랐다. 자신은 가난하고 고생스럽게 살아갈지언정 타인을 돕는 일에서는 거금을 아낌없이 지출했다. 그의 도움을 받은 사람들이 몇 번이나 그를 배반했지만 그는 사람에 대한 믿음을 잃지 않았다. 이와 같은 그의 어리석은 면들은 그의 지극히 진실한 감정至情과 지극한 본성至性에서 나온 것이기에 무척 사랑스럽다. 고관대작의 자제로서 벼슬아치들이 흔히 갖는 태도와 세속적 생활 방식을 내던져버리고 인성의 가장 아름다운 참된 감정과 참된 본성을 유지한다는 것은 정말 어려운 일이다. 황정견이 말한 안기도의 위와 같은 어리석음이 그의 시와 사詞를 처량한 정서로 물들게 하여 사람들에게 깊은 감동을 주었고, 지금까지도 독특한 광채를 뿜어낸다.

어리석은 인간은 시치詩癡, 문치文癡, 서치書癡, 사업치事業癡와 같은 여러 부류가 있다. 어리석은 인간은 미련하고 어수룩한 태도를 갖고 있지만 결코 진짜 바보멍청이가 아니다. 어리석은 인간이 대단히 총명한 경우도 아주 많다.『홍루몽』에는 지극히 총명한 '어리석은 인간'이 여럿 등장하는데 가보옥, 임대옥과 같은 인물은 뛰어난 재능을 가진 절세의 어리석은 인간들이다. 가보옥은 언제나 그가 사랑하는 임대옥과 다른 여자들 앞에서 멍하니 넋을 잃는다. 그래서 소설의 저자 조설근은 그를 '어리석은 공자癡公子'라 부른다. 그런데 임대옥은 더욱 철두철미 어리석은 인간인지라 보옥에 대해서도 그만큼의 어리석은 감정癡情으로 일관했다. 감정도 어리석었고 뜻도 어리석었고 정신도 어리석었고, 그녀가 지은 시사詩詞도 구구절절 어리석었다. 꽃을 장사지내준 것도 벌써 남다른 어리석음이거니와 그녀가 지은 장화사葬花詞는 더욱이 구구절절 비범한 어리석음의 경지를 보여준다. "내가 지금 꽃을 장사지내니 사람들이 어리석다고 비웃는데, 언젠가 나를 장사지내면 누군지 알기나 할까?" 이것이야말로 어리석은 인간의 목소리요, 어리석은 인간의 눈물이다. "보옥이 이를 듣고 터무니없는 소리라 여기지 않은" 것은 당연하다. 동시에 보옥도 어리석은 목소리를 드러냈다. 그러자 그 소리를 들은 대옥은 생각한다. "사람마다 나를 바보병癡病에 걸렸다고 비웃는데 영락없는 바보가 또 있단 말인가?" 대옥과 보옥은 둘 다 진짜 어리석은 인간이었고 둘 다 진짜 어리석음의 병을 앓고 있었다. 그래서 그 집안 어른들이 설보차와 가보옥을 혼인시키기로 결정했을 때 이 두 어리석은 인간은 이를 감당할 수 없게 되고 만다. 한 사람은 실성해버리고 다른 한 사람은 넋이 나간다. 바보큰언니[42]에게서 그 소식을 듣는 순간 대옥은 몸이 천근만근 무거워지는 것 같았고 두 다리는 솜뭉치를 밟고 있는 듯 발이 붕 뜬 것 같았으며 눈동자도 한곳에 고정되어버렸다. 그녀는 정신 나간 사람처럼 이리저리로 왔다 갔다 하다가 자견紫鵑에게 이끌려 보옥의 방 안으로 뛰어 들어간다. 그러나 그때 두 사람은 고작 바보처럼 히죽히죽 웃는 것밖에 아무것도 할 수 없었다. 어리석은 감정은 상처받았고 정신도 무너져내렸다. 치명적 타격을 받은 임대옥은 끝내 보옥과 주고받은 어리석은 감정의 시문을 불태운다. 그리고 그녀는 "보옥! 보옥! 잘 지내요……"라는 마지막 말을 남긴다. 그리고 대옥은 죽게 된다. 또한 보옥도 이때부터 정신이 나가 실성한 채 지내다가 결국 혼란과 절망을 안고 집을 떠나버린다.

조설근이 빚어낸 이 두 어리석은 인물 형상은 보통의 어리석은 인간이 아니라 '어리석음의 극치癡絶'를 이룬 인간이라고 하겠다. 사람의 어리석음이 극치에 이르면 어리석음도 생명 그 자체가 된다. 그들의 어리석은 감정이 상처를 받는 것은 곧 생명이 손상되는 것과 같다. '어리석음의 극치'는 내가 만들어낸 말이 아니라 『진서晉書』「고개지전顧愷之傳」에 나오는 말이다. "그래서 세상에는 고개지가 세 가지 극치三絶를 갖고 있었다는 말이 전해졌으니 재주의 극치才絶, 그림의 극치畫絶, 어리석음의 극치癡絶가 그것이다." 인간 세상에 이미 오래전부터 '어리석음의 극치'가 있었을 뿐 아니라 이미 오래전부터 이런 명칭이 붙여졌음을 알 수 있다. 극치로까지 발전한 가보옥과 임대옥의 어리석은 감정이야말로 인간의 참된 성정이다.

---

42 이 책에 수록된 「바보큰언니가 제일 좋아」를 참조.

그들이 사람들을 깊이 감동시키는 점은 바로 이런 참된 성정이다. 명나라 말기 원袁 씨 형제[43]와 이지李贄[44]는 성령설性靈說과 동심설童心說을 통해 인간의 참된 성정을 부르짖었다. 『홍루몽』에 깊이 각인되어 있는 이런 어리석은 감정은 다름 아니라 그런 부르짖음을 한 시대의 획을 긋는 위대한 예술로 표현한 것이다.

가보옥과 임대옥 같은 어리석은 인간은 애정에서 헤어나오지 못하는 바보들인 셈이다. 애정의 바보 외에도 책벌레書癡, 공부벌레學癡, 시에 미친 사람詩癡, 글에 미친 사람文癡, 일에 미친 사람事業癡과 같은 어리석은 인간들이 있다. 그들은 책에 정신이 팔리거나 학문에 정신이 팔리거나 예술에 정신이 팔리거나 자기 일에 정신이 팔려 어리석음의 극치에 이르곤 한다.

포송령의 『요재지이』에는 「서치書癡」라는 소설이 있다. 낭옥주郎玉柱라는 책벌레의 이야기다. 줄거리는 이렇다. 산동 팽성 땅에 낭옥주라는 선비가 살았는데 낭옥주의 조부는 높은 벼슬을 지내면서도 녹봉을 받아 헤프게 쓰지 않고 온 집 안을 가득 채울 만큼 많은 책을 사는 데 썼다. 낭옥주가 태어나고, 그는 조부보다 더한 책벌레가 된다. 그러나 가세가 이미 기울어 무슨 물건이든 내다 팔아야 했는데도 유독 아버지가 물려준 책만은 아까워서 팔지 않았다. 그는 밤낮을 가리지 않고 열심히 책을 읽느라 스무 살이 넘도록 혼인할 생각을 하지 않았다. 왜냐하면 그는 "책 속에 황

---

43 원종도袁宗道, 원굉도袁宏道, 원중도袁中道 형제. 명나라 말기의 문학가·문학이론가로 호북 공안현公安縣 출신이기에 '공안파'라고 부른다. 이들은 문학의 시대적 변화를 중시하고 복고나 의고에 반대하며 격식에 구애받지 않고 자신의 사상·감정·개성을 추구하는 '성령설'을 주장했다.

44 명나라 말기의 사상가이자 문학가로, 전통적 도학道學 및 유가의 예교를 비판하고 이단異端을 자처했다. 어린아이의 마음 그대로를 존중한다는 '동심설'을 주장했으며 저자의 가치관이 들어 있어야 진정한 문학작품이라고 생각했다. 저서로 『분서焚書』 『속분서續焚書』 『장서藏書』 『속장서續藏書』 등이 있으나 당시에는 금서가 되었다. 『수호전』에 관한 평론을 쓰기도 했다.

금으로 지은 집이 있고" "책 속에 얼굴이 백옥처럼 아름다운 미녀顏如玉가 있다"는 옛 가르침을 믿었기 때문이다. 끊임없이 독서를 하다보면 책에서 황금이 생겨나고 미녀가 생겨날 것이라는 옛사람들의 말을 굳게 믿은 것이다. 그러나 고생스럽게 글만 읽다가 서른 살이 훌쩍 넘었는데도 여전히 미녀를 만나지 못했다. 이때 누군가 그에게 혼인을 권하자, 그는 "책 속에 백옥 같은 미녀가 들어 있는데 내가 어찌 아름다운 아내가 없다고 근심하겠소?" 하며 여전히 완강히 버텼다. 그러고는 또 2, 3년 글을 읽었지만 그래도 효과는 나타나지 않았다. 그러자 또 어떤 이가 그에게, 최근에 하늘에서 직녀가 몰래 도망쳐 왔다는데 자네를 위해 온 건지도 모르지, 하고 놀려댔다. 낭옥주는 자신을 놀리는 말인 줄 알면서도 신경 쓰지 않았다. 그런데 어느 날 저녁 『한서漢書』 제8권을 읽는데 책의 절반쯤 이르렀을 무렵 "얇은 천과 가위를 든 미녀"의 그림이 책에 끼여 있는 것을 발견한다. 그는 깜짝 놀라서 말했다. "책 속에 얼굴이 백옥과 같은 여인이 있다더니, 효과가 나타난 것이 아닐까?" 그 미인을 자세히 살펴보니 눈썹과 눈은 마치 살아 있는 것 같고 배경에는 '직녀織女'라는 두 글자가 작지만 확실하게 씌어 있었다. 그는 더욱더 놀라 그림을 거듭 거듭 감상하다가 잠을 자고 밥을 먹는 일까지 잊어버릴 지경이 되었다. 어느 날 그가 한창 넋을 잃고 보는데 얇은 천에 가위를 든 그 미인이 갑자기 허리 굽혀 절을 하고 일어나더니 미소를 지으며 책 속에 앉았다. 낭 선비는 그 순간 기겁을 해서 즉시 책상 아래 엎드려 절을 하고 머리를 들어보니 미녀는 벌써 키가 일 척 정도로 커져 있었다. 그는 더더욱 질겁해서 황급하게 또 무릎을 꿇고 이마가 땅에 닿도록 절을 하고 머리를 들었다. 세상에 둘도 없는 미인이 그의 눈앞에 화사한 모습으로 서 있었다. 미인은 자신을 이렇게 소개했다. "소첩은 성이 안顏 씨이고 자는 여옥如玉이라고 합니다. 당신이 오래전부터 저를 기다리고 계신 줄 알고 있었습니다. 만일 제가 나타나지 않았다면 앞으로 영원히 아무도 '책 속에 얼굴이 백옥 같은 미인顔如玉이 있다'는 옛사람들의 말을 믿지 않겠지요." 낭 선비는 그 말을 듣고 아주 기뻤다. 그리고 글을 읽을 때마다 그녀를 곁에 앉아 있게 했다. 그러나 안여옥은 줄곧 낭 선비에게 글을 그만 읽으라고 경고했다. "당신이 빨리 출세하지 못하는 이유가 항상 글만 읽기 때문입니다. 생각해보세요. 봄가을로 치르는 향시에 합격한 사람들 가운데 당신처럼 끊임없이 글만 읽는 사람이 몇 명이나 될까요? 당신이 제 말을 듣지 않으신다면 저는 바로 떠나겠어요." 낭 선비는 그녀가 정말 가버릴까 두려워 책을 내려놓는 수밖에 없었다. 허나 얼마 지나지 않아 그는 안여옥의 충고를 잊어버리고 또 책을 편 채 읊조리기 시작했다. 순간 그는 여옥이 없어진 걸 알아챘고 그제야 당황해서 어쩔 줄 모르다가 하는 수 없이 무릎 꿇고 기도를 올렸다. 하지만 안여옥은 그림자도 보이지 않았다. 별안간 그는, 어쩌면 여옥이 『한서』 속에 끼워져 있을지도 모른다는 생각이 들어 책을 뒤져보니 정말 책 속에 있었다. 그러나 아무리 불러도 그녀는 꼼짝도 하지 않았다. 낭 선비는 "엎드려 애통해하며 축원을 올리는" 수밖에 없었다. 그러자 여옥의 목소리가 들렸다. "만일 당신이 다시 제 말을 듣지 않으신다면 저는 반드시 당신과 인연을 끊을 것입니다." 낭옥주는 그렇게 하겠다고 대답하고, 바둑판과 노름 도구들을 펴놓고 안여옥과 바둑과 노름을 하며 시간을 보냈다. 하지만 놀이를 하면서도 통 집중을 할 수 없었다. 어쩌다 여옥이 자리를 비우면 그는 얼른 몰래 책을 꺼내 훑어보았다. 하지만 여옥에게 들킬까봐 은밀히 『한서』 제8권을 다른 책들과 섞어놓았다. 어느 날 그는 또 책을 볼 수 있는 기회가 생겼고 기회를 놓치지 않으려고 또 책을 탐독하기 시작했다. 한창 마음껏 책을 읽는데 갑자기 여옥이 나타나는 바람에 글 읽는 모습을 들키고 말았다. 낭 선비가 다급하게 책을 덮었을 때는 이미 여옥의 모습이 사라지고 없었다. 낭 선비는 몹시 애타는 심정이 되어 허겁지겁 이 책 저 책을 마구 뒤졌지만 그녀를 찾을 수 없었다. 마침내 『한서』 제8권 속에서 다시 그녀를 찾아냈다. 그는 연거푸 이마를 바닥에 찧으며 앞으로 다시는 글을 읽지 않겠다고 맹세했다. 그러자 여옥이 비로소 책 속에서 내려와 낭 선비와 바둑을 두며 말했다. "당신에게 사흘의 시간을 드리겠어요. 만약 그때까지 바둑을 배우지 못한다면 저는 바로 떠나버릴 거예요." 사흘 뒤 선비는 정말 기량이 진보하여 안여옥에게 두 알을 따내면서 한 판을 이겼다. 안여옥은 몹시 기뻐했고 낭 선비에게 비파를 하나 주면서 닷새 안으로 한 곡을 연주하라고 요구했다. 낭 선비는 오로지 비파 연습에만 몰두하느라 다른 일에는 한눈 팔 겨를이 없었다. 과연 조금씩 박자와 리듬을 연주할 수 있게 되면서 그는 크게 고무받았다. 안여옥은 이렇게 하루 종일 낭 선비와 술을 마시며 바둑을 두었고 낭 선비도 기꺼이 글 읽기를 잊어버렸다. 그 후 안여옥은 또 낭 선비에게 밖에 나가서 벗들을 사귀라고 시켰고, 얼마 후 "세속에 얽매이지 않는 호탕한 친구個儻"라는 명성을 얻게 되었다. 그때서야 비로소 안여옥은 낭 선비에게 "이제 당신은 벼슬에 나아가셔도 되겠습니다"라고 말했다. 낭 선비는 그 후에도 여러 일을 반복한다. 흥미 있는 독자들은 그 뒤 벌어지는 스토리를 스스로 감상하시기 바란다. 하지만 이야기를 여기까지만 보더라도 이미 책벌레의 이미지를 보기에 부족함이 없다. 낭 선비와 같은 어리석은 인간이 바로 책벌레다. 미인이 곁에 있어도 항상 글을 읽는 데 정신이 팔려 있으니 안여옥이 화를 내는 것도 이상한 일이 아니다.

학문을 하는 사람이든 다른 일을 하는 사람이든 이런 어리석은 감정을 갖는 것은 정말 지극히 귀한 것이다. 우리는 흔히 학문 연구에 몰두하는 사람을 야유하여 책벌레라고 부르거나 서생 기질이 있다고 말한다. 실상 책벌레 기질은 여간해서는 얻기 어려운 것이다. 이런 책벌레 기질은 지식에 대해서나 일에 대해 깊은 애정을 품고 매진하는 기질이자 정신이다. 옛사람은 '큰 지혜는 어리석음과 같다大智若愚'고 했다. 즉 걸출한 인재는 흔히 우둔한 기질을 나타낸다는 것이다. 이른바 천재라 일컬어지는 사람의 대부분은 또 다른 면에서 서생 기질이 넘치는 어리석은 인간이다. 육유陸遊는 『검남시고劍南詩稿』「주산희서舟山戲書」에서 "영웅은 끝끝내 지극히 어리석은 인간. 부귀는 술에 취해 잠드는 데 방해만 될 뿐"이라고 말했다. 이 말은 공명과 부귀마저도 소탈하고 자유로운 영웅의 참된 성정을 없애지 못한다는 뜻이다. "영웅은 끝끝내 지극히 어리석은 인간"이라는 구절은 고금을 막론하고 영웅이나 성공한 사람들이 지닌 특성을 간파하고 있다. 그것은 바로 그들의 성정과 정신이 모두 "지극히 어리석음"에 속한다는 점이다. 만약 자신이 추구하는 목표에 정신을 집중해 부지런히 노력하지 않는다면, 자신이 추구하는 목표 속에 모든 감정을 쏟아 붓고 또 그 목표에 어리석은 감정의 고집을 갖지 않는다면 무엇도 이루기 어려울 것이다. 영웅이 바로 영웅이 될 수 있는 까닭은 그들 모두가 성격상 '극단적 어리석음'이라는 면을 가지고 있기 때문이다.

10여 년 전에 대륙의 수학계가 천징룬陳景潤이라는 수학자를 '발견'했을 때 나는 이 수학에 미친 사람을 진심으로 존경하고 탄복해 마지않았다. 이 어리석은 분은 골드바흐의 추측이라는 매우 위험한 과제를 자신이 추구하고 극복해야 할 목표로 삼았다. 이 선택이 만약 성공을 거두지 못한다면, 사람들은 이 사람 완전히 자기 주제도 모르는 사람이구먼, 오만방자하기 짝이 없군, 우둔한 사람이군, 하고 말할 판이었다. 한편 이 수학자도 그 목표를 위해 평생의 정력을 바치고도 아무 소득도 얻지 못할 가능성이 있었기 때문에 그것은 진짜 두뇌의 모험이었다. 그러나 그는 미련 스럽게도 모험을 선택했다. 나아가 선택한 목표에 깊은 애정을 품고 미련 하게 탐구해나갔다. 이것이 일을 추구하는 참된 성정이다. 또 이것이 과학에 헌신하는 정신이자 과학을 고수하는 정신이다. 과학에 종사하는 사람에게, 문학에 종사하는 사람에게, 또 그 밖의 다른 일에 종사하는 사람들에게 필요한 것도 바로 천징룬처럼 한가지 일에 전부를 바치는 어리 석은 감정이다. 그러하기에 수많은 위대한 과학자, 위대한 작가는 겉으로 보기에 다들 어리벙벙해 보이는 것이다. 그들에게는 정치가의 '영리함'과 '기민함'이 없다. 바람이 부는 쪽으로 능숙하게 방향을 바꾸고 정치가의 뜻을 따라 수시로 태도를 드러내는 과학자는 진정한 과학자가 아니다. 1 묘당 곡물을 수만 근까지 생산할 수 있다고 증명하는 과학자까지 포함해서 하는 말이다.

5년 전, 문학연구소에서 허치팡何其芳 서거 10주년을 기념할 때 나는 글을 두 편 썼다. 거기서 나는, 허치팡 이분은 학자이자 시인으로서 어리 석은 인간이라고 일컬었다. 그분에게 가장 귀중하게 여길 만한 것은 역시 고집스럽게 추구하는 책벌레 기질이라고 생각해서였다. 생전에 그는 비록 시인으로서의 명성이나 문인으로서의 명성을 동서남북으로 멀리 드날리 지 못했고, 게다가 신분은 연구소 소장이 전부였지만 자신이 추구한 문학이라는 일에 줄곧 깊은 애정을 품고 있었다. 그렇기에 그는 결코 자신의 사회적 지위를 높이 끌어올리고 나면 예술의 수준도 따라서 크게 진보할 것이라고 생각하지 않았다. 그와 비슷한 경력을 가진 혁명 작가들이 자아도취에 빠져 '반동 작가'들을 비판할 때, 그분은 상처받은 마음으로 자신의 "사상은 진보한" 반면 "예술은 퇴보했음"을 발견했다. 그는 자신의 시와 문장이 퇴보했음을 솔직하게 인정했고 더욱이 이 때문에 초조하고

어리석은 인간을 논함

곤혹스러워 어쩔 줄 몰라 했다. 그는 어린아이처럼 상심해서 친구에게 가르침을 청했다. 왜 그랬을까? 무엇 때문에? 이것이 바로 시인, 학자의 어리석은 감정이며 자신을 보기 좋게 꾸미는 것을 전혀 모르는 참된 성정이다. 비록 그가 이전에 정치에 부림을 당했고 그 시대 수많은 작가가 저질렀던 것과 공통된 착오를 범했지만, 우리는 아직도 그를 좋아하고 사랑하며 존경한다. 왜냐하면 그는 그래도 어리석은 인간의 고집이라는 참된 성정을 갖고 있었기 때문이다. 이런 어리석은 감정은 스스로를 덮어 가리고 정치를 문학의 광고로 삼던 문단의 영리한 인간들에 비하면 정말 몇 배나 더 귀하고 소중한 것인지 모른다.

안타깝게도 지금 이 사회에는 천징룬, 허치팡과 같은 어리석은 인간이 갈수록 적어지고, 반면에 교묘한 인간과 영리한 인간은 갈수록 늘어난다. 사람들이 일을 하는 데서도 어리석은 감정은 아주 부족한 반면 어떻게든 돋보이려는 감정은 지나치게 많다. 현대의 사회생활은 대부분 이익의 원칙에 지배된다. 눈앞의 이익을 쟁취하기 위해 인류는 갈수록 '총명'해지고, 각종 생활의 기교는 갈수록 능수능란해지며 이른바 '사회적 효과'에 갈수록 신경을 쓴다. 부지런하게 목표를 추구하고자 하는 사람은 얼마 되지 않는다. 어떤 일을 미련하고 고집스럽게 추구한다면 남들에게 우둔하다는 비웃음을 살 뿐 아니라 먹고살아갈 수도 없고 발 디딜 곳조차 없는 경우가 허다하다. 대륙에서는 과거에 '실제'와 결합해야 한다고 강조했지만 지금은 실익과 결합하는 데 신경을 쓴다. 때문에 실익에 한눈팔지 않고 목표를 고집스레 추구하는 사람들은 더욱이 어떻게 해야 좋을지 모른다. 바로 이 점에서 느낀 바가 있는 나는 온갖 어리석고 사랑스러운 사람들이 생각나고 소식蘇軾의 자조 섞인 시구도 생각난다. "나를 우둔한 노인네라 비웃을 만하네. 어리석게도 뱃전에 새긴 칼자국만 기억하니堪笑

東坡癡鈍老, 區區猶記刻舟痕." 나는 늙었다고 하긴 어렵지만 벌써 우둔한 면을 갖고 있어서 많은 일을 에둘러 말하지 못한다. 사람들은 어떻게 말하든 간에 나는 아주 총명한, 두뇌 회전이 빠른 자들과 뺀질이들을 좋아하지 않는다. 반대로 늘 어리석은 인간들과 힘없는 백성을 그리워한다. 그러나 아마도 미래의 세계는 두뇌 회전이 빠른 자들과 뺀질이들의 세계가 될 것이고 어리석은 인간과 백성의 세계가 아닐 것이다. 그래서 나는 이 「어리석은 인간을 논함」이라는 글을 썼다. 이 또한 역사의 뱃전에 새기는 칼자국인 셈이다.

어리석은 인간을 논함

제2부 짐승의 모습

人生諸相

날고 도는 족제비

한 친구가 족제비에 관한 이야기를 들려주었다. 이야기를 시작하기 전에 그는 내게 물었다. "자네 알아맞혀보게. 족제비의 가장 중요한 무기가 뭔지 아나?"

나는 '아마 이빨이겠지' 생각했지만 친구는 내 대답을 기다리지 않고 그냥 이야기를 시작했다.

친구네 집 옆에 산이 있었는데 웬일인지 걸핏하면 족제비가 몰래 집에 들어와서 친구의 잉크병을 엎어버리거나 작은 난로를 쳐 넘어뜨리는 소동이 자주 일어났다. 그러다보니 위협적이라고 할 만큼이나 심각한 상황이 되었다. 친구는 작품을 쓰려고 하면 족제비가 저지른 괘씸한 짓이 자꾸 떠올라 평정심을 유지할 수가 없었다. 그 산에 거주하는 사람들은 족제비를 숭배하고 있었다. 그들에게 족제비라는 동물은 놀라울 정도로 강하고 뛰어난 수완을 지녀 거의 영물로 여겨지고 있었다. 그렇지만 내 친구는 사색을 방해하는 족제비들을 결코 자비롭게 놔둘 수 없다고 느꼈다. 그래서 감히 자꾸만 찾아와 말썽을 피우는 그 교활한 짐승을 없애버리기로 마음먹었다.

　어느 날, 그가 문을 열고 집에 들어와 보니 때마침 족제비가 벽 모서리에 납작 엎드려 그의 서적을 비판하고 있는 모습이 보였다. 분노가 치밀어 오른 그는, 즉시 문을 잠그고 모든 창과 출구를 봉쇄했다. 그런 다음 나무 몽둥이를 들고 족제비를 쫓아가며 내려치기 시작했다. 족제비는 그 소리를 듣자마자 입구로 달려갔지만 때는 이미 늦었다. 극도로 민감한 동물인 족제비는 코앞에 재앙이 닥쳐왔음을 알고 필사적으로 몸부림쳤다. 그리하여 솟구쳐 책상으로 뛰어오르더니 꽃병을 쳐서 넘어뜨리고 이리저리로 부대끼며 새로운 출구를 찾으려 기를 썼다. 그러나 다른 출구들은 모두 단단히 틀어막힌 뒤였다. 친구는 다시 한번 처음의 기세로 놈을 궁지로 몰면서 몽둥이를 사납게 휘둘렀다. 그러자 절망에 빠진 족제비는 미친 듯이 날뛰며 달음박질쳤고, 내 친구도 오랫동안 쌓인 원한에 닥치는 대로 몽둥이질을 시작했다. 죽느냐 사느냐의 경계선에서 족제비는 놀라운 속도로 날아갈 듯이 집 안을 질주했다. 그 속도가 얼마나 빠른지 도저히 믿기 어려울 정도였다. 친구 말에 의하면, 나중에는 눈에 보이지 않을 만큼 동작이 빨라져서 족제비가 휙휙 돌며 남긴 동글동글한 자취만이 누런 빛깔로 남았다. 그 동그라미는 바로 눈앞에서 날며 돌았고 나무 몽둥이는 친구 손아귀에서 어지럽게 춤추는 대치 상황이 족히 30분은 계속되었다. 그러나 여전히 승부가 나지 않았다. 친구는 그때 마음을 단단히 먹은 터라 팔뚝은 욱신욱신 아팠지만 놈 뒤쫓기를 그만둘 수 없었다. 게다가 친구는 고함까지 지르기 시작했다. 족제비는 고함 소리를 듣자 더욱 미쳐 날뛰었고 집 안은 온통 누런 삼실로 휘감긴 것 같았다. 그런데 가장 긴장되던 그 순간, 갑자기 큰 소리가 들렸다. 친구는 족제비가 유리창을 깨고 달아났나 싶었지만 곧 자신의 판단이 틀렸다는 것을 알았다. 큰 소리가 울린 뒤 그 날고 돌던 동그라미에서 곧 어떤 괴상한 냄새가 풍겨왔기 때문이다. 그 냄새는 그야말로 사람의 정신을 뒤흔들고 넋을 앗아갈 정도였다. 내 친구는 50년 남짓 세상을 살아오면서 그런 요사스러운 악취는 맡아본 적이 없었노라고 말했다. 그 대목에서 친구는 그 냄새를 어떻게 형용해야 좋을지 몰라 무척 난감해했지만 마침내 그것을 표현했다. 그 냄새는 빈대 100만 마리가 풍기는 냄새를 한데 모아놓은 것처럼 사람을 질식사시키기에 충분했다고 말이다.

괴상한 냄새의 습격을 받은 친구는 더 이상 싸울 기분이 아니었다. 그는 이대로 계속 싸우다가는 기절해서 참패로 끝나리라는 것을 알고 있었다. 그래서 즉시 결단을 내리고 창가로 달려가서 창문을 열었다. 공기를 들여보내 악취를 가시게 하기 위해서였다. 그러나 창문이 열리던 그 찰나, 족제비는 쏜살처럼 밖으로 튀어나갔다. 인간과 짐승의 한 판 격투는 마침내 짐승의 승리로 끝이 났다.

이야기가 끝난 뒤 우리는 똑같이 한참 동안 탄식을 했고, 비로소 '악취'의 위력을 믿게 되었다. 아울러 선조들이 만들어낸 '악취가 하늘을 찌른다臭氣衝天'라는 글귀가 더없이 잘 들어맞음에 감탄했으며 더러운 무기를 가볍게 봐서는 절대 안 된다는 것을 느꼈다. 악취의 충격은 때로는 이빨의 비판보다 더 무섭다.

자식을 먹은 어미 돼지

1960년대 초에 중국 대륙을 휩쓸고 지나간 기아는 마치 무소불급의 법력을 가진 마귀가 온 세상을 뒤덮는 것과 같이 모든 사람뿐 아니라 모든 가축까지 움켜쥐었다. 굶어 죽은 사람과 돼지, 개, 소, 양들의 수를 헤아리기 어려울 정도였다. 게다가 굶주림 속에서 가까스로 목숨을 지탱하던 사람과 짐승들 가운데 다수는 심리가 이상하게 변해서 정상적으로 살아가기가 어려웠다.

굶주림 속에서 목숨을 부지하는 것도 어려운데 새로운 생명을 잉태하거나 출산하는 것은 더더욱 어려운 일이었다. 그래서 그 시절에 태어난 아이는 비교적 소수다. 그렇지만 사람과 동물은 밥에 굶주릴 때, 동시에 성性에도 굶주린다고 말할 수는 없다. 다만 몹시 굶주린 나머지 뱃속에서 쪼르륵쪼르륵 소리가 날 때는 아마 성교를 하고픈 생각이 들지 않을 것이다. 그렇다고 성교의 필요성이 전혀 없는 것도 아니다. 1960년을 전후로 굶주림에 허덕이던 중국 사람들과 중국 가축들이 예전과 마찬가지로 임신을 하고 예전과 마찬가지로 출산을 했다는 것이 이를 증명한다. 그 시기에도 여전히 번식은 있었고, 내 몇몇 친구의 아들들도 1960년을 전후로 태어났다. 다만 번식의 와중에 기아로 인하여 뒤틀린 이야기들이 적잖이 생겨났는데, 내 친구 한 명은 미쳐버릴 만큼 배가 고팠던 어느 암퇘지가 새끼를 낳는 모습을 직접 보았다.

이 이야기는 허베이河北 성의 어느 시골 마을에서 일어난 일이다. 당시 베이징에서 내려온 간부들이 그곳에서 노동단련을 하고 있었고, 기아는 중국 전역을 지배하고 있었기 때문에 그 마을 역시 기아에 허덕이던 중이었다. 마을 사람들은 배고픔을 견디다 못해 도적이 되려는 생각까지 할 정도였으니 사람보다 사정이 참혹한 개, 돼지, 소, 양들은 더욱더 혹심한 굶주림에 허덕이고 있었다.

그 마을에는 새끼를 잘 낳아 기를 뿐만 아니라 벌써 백 번도 넘게 출산을 해서 유명해진 암퇘지 한 마리가 있었다. 희한하게도 녀석은 굶주려서 피골이 상접했는데도 여전히 생生의 욕망으로 충만했다. 길고 뾰족한 주둥이를 내밀어 진흙을 파헤치고 돌무더기를 헤집어가며 배고픔과 맞서 싸웠다. 녀석은 도처에 먹이를 찾으러 다녔고, 채소 잎, 고구마 잎, 나뭇잎, 대나무 잎, 개구리, 지렁이, 벌집 등등 모든 것을 탐욕스럽게 씹어 먹었다. 먹지 않는 것이 없었다. 주린 배를 채울 수 있는 것이라면, 자신을 살게 해줄 것이라면 무엇이든 사정없이 씹어 삼켰다. 그리하여 마침내 기적이 일어났다. 녀석은 전과 다름없이 발정이 나서 전과 다름없이 성교를 했고 게다가 임신까지 했다. 유명한 그 늙은 암퇘지가 새끼를 낳을 때가 거의 다 됐다는 소식은 기아의 전선에서 안간힘으로 버티던 인민공사人民公社 사원들과 하방下放을 나온 간부들의 마음을 기뻐서 들뜨게 하고 북

자식을 먹은 어미 돼지

돌아주었다. 돼지는 굶주림과 싸워 이겨서 계속 성교를 하고 계속 출산을 하는데, 설마 사람이 돼지만도 못하랴, 설마 인류가 가축만 못하랴, 하는 분위기였다. 물론 심사가 뒤틀린 사람들도 있었다. 그들은 이렇게 말했다. 제기랄. 사람들은 다 굶어 죽게 생겼는데 돼지는 배불리 처먹고 뚱뚱하게 부푼 배로 새끼를 낳는다니. 요망한 돼지 놈 같으니!

암돼지가 새끼를 낳던 그날, 공중에선 가랑비가 내리고 하늘은 잿빛으로 어슴푸레했다. 하지만 돼지우리 바깥에는 출산 소식에 감동하고 고무받은 하방 간부들과 공사 사원들이 둘러서서 지켜보고 있었다. 그들은 암돼지가 불안한 듯이 왔다 갔다 하고 거친 숨을 몰아쉬며 무척이나 초조해하는 모습을 지켜보고 있었다. 약간 뚱뚱한 복부는 녀석이 새끼를 낳을지도 모른다는 믿음을 갖게는 했지만, 그 점을 제외하면 다른 면에서는 녀석의 뱃속에서 새로운 생명이 미끄러져 나오리라는 생각을 하기는 어려웠다. 그럼에도 불구하고 사람들은 여전히 기적이 일어나기를 기다리고 있었다.

기적은 정말로 일어났다. 하늘과 마찬가지로 어슴푸레한 잿빛을 띤 볏짚 한 단만이 겨우 놓여 있는 돼지우리 안에서 새로운 세대의 새끼 돼지들이 태어났다. 사람들이 숫자를 셌는데, 하나, 둘, 셋, 넷, 다섯. 마침내 다섯 마리를 낳았다. 비록 새끼 모두가 갓 태어난 쥐새끼처럼 빨갛고 작았지만 새끼 돼지임에 틀림없었다. 당연히 꼬리가 아주 짧기는 했지만 절대로 쥐는 아니었다. 새끼 낳기를 끝낸 암돼지는 그 험난하고도 경탄을 자아내는 사명을 완수하고 나서 족히 30분은 거친 숨을 헐떡였다. 그런다음, 갑자기 무슨 생각을 했는지 녀석은 눈에서 무서운 불꽃을 뿜었고, 이어서 뒤뚱뒤뚱 일어나 좌우를 둘러보더니 방금 세상에 나온 자녀들은 돌보지 않고 우리 안에서 마구 몸뚱이를 흔들며 요동을 쳤다. 먹을 것을 찾고 있음이 분명했다. 먹이를 주는 여자 사육원은 이때 녀석의 허기가 극에 달했다는 것을 알고 있었지만 그녀의 손에 식량은 없었다. 1개월 전에 인민공사에 사료 50근을 보내달라고 신청했지만 아직 배급이 내려오지 않았기 때문에 그녀도 완전히 속수무책이었다. 암퇘지는 먹을 것을 찾지 못하자 조급한 모습이 더 두드러졌다. 길고 뾰족한 주둥이를 내밀고 마른 볏짚 속을 헤집었지만 건초 속에는 아무것도 없었다. 하지만 녀석은 그래도 필사적으로 아무것도 없는 건초를 씹어 먹었다. 그런 다음, 여물통에 담긴 물을 또 기를 쓰고 마시고 있었다. 사육원이 여물통에 물을 부어줄 때 녀석은 그녀의 발을 힘껏 밀쳤다. 녀석은 분명히 화를 내고 있었다. 이윽고 녀석의 기괴하고 흉측한 눈빛은 다시 돼지우리를 둘러싼 사람들을 훑고 지나갔다. 마치 소리 지르며 항의하는 것 같았다. 녀석은 씩씩대며 우리 속을 맴돌면서 사람들에게 공포감을 주는 소리를 질러댔다. 그 광경을 지켜보던 사람들은 모두 녀석이 소리 지르며 갈망하는 것이 무엇인지 알고 있었지만 도와주고 싶어도 도와줄 능력이 없었다. 그때는 사람들도 배를 곯았고 몸에는 수종병水腫病[45]이 생겨 그 누구도 고구마 줄기나 죽 한 사발을 갖다 바칠 역량이 없었다. 오로지 무기력한 눈빛으로 녀석이 거의 미칠 지경이 되어 돼지우리 속을 맴도는 광경을 지켜보는 수밖에 없었다. 사람들은 숙연하고 미안한 마음으로 가득했다. 그러던 중 사람들은 마침내 믿기 어려운 무서운 광경을 보게 되었다. 그 늙은 암퇘지는 갑자기 자신이 갓 낳은 새끼들에게 미친 듯이 달려들어 혈분血盆[46]만 한 입을 딱 벌리더니, 그중 한 마리를 덥석 물었다. 부드럽고 연한 홍당무

---

45 영양실조로 몸이 부어오르는 병.
46 옛날에 제사지낼 때 희생의 피를 담던 동이.

를 입에 무는 것처럼 말이다. 그러고는 미친 듯이 먹어댔다. 이어서 두 번째 새끼에게 달려들었고, 다시 세 번째 새끼에게 달려들었다. 첫 번째 새끼를 물었을 때는 거의 씹지도 않고 꿀떡 삼켰고 두 번째 새끼도 한 입에 꿀떡 삼켰으며 세 번째 새끼부터는 씹어 먹기 시작했다. 그다음은 네 번째, 그리고 다섯 번째 새끼였다. 처참하게 제 자식을 잡아먹는, 그 괴기스러운 식사에 걸린 시간은 고작 2, 3분이었다. 과감하게, 빠르고 사납게, 아무 거리낌도 없이 시간 끌지 않고 후딱 먹어치웠다. 하지만 놈은 제 자식들을 다 먹어치운 뒤에 주위에 있던 사람들을 한번 힐끗 보더니 혀를 쭉 내밀어 바닥의 핏자국을 다시 한번 재빨리 핥았다. 조금도 남김없이, 아주 말끔하게 핥아먹었다.

에워싸고 그 광경을 보던 사람들은 갑작스레 일어난 그 자식을 잡아먹는 광경에 놀라서 눈이 휘둥그레지고 입이 딱 벌어졌다. 그러다가 정신을 차리고 이 끔찍한 행동을 막아야 한다고 생각했을 때는 벌써 갓 태어난 새끼 돼지들 모두 어미 뱃속으로 되돌아간 뒤였다. 뱃속이 채워지자 잠시 만족을 얻은 어미 돼지는 자녀들의 피 한 방울까지도 죄다 남김없이 빨아먹고 나서는 건초더미에 파묻혀 쿨쿨 잠들어버렸다. 녀석의 의식 속에서는 방금 전에 아무 일도 일어나지 않은 것 같았다. 인류가 지닌 악몽의 느낌조차도 없고 모든 것이 예전과 같이 평온했다. 새끼를 낳기 전에 감격한 사람도 없었고 새끼를 낳은 후에 놀란 사람도 없었다. 생과 멸이 섬광처럼 지나가는 한순간 속에 들어 있었다. 잠깐 하늘에서 눈발이 날리다 멎고 땅에 서리가 앉다 걷히듯이.

'웨이웨이' 4대 이야기

내가 초등학교小學에 다닐 때 어머니는 '웨이웨이衛衛'라는 개를 기르셨다. '웨이웨이'는 녀석의 할아비와 아비의 이름을 그대로 따라 부른 것이다. 제 할아비와 아비도 '웨이웨이'였으니 녀석은 제3대 웨이웨이였다. 녀석을 임시로 웨이웨이 셋째라 부르기로 하자.

웨이웨이 셋째는 꽤 잘생기고 몸집은 독일 셰퍼드와 비슷했지만 셰퍼드처럼 강한 기질을 갖고 있지는 못했다. 하지만 매우 아름다운 꼬리를 갖고 있어서 꼬리를 치켜들면 초승달과 비슷한 모양이었고 꼬리를 흔들면 박자가 아주 잘 맞았다. 그런 만큼이나 사람들의 마음을 끄는 개였다. 그렇지만 우리 할머니는 녀석을 좋아하지 않으셨다.

나는 할머니가 가장 아끼던 손자였다. 내가 어릴 때부터 할머니는 마음속 이야기를 내게 풀어놓으셨다. 불만스러운 느낌, 슬픈 느낌, 분노의 느낌, 감격스러운 느낌, 그 모든 감정을 내게 숨기지 않으셨다. 나는 늘 할머니의 하소연을 들었다. 할머니에 따르면, 그때 우리가 살던 그 지역은 몰락하는 와중에 있었다. 사람들의 인심도 변질되고 있었다. 나무들은 언젠가 남김없이 베어질 것이었고 강과 개천은 언젠가 잿빛으로 변할 것이었으며 노인들은 언젠가 죽어서 묻힐 곳도 없게 될 것이었다. 또 나는 항상 할머니의 진지한 말도 들었다. 우리 마을에서 기르는 개들도 대代가 바뀌면서 전보다 못하지만 우리 집에서 기르는 웨이웨이도 대가 바뀌면서 전보다 못하다는 말이었다.

할머니가 생각하는 제3대 웨이웨이로 예를 들자면 녀석들은 세대가 바뀔수록 더 잘 짖고 목청은 더 굵어졌다. 그러나 세대가 바뀔수록 먹기를 좋아하고 행동은 더 게을러졌다. 또 세대가 갈수록 담력은 작아져서 이제는 집을 지키는 능력이 없게 되었다. 웨이웨이 셋째에 이르면 고작 어여쁜 꼬리를 흔들 줄만 알았지, 그것밖에는 잘하는 게 아무것도 없다. 게다가 그 꼬리도 갈수록 앞 세대만 못해진다. 웨이웨이 셋째는 꼬리가 예쁘지만 전혀 첫째 웨이웨이의 꼬리처럼 씩씩하지 못하다는 말이었다.

웨이웨이 첫째를 말하려고 할 때면 우리 할머니 얼굴에는 자랑스러워하는 기색이 역력했다. 녀석은 우리 할아버지가 길렀던 웨이웨이였는데 녀석의 첫인상을 우리 할머니는 평생 잊을 수 없다고 하셨다. 할머니가 할아버지 댁으로 시집오던 날, 할아버지와 나란히 서서 할머니를 맞이한 것이 바로 백설처럼 흰 털이 덮인 웨이웨이 첫째였다. 녀석의 생김새는 정말 위용 있게 생겨서 그야말로 개가 아닌 한 마리 사자와 같았고, 누구든 녀석을 보면 고무되는 느낌을 받았다. 할머니는 친정집에서 20년 사는 동안 그렇게 장군처럼 위풍당당한 개는 본 적이 없다고 하셨다. 우리 할아버지는 총명하고 용감하셔서 신해혁명辛亥革命 당시 군대를 이끌고 전투를 하면서 사자처럼 용맹하게 싸우셨다. 할아버지는 할머니가 장군의 풍모와 아주 비슷한 그 개를 보면 틀림없이 기뻐하리라는 것을 알고 계셨기에 가마에서 내리는 할머니를 맞이하던 그 중요한 때에 특별히 첫째 웨이웨이를 할아버지 곁에 서 있게 한 것이다. 정말로 할머니는 가마에서 내리자마자 얇은 면사포를 통해 사자처럼 위용 있게 생긴 웨이웨이가 당당한 모습으로 할아버지와 서로를 환히 비춰주는 모습을 보고는 할아버지를 애모하는 감정이 삽시간에 곱절로 늘어났다고 한다. 할머니에 따르면, 당신이 가마에서 내려 우리 고향 땅에 첫발을 내딛는 순간 웨이웨이가 우렁찬 소리로 한 번 호탕하게 짖었다. 마치 사자의 포효 같았다. 그런 다음 웨이웨이는 칼춤을 추듯 꼬리를 세 번 휘두르고는 도도한 자태로 사람에게서 벗어나 전사의 책무를 다하러 집 뒤의 언덕을 향해 달려갔다. 할머니는 그 모습을 영원히 잊을 수 없다고 하셨다.

할머니는 웨이웨이 첫째가 늑대와 맞붙어 싸우는 광경을 직접 보셨다. 그때 녀석의 꼬리는 신통력을 가진 채찍처럼 강력하면서도 아주 멋있었다고 한다. 그때는 쌍방의 세력이 서로 엇비슷해서 족히 한 시간은 악전고투를 지속했다. 그러던 끝에 웨이웨이 첫째가 재빨리 돌아서더니 별안간 꼬리를 휘둘러 늑대의 눈을 사납게 후려쳤고, 그렇게 휘두르는 족족 녀석의 급소를 때렸다. 늑대는 마침내 외마디 비명을 지르고는 땅에 엎드렸고, 웨이웨이 첫째는 거만한 자태로 꼬리를 치켜들었다. 할머니는 녀석의 그 모습은 마치 금메달을 딴 세계 챔피언이 팔뚝을 높이 치켜드는 것 같았다고 하셨다.

그래도 첫째 웨이웨이의 가장 사랑스러운 점은 녀석의 용맹함이 아니라 함부로 짖지 않는 점이었다. 녀석은 집 바깥을 순찰하곤 했는데, 달이 밝고 시원한 바람이 부는 밤이면 혼자 내달리기를 좋아했다. 그렇지만 절대 소리를 내어 짖지는 않았다. 칠흑 같은 한밤중에 녀석은 굴 입구洞口[47]에 엎드려서 바깥세계를 주시하며 귀를 기울였다. 녀석은 천성적으로 감각이 예민하고 책임감이 강하며 잠이 많지 않았다. 낯익은 사람이든 낯선 사람이든 흉기를 가진 도적이든, 녀석은 정확한 판단을 내렸고, 행인의 얼굴을 똑똑히 보지 못하고서 짖은 적이 한 번도 없었다. 만일 개의 언어를 알아들을 수 있다면 녀석이 근거 없는 말이나 쓸데없는 말을 하지 않는다는 것을 알 수 있었을 테다. 녀석이 소리를 내어 짖으면 그것은 틀림없이 중요한 신호였다. 녀석의 민감함과 판단력, 용기는 그야말로 할머니를 매료시켰다. 녀석이 집 마당을 지키던 시절에 우리 고향은 넓은 지역에 걸쳐 원시림이 우거져 있었고 집 뒤로 펼쳐진 산은 거대한 벵골보리수 고목과 노송들로 뒤덮여 있었는데 거기에서 자주 호랑이, 표범, 원숭이, 멧돼지가 출몰했다. 우리 집은 바로 산기슭에 있어서 호랑이가 몰래 다가와 돼지와 양과 가축들을 습격하는 일이 자주 일어났고, 또 들짐승이 말썽을 피우는 일도 흔했다. 그래서 우리 할아버지와 그 또래의 마을 사람들은 모두들 집 안에 엽총을 두고 있었다. 첫째 웨이웨이는 사냥개 역할을 했다. 할머니 말에 따르면, 호랑이 몸에서는 빈대 냄새 비슷한 악취가 풍기는데 웨이웨이는 그 냄새에 극도로 민감해서, 가령 2킬로미터 바깥에 호랑이가 있어도 그 냄새를 맡을 수 있었다. 게다가 일단 그 냄새를 맡으면 녀석은 발작적으로 짖으며 미친 듯이 집 안을 뛰어다녔고, 한창 코를 골며 자는 할아버지를 향해서도 큰 소리로 계속 짖어댔다. 할아버지가 놀라 깨어나서 엽총을 붙잡을 때까지 말이다. 할아버지는 절대 경

---

47 중국 전통 가옥에서 대문 안쪽에 만들어놓은 굴처럼 생긴 통로를 '문동門洞'이라고 하는데 이곳을 통해 개가 드나들 수 있었다. 문동의 입구.

솔하게 호랑이를 해치지 않았고, 어쩔 수 없이 총소리를 내야만 할 때는 호랑이가 놀라 달아나게 하려고 쏘았다. 어느 날 밤중이었다. 어린 티가 뚜렷한 얼룩무늬 호랑이 한 마리가 우리 집 맞은편 작은 숲속에서 걸어 나오자 웨이웨이가 곧 미친 듯이 짖어댔는데, 그 소리가 그 어린 호랑이를 화나게 했던 모양이다. 놈은 작정한 듯이 개 짖는 소리가 나는 곳을 향해 곧장 달려와서 웨이웨이의 동굴 입구까지 돌진했다. 그래서 두 짐승은 1미터도 채 안 되는, 화강암으로 만들어진 문동門洞의 양쪽 끝에서 서로를 마주보면서 으르렁대고 울부짖었다. 천둥 같은 그 포효 소리에 마을 사람들은 모두 놀라서 깨어났다. 할아버지와 할머니는 동굴을 통해 호랑이의 잔뜩 성난 그 얼굴과 바늘처럼 꼿꼿한 수염을 보고는 악몽을 꾸는 것만 같았다. 그러나 웨이웨이는 조금도 놀라 허둥대지 않고 결연히 짖으며 동굴 저쪽에 있는 강대한 생명체의 도발에 응수했다. 두 녀석의 포효는 한 시간가량 지속되었고 이쪽과 저쪽이 모두 지쳐 쉰 목소리가 날 때쯤에야 어린 호랑이는 불만스러운 듯이 물러나 우리 집 뒤편의 큰 숲속으로 들어갔다.

그날 밤 이후로 웨이웨이 첫째는 마을 전체에서 유명해졌고 개들까지도 다 녀석을 알았다. 개들은 웨이웨이를 보면 다들 탄복하는 눈길로 쳐다보았고, 녀석을 향해 '주목'의 경례를 보냈다. 그날 이후 녀석은 짖는 일이 더욱 드물어졌는데, 가령 멧돼지를 발견하면 곧장 매처럼 날쌔게 덮쳐 아예 소리 낼 것도 없이 멧돼지를 붙잡았다. 할머니는 첫째 웨이웨이가 깨어 있으면 당신들은 안심하고 깊은 잠을 잘 수 있었다고 하셨다.

웨이웨이 첫째가 죽었을 때 할아버지와 할머니는 몹시 슬퍼하셨다. 두 분은 서북 언덕의 차 농장에서 손수 녀석의 장례를 후하게 치러주었다. 그곳은 매우 평화롭고 조용한 곳이다. 할머니는 웨이웨이를 그곳에 묻어준 뒤로는 멧돼지가 왔다 간 흔적을 본 적이 없었으니 웨이웨이의 혼령도 강한 위력을 지니고 있음에 틀림없다고 말씀하셨다.

웨이웨이 첫째가 죽고 나서 우리 할아버지는 다시는 개를 기르지 않았다. 큰아버지가 어린 황구를 길렀는데 첫째 웨이웨이와 이웃 마을의 영리하고 젊은 암컷을 교배해서 얻은 새끼였다. 녀석이 바로 웨이웨이 둘째다.

그 녀석은 웨이웨이 첫째가 뿌린 씨였기에 할머니는 처음에는 웨이웨이 둘째도 좋아하셨고 녀석이 부계父系의 유풍을 지니고 있을 거라는 기대를 품으셨다. 그러나 할머니는 곧 실망하셨다. 할머니가 혐오감을 느낀 이유가 녀석에게 부계의 늠름한 자태가 보이지 않았기 때문만은 아니다. 더 중요한 이유는, 녀석이 결정적 약점을 몇 가지 갖고 있었기 때문이다. 첫째로 함부로 짖어대고 게다가 아무 이유 없이 짖기도 잘 해서 마을의 어떤 개가 짖는 소리가 들리면 곧장 따라 짖었다. 이는 녀석만의 결점이 아니라 당시 마을에 있던 개들의 공통된 결점이었다. 어떤 녀석이든 아무 개나 먼저 짖기만 하면 나머지 개들도 반드시 뒤따라 짖었다. 어느 날 밤에는 할아버지와 할머니가 한창 뜨겁게 사랑을 나누고 있는데 웨이웨이 둘째가 난데없이 미친 듯이 짖었다. 할아버지 할머니는 놀라서 허겁지겁 엽총을 들었지만 결국 아무런 종적도 발견할 수 없었다. 조용해진 뒤에야 비로소 할아버지가 알게 된 것은, 시냇물 건너편에서 개들이 짖으니까 웨이웨이 둘째도 대세를 따라 호응한 것이었다. 녀석이 우리 할머니의 미움을 받게 된 또 다른 결점은, 첫째 웨이웨이에 비해 식욕은 아주 커진 반면 담력은 아주 작아진 점이었다. 식욕이 대단해서 늘 걸신들린 것처럼 먹는 것은 밥을 조금 더 지으면 그만이었지만 담력이 작은 것은 사람을 질색하게 만들었다. 녀석은 먼 산에서 호랑이 울음소리가 들리면 거리가 족히 5킬로미터는 떨어져 있는데도 즉시 굴속으로 파고들었다. 미꾸라지가 진흙 속으로 파고드는 것처럼 말이다. 게다가 잔뜩 겁을 집어먹고 부들부들 떨기까지 했다. 호랑이를 두려워하는 건 그래도 말이 되지만 어떤 때는 멧돼지조차 무서워했다. 할머니 말에 의하면, 녀석은 처음에 멧돼지한테 달려들었다가 호되게 한번 찔린 뒤로는 멧돼지를 보기만 하면 바로 굴속으로 숨었다. 그런 뒤 굴속에서 멧돼지를 향해 마구 짖어댔지만 멧돼지는 언제나 녀석의 공허한 외침을 멸시하며 느긋하게 우리 집 밭에 묻힌 고구마와 토란을 캐 먹었다. 그리고 우리 할머니를 실망시킨 또 하나의 결점은, 녀석의 꼬리가 워낙 위력이 없어 그 꼬리로 겨우 우리 집 닭과 거위들, 그것도 암컷들만 골라서 괴롭혔다는 것이다. 한번은 녀석이 한창 꼬리를 퉁겨대며 암탉을 때리고 있을 때 화가 난 수탉 한 마리가 달려와서 녀석을 향해 전투태세를 갖추자 녀석은 감히 맞서지도 못했을뿐더러 또 미꾸라지처럼 굴속을 미끄러지듯 빠져나갔다. 그러고서는 우리 집 맞은편에 있는 흙집 안으로 들어가더니 귀엽게 생긴 암캐와 희롱을 벌였다.

나는 웨이웨이 첫째와 둘째를 모두 직접 본 적이 없다. 일고여덟 살 때쯤에야 처음 본 것이 웨이웨이 셋째였다. 할머니는 웨이웨이 셋째와 웨이웨이 첫째는 틀림없이 혈연관계라고 하셨다. 우리 할머니 머릿속에서 개의 족보는 전혀 흐리멍덩하지 않았다. 그러나 할머니를 화나게 만든 것은, 웨이웨이 셋째가 분명 웨이웨이 첫째의 혈육이요 자손이건만 제 할아비의 골격과 풍모를 조금도 지니고 있지 못했고 오로지 어여쁜 낯짝과 어여쁜 꼬리밖에 닮은 점이 없다는 것이었다.

할머니를 더 화나게 만든 것은, 이 녀석은 웨이웨이 둘째만도 못하다는 것이었다. 웨이웨이 둘째는 마을 개들이 짖을 때 반드시 따라 짖기는 했지만 짖을 때는 그래도 진지하게 동굴 입구에 서서 짖었다. 허나 웨이웨이 셋째는 항상 빈둥거리며 쪼그려 앉아서 짖는 시늉만 했을 뿐이다. 짖

　　　　　　　　　　　　　　　　　　　'웨이웨이' 4대 이야기

는 소리는 컸지만 늘 눈을 감고 아무렇게나 짖어댔으니 그저 다른 집의 개들에 호응해서 짖는 개의 본능일 뿐이었다. 할머니를 더욱 질색하게 한 것은, 녀석이 꼬리는 예쁘기는 해도 언제나 자신의 꼬리를 좋아했다는 점이다. 곡식을 널어 말리는 마당에서 할머니는 녀석이 꼬리를 치켜들고 우쭐대며 빙빙 도는 모습을 여러 번 봤노라 하셨다. 녀석은 분명히 제 꼬리를 감상하며 꼬리에 주둥이를 맞추려고 애썼다는 것이다. 목을 한껏 뒤로 비틀고 제 꼬리를 주둥이 쪽으로 갖다 대려고 기를 썼지만 시종일관 입맞춤은 못 하고 빙빙 맴돌 뿐이었다. 웨이웨이 셋째의 그 활처럼 휘어진 꼬리를 보노라면 할머니는 벌써부터 기분이 언짢았는데 하필 녀석은 또 죽어라 꼬리를 흔들었으며, 저한테 먹을 것을 좀 던져주는 사람에게는 언제나 살랑살랑 몇 번이고 꼬리를 흔들었다. 허나 먹을 것을 주지 못하는 사람에게는, 특히 옷차림이 남루한 사람이 지나가면 녀석은 언제나 꼬리의 무용을 멈추고는 궁색한 행인에게 맞바로 달려들어 큰 소리로 짖으며 싸움을 걸었다. 그럴 때마다 할머니는 더 이상 참을 수 없어 지팡이를 치켜드셨고 약삭빠르기 이를 데 없는 웨이웨이 셋째는 곧 쥐새끼처럼 허둥대며 도망쳤다. 머리부터 꼬리까지가 다 낭패였고 선조들의 영예와 긍지는 남김없이 실추되었다.

할머니가 세상을 떠나자 나도 고향을 떠나 타지에서 학교를 다녔다. 10여 년 세월이 흐르는 동안 중국사회는 많은 시련을 겪었고 개들의 운명에도 큰 변화가 생겼다. 1963년에 내가 대학을 졸업하고 친척들을 보려고 고향에 갔을 때 웨이웨이는 이미 제4대로 접어들었다.

나는 사촌형네 집에서 제4대 웨이웨이를 보았다. 사촌형은, 겁먹은 듯 목을 움츠린 채 담 모퉁이 구석에서 햇볕을 쬐고 있던 작은 누렁이를 가리키며 이게 웨이웨이 넷째야, 하고 말했다. 나는 정말 믿을 수 없었다.

왜 이렇게 초라하지? 어째서 두 눈에 연민을 구걸하는 그림자가 가득한 거야? 녀석은 햇빛이 비치는 건초더미에 쪼그려 앉았고 곁에는 코를 골며 자는 돼지가 한 마리 있었다. 웨이웨이를 유심히 살펴보는 나를 본 사촌형이 녀석을 한 번 부르자, 웨이웨이 넷째는 주인의 소리를 듣고 꿈에서 막 깨어난 듯 살며시 한 번 짖어 답했는데, 뜻밖에도 면양綿羊과 비슷한 소리를 냈다. 그 다정하고 온순한 소리는 나를 깜짝 놀라게 만들었다. 녀석은 헥헥대며 우리에게 뛰어왔는데 눈은 여전히 겁을 먹고 쭈뼛쭈뼛했다. 녀석이 내 바로 앞에 와 섰을 때야 비로소 나는 녀석이 줄곧 꼬리를 바짝 접고 있다는 걸 알았다. 꼬리를 접은 개들을 언제나 혐오해온 나는, 녀석을 비켜나게 하려고 손에 들고 있던 먹다 남은 찐빵을 대문 쪽으로 던졌다. 그러면서 녀석이 앞을 향해 빨리 달릴 때는 꼬리를 치켜들겠지, 하고 기대했다. 허나 뜻밖에도, 찐빵을 향해 달려갈 때도 녀석의 꼬리는 여전히 단단히 접혀 있었다. 아주 순종적이고 분수를 잘 지키며 뛰는 모습도 한 마리 양과 같았다.

나는 사촌형에게 물었다. 저 녀석 왜 늘 꼬리를 접고 있어? 사촌형은 온 마을 개들이 모두 저렇다고 했다. 나는 더 의아했다. 왜 그렇게 됐는데? 몇 년 전에 개를 때려잡는 운동이 몇 차례나 벌어지면서 개를 많이 죽였다고 했다. 그 운동이 지나고 요행히 살아남은 개들은 모두 간담이 바짝 졸아붙어 다들 꼬리를 접었고, 낯선 사람을 보면 황급히 달아난다고 했다. 내가 막 "꼬리 흔드는 것조차 못 하는 거야?"라고 캐묻고 있을 때, 꼬리를 접고 있던 웨이웨이 넷째는 때마침 찐빵을 삼킨 뒤 나를 향해 몇 번 꼬리를 흔들었다. 하지만 곧 또다시 꼬리를 거둬들이고 단단히 접어 내렸다.

그런 모습을 한 웨이웨이를 보고 내 머릿속은 온통 언짢은 생각으로 가득 차면서 할머니가 "대가 바뀌면서 이전보다 못하다"고 하셨던 말이 정말 딱 맞는다고 느껴졌다. 하지만 나는 체념하지 않고 꼬리를 접고 있는 웨이웨이가 개의 생물학적 기능은 가지고 있을 거라고 기대하면서 사촌형에게 물었다. 집 안에 녀석이 있으니 그래도 더 안심이 되지? 사촌형은 웃으며 말했다. 우리 고향의 거대한 숲이 몽땅 베어져 없어진 뒤로는 호랑이나 표범도 없어졌고 멧돼지조차 없으니 안심 못 할 것도 없다. 우리 마을은 모든 집이 가난하니까 훔쳐갈 만한 것도 없다. 그렇지만 웨이웨이가 있어서 항상 더 시끄럽다. 녀석은 낯익은 사람과 낯선 사람, 좋은 사람과 나쁜 사람을 가리지 않고 좌우당간 늘 제멋대로 짖는다. 마을의 개가 짖으면 따라서 짖는 것은 물론이고 새, 까마귀, 까치가 짖을 때조차 뒤따라서 짖으니 생명의 질서가 어딘가 좀 뒤죽박죽이 되었다. 게다가 짖는 모습도 보기 흉해 목을 폈다 움츠렸다 하는 꼴이 꼭 거북이를 닮았다. 그러나 녀석에게는 장점도 있다. 사촌형 말에 의하면, 녀석은 건강하게 살려고 꽤나 신경 쓴다. 잠자는 시간을 잘 지키고, 밤중에 잘 뿐만 아니라 밝은 날에도 자며, 특히 낮잠은 빼놓을 수 없다. 사람과 아주 꼭 닮았다.

동방의 쥐 재앙

대륙에서는 쥐, 파리, 모기, 마작을 "네 가지 해악四害"이라고 불렀다. "네 가지 해악을 제거하자"라는 구호 아래 전 인민적 운동이 한창 벌어지던 당시, 나는 특히 쥐를 싫어해서 끝까지 쥐를 쫓아가 맹렬하게 때려잡았다. 그래서 '쥐 잡이 영웅'이라는 호칭을 얻은 적이 있다. 그러나 그것은 아주 어린 시절의 일인지라 그 영광은 이미 과거지사가 되었고 영웅시대는 벌써부터 끝이 났다.

1980년대가 되어 내가 살던 집에서는 다시 쥐들의 소란이 일어났다. 매일 밤 전등을 끄면 구멍을 빠져나온 쥐들이 울부짖고 달리며 서로 뒤쫓는 것이 여간 활약하는 것이 아니었다. 쥐는 이리와 마찬가지로 캄캄한 어둠 속에서만 활약하다가 날이 밝으면 종적을 찾을 수가 없다.

집에는 쥐에게 먹일 만한 것이 없었지만, 놈들은 유독 내 서적에 관심이 많아서 이빨로 내 책들을 비판하는 일이 잦았다. 어느 날엔가, 사회과학원에서 신체검사를 실시했을 때 의사는 내 혈압이 정상이 아니라고 말했다. 사실 나는 그게 순전히 신체검사 전야에 쥐들과 한바탕 벌인 악전고투 탓이라는 걸 잘 알고 있었다. 그날 밤, 나는 서적들을 침범하는 쥐들을 소탕하기로 작심하고, 고양이처럼 침대 밑에 엎드려 쥐들의 통로를 살피고 있었다. 하지만 완전히 실패로 돌아갔다. 밤새도록 엎치락뒤치락 했지만 전혀 전과戰果를 올리지 못했다. 게다가 다음 날 아침, 피곤에 지쳐 있던 나는 의사에게 환자 취급을 받았다.

　이상하게도 나는 쥐에 대해서만큼은 특히 민감하고, 더욱이 쥐가 서적을 비판하는 소리는 절대 견딜 수가 없다. 그 소리는 내가 어릴 때 자주 듣곤 하던, 나무를 톱질하는 소리와 비슷하지만 톱으로 나무를 자르는 것처럼 그리 듣기 좋은 소리가 아니었다. 그 이전까지 나는 잠을 아주 잘 자는 편이어서 창문 밖에서 아무리 시끄러운 자동차 경적 소리가 들려도 전혀 상관없이 의연히 잠을 잤었다. 그러나 유독 쥐가 책을 비판하는 소리만 들으면 잠을 잘 수가 없었다. 나 자신이 서적을 몹시도 사랑한 나머지 그 소리를 들으면 '저놈들이 이번에는 누구를 비판하는 걸까?' 하고 생각한 것이리라. '조설근일까 아니면 헤밍웨이일까? 셰익스피어일까 아니면 관한경일까? 후스일까 아니면 후평일까? 어쩌면 왕징안 선생인지도 모른다. 그 어른이 남긴 서적은 인쇄 상태가 정말 훌륭해서 쥐들이 이빨로 구멍을 내면 안 되는데……' 생각이 거기까지 미치면 나는 바로 침대에서 굴러 내려와 화가 잔뜩 난 고양이처럼 또다시 전투의 활시위를 팽팽하게 당기곤 했다. 그렇지만 몸이 아주 피곤한 날에는 정신이 몽롱해 그 소리가 들려와도 꿈쩍하기 싫을 때가 있었다. 그럴 때는 스스로 위안하는 수밖에 없었다. '아마 이번에는 린뱌오를 비판하고 있겠지. 어쩌면

『홍치紅旗』를 비판하는 건지도 몰라. "비림비공批林批孔"[48] 자료들과 잡지 『홍치』는 모두 '철저조사팀'에서 내게 공짜로 보내준 것들이고 폐품가게로 보내버리기도 모자랄 판이니 놈들에게 비판받아도 괜찮아.' 생각이 거기에 미치면 곧 마음이 편안해져 단잠에 빠졌다. 그러나 이렇게 '상상을 통해 문제를 해결하는 방법'은 항상 틀리기 일쑤였다. 어느 날 밤 나는 놈들이 『홍치』를 비판하고 있으려니 생각했지만 알고 보니 조설근의 『홍루몽』과 호손의 『주홍글씨』를 비판했다. 나는 속이 상해 죽을 맛이었다. 또 어느 밤에는 발레 무극舞劇 『백모녀白毛女』(1935)의 사진들을 비판하고 있으려니 상상했지만 결과는 멜빌의 『모비딕』이었다. 나는 또 한 번 속상해서 견딜 수 없었다. 더욱이 놀라웠던 것은, 놈들이 스타인벡의 『생쥐와 인간』을 비판했다는 사실이다. 이번에는 분노가 치민 것이 아니라 놀라움을 금치 못했다. 설마 쥐들이 글자를 알고, 어떤 책이 소설인지도 알고, 게다가 그 소설 속에서 레니가 쥐 한 마리를 잡아 죽인 것까지 안 걸까? 하지만 레니는 쥐를 사랑하는 인물이었단 말이다! 쥐들은 늘 혼돈에 빠져 있다.

쥐에 민감하다보니, 나는 동방의 대륙에 일종의 정신적 흑사병이 만연하고 있으며, 그것이 곧 대규모 정치운동이라는 것을 발견할 수 있었다. 이 정치운동에서 수많은 사람이 갑자기 쥐로 변신했다. 사람들은 저마다 쥐를 닮은 이빨을 가지고 대규모의 비판을 했고, 비판받는 사람들도 찌직찌직 울부짖으며 비판당하는 모습이 꼭 고양이에게 잡아먹히는 쥐와 같았다. 쥐 바이러스는 모든 서적을 오염시켰다. 나는 중국에는 세 종류의

[48] 1971년 9월 13일, 4인방을 이끌던 린뱌오가 권력투쟁에서 실패하고 몽골로 도주하다 비행기 사고로 사망한 뒤 마오쩌둥은 린뱌오가 장제스와 마찬가지로 공자를 숭상했고 유가는 역사의 진보를 가로막는다며 규탄했다. 이로부터 전국에서 6개월 남짓 린뱌오와 공자를 함께 격렬히 비판했던 운동을 말한다.

비평가가 있다고 말한 적이 있다. 첫째는 머리에 기대어 살아가는 사람들이고, 둘째는 코에 기대어 살아가는, 곧 바람 냄새를 맡고 움직이는 사람들이며, 셋째는 이빨에 기대어 살아가는 사람들이다. 흑사병이 유행하던 그 당시에는 이빨에 기대어 살아가는 사람들 천지였다. 그 쥐들은 갖은 전투를 몸소 겪어가며 노련한 요괴로 둔갑하여 신성한 주의主義로 이빨을 무장할 줄 알게 되었다. 그래서 흰 고양이건 검은 고양이건 어떤 녀석도 놈들을 잡을 수가 없었다. 오늘날에 이르러서도 놈들은 여전히 상당한 활약을 하고 있다. 나는 이것이 보통의 흑사병이 아니라 정신적 돌림병이라는 것을 알고 있다.

내가 해외에 온 뒤로 쥐들이 또다시 내 책들을 비판하고 있다는 소식이 들려오지만, 망망대해 아주 멀리 떨어진 곳에서 그런 "사각사각사각" 톱질하는 것 같은 소리는 더 이상 내 귀에 들리지 않는다. 그러므로 나는 상상으로 해결할 필요도 없고, 잠도 아주 달게 자고 있다.

추인

추인貙人이라는 개념은 『수신기搜神記』의 다음과 같은 기록에서 유래한다.

장강과 한수 유역에 추인들이 산다. 그들의 선조는 늠군[49]의 후손이다. 호랑이로 변신할 수 있다江漢之域, 有貙人, 其先, 廩君之苗裔也, 能化爲虎.

동진東晉 시대 간보干寶가 쓴 괴물에 관한 소설 『수신기』를 보면 추인이 호랑이로 둔갑하는 이야기가 있다. 그 옛날 장강과 한수 유역에 터를 잡고 살던 사람들은 나무로 만든 큰 우리를 덫으로 사용해서 호랑이 사냥

---

49 진秦나라 시대에 설치한 행정구역 가운데 파군巴郡(충칭과 쓰촨 성의 일부 지역)과 남군南郡
(후베이 성 징저우)에 살던 다섯 씨족(파巴·번樊·담曋·상相·정鄭)이 공동으로 파 씨의 후손 무
상務相을 추장으로 세우고 '늠군'이라 칭했다. 이후 늠군은 세력을 넓혀 지금의 후베이 성과 쓰촨
성 일대를 차지했고, 이로부터 '파'가 이 지역의 대명사로 불리게 되었다. 소수민족인 투자족土家
族의 조상으로 받들어진다.

을 잘했다. 호랑이가 덫을 건드리기만 하면 그 즉시 문이 저절로 내려와서 닫혔고, 아무리 사납고 포악한 호랑이라도 뛰쳐나갈 수 없었다. 어느 날 한밤중 무언가가 나무 우리 장치를 건드렸고 마을 사람들은 소리쳐 부르며 호랑이를 잡으러 달려갔다. 그런데 뜻밖에도 그 우리 속에 갇혀 있는 것은 어떤 정장亭長[50] 한 사람이 아닌가. 마을 사람들은 놀라고 의아했지만 정장은 사람들을 보자마자 살려달라고 애원하기는커녕 외려 화를 벌컥 내며 거만한 어투로 자신은 현縣 정부의 부름을 받고 밤길을 서둘러 가다가 길을 잘못 들어섰다고 말했다. 그러고는 정부의 큼지막한 도장이 찍힌 문서 한 장을 꺼내 들었다. 그 모습은 정말 벼슬아치처럼 위엄 있는 태도였다. 마을 사람들은 그를 꺼내주고 죄송하다고 말하는 수밖에 없었다. 그러나 총명한 사람 몇몇이 정장의 행방이 의심스러워 몰래 뒤를 밟았는데 정장은 어느 정도 길을 걸어가다가 갑자기 호랑이로 둔갑하더니 내쳐 산속으로 달아나고 말았다. 그제야 마을 사람들은 그 나무 우리 속에 갇혀 있던 것이 다름 아닌 호랑이였음을 알게 되었다. 사람들은 몹시 놀랍고 기가 막혀 그 마을의 식견 높은 사람을 찾아가서 물어보았다. 식자가 사람들에게 들려준 이야기는 다음과 같다. 예로부터 전해오는 말에 '추인貙人'이라 불리는 인간의 일종이 있다. 그들은 인간의 모습을 하고 있고 인간세계를 잘 알지만 변신에 능해 눈 깜짝할 사이에 호랑이로 둔갑해서 사람들을 잡아먹는다. 놈이 사람으로 둔갑할 때는 그 발을 유심히 살펴봐야 한다. 놈의 발가락은 다섯 개이지만 뒤꿈치가 없다. 그것이 인간과 다른 점이고 또 호랑이와도 다른 특징이다. 식자는 그렇게 말한 뒤

---

50   전국시대 각 나라에서 국경을 지키고자 설치한 것이 정亭이고 그 수장이 '정장'이다. 진秦·한漢 시대에는 고을마다 10리에 하나씩 정자를 두어 도적을 잡고 민사를 처리하며 여행자에게 숙소를 제공했다. 정장은 '정자의 우두머리'다.

선량한 사람들에게 일러주었다. "겉은 사람이고 속은 호랑이인 그런 괴물은 특별히 조심해야 하네."

　나는 소년 시절 이 소설을 읽고 아주 재미있다고는 느꼈지만 세상에 추인이 어디 있겠나 하고 믿지 않았다. 그러나 문화대혁명을 겪은 뒤에야 인간세계에 추인이 많다는 걸 알게 되었다. 추인들은 확실히 사람의 형상을 하고 있고 평소에는 사람과 전혀 다르지 않은 모습으로 살아간다. 때와 사람에 따라서는 공문서와 도장을 지니고 다니기도 한다. 그러나 그들의 속마음에는 추호貙虎의 성정이 자리잡고 있다. 추호는 맹호猛虎와 성정이 다르다. 유종원柳宗元은 「비설羆說」에서 "사슴은 추를 두려워하고, 추는 호랑이를 두려워하고, 호랑이는 큰곰을 두려워한다鹿畏貙, 貙畏虎, 虎畏羆"고 말했다. 추는 호랑이의 일종이기는 하지만 호랑이만큼 웅건하거나 사납지 않고 몸집은 개와 비슷하며 무늬는 살쾡이와 비슷하다. 그러니까 실상 개와 호랑이의 중간쯤에 속한다. 이 때문에 놈들의 성정은 호랑이의 흉악한 성질뿐 아니라 개의 비열한 공격성, 여우의 음험한 교활함까지 함께 갖고 있다. 세계가 현대사회로 진입하면서 추인들은 더 이상 호랑이로 변신하지 않는다. 그러나 추호의 성정만큼은 뚜렷이 지니고 있다. 그리고 추호의 성정은 평소에 잠복되어 있다가 중요한 시기가 되면 밖으로 드러난다.

　바진은 문화대혁명 이후에 저술한 『수상록隨想錄』에서 그 광란의 세월 동안 일어난 괴이한 현상들에 의문을 제기했다. 그중에는 그가 오랜 시간 생각하며 곤혹을 느꼈고 지금도 여전히 납득을 못 하는 점이 들어 있다. 자신과 같은 사람들이 외양간에 수용되어 마소 취급을 당한 것은 생각해보면 이유를 알 수 있지만, 마소들을 물어뜯는 늑대와 호랑이들이 어째서 순식간에 주변에 그렇게 많이 나타났는지 아무리 생각해도 이해가 가지 않는다는 것이었다. 그가 제기한 의문은 엄중한 것이었기 때문에 나는 오랜 세월 그 문제를 생각해왔다. 그리고 마침내 도달한 대답은 이러하다. 인간은 결코 순수하지 않으며 인간 군상 가운데 실상 다수는 인간이 아니라 추인이다. 평소 우리의 눈은 추인을 알아보지 못한다. 그저 그들을 사람으로 여기고 있을 뿐이다. 그들도 인간과 마찬가지로 옷을 입고 밥을 먹고 성교를 하고 글을 쓴다. 호랑이의 성질을 철저히 감춘 채로 말이다. 그러나 문화대혁명이 도래하면서 사람들은 스스로 위기를 느끼게 되었고 추인들까지 '소탕'당하는 때가 오자, 그들이 가진 생존본능이 마침내 폭발해 밖으로 표출되었다. 그리하여 정상인들은 갖고 있지 않은 사납고 잔인하고 음험하고 교활하고 비열한 추인의 성정이 모두 밖으로 드러났다. 평소 그저 책 속에만 파묻혀 지내던 지식인들은 그때서야 비로소 소스라치게 놀라며 늑대와 호랑이들이 도처에 즐비하다는 것을 발견했다. 그렇지만 실제로는 '추인'들의 능력이 본디 그러하다는 것을 평소에 알아채지 못했을 뿐이다.

내가 추인에 관심을 갖기 시작한 지도 이미 오래다. 나는 결국 『수신기』가 일깨워준 추인의 특징, 즉 발뒤꿈치가 없다는 점에 주의해야 한다고 느끼게 되었다. 현대의 추인은 모두 구두를 신기 때문에 그들이 뒤꿈치 없다는 것을 발견하기는 어렵지만 오랫동안 관심을 가지고 지켜본다면 뒤꿈치가 없는 사람은 앉거나 눕거나 걷거나 달리는 모습이 보통 사람들과 그리 비슷하지 않음을 발견하게 된다. 그들은 언제나 가장 앞쪽으로 쏠리거나 가장 왼쪽에 치우쳐 있어서 사상과 발언이 보통 사람들보다 격렬하다. 뒤꿈치가 없기 때문에 그러한 결함을 은폐하기 위해 언제나 목을 더 길게 늘여 빼고 구호를 더 소리 높여 부르짖고 또 붉은 깃발을 더 높이 치켜든다. 그리하여 언제나 사리에 맞지 않은 일들을 벌인다. 또 그들은 뒤꿈치가 없기 때문에 언제나 진짜 호랑이처럼 위풍당당할 수 없다. 그들이 하는 사납고 잔인한 행위도 이불 속에서 활개를 치는 격이어서 떳떳이 드러내놓고 하지 못한다. 때문에 추인들은 언제나 사납고 잔인하지만 항상 비루하며 호랑이 아닌 개를 닮은 꼬리를 드러내려고 한다.

늑대인간

미국에서 1994년에 제작한 영화 「울프wolf」에는 유명 영화배우 잭 니컬
슨이 출연했다. 영화를 상영하자마자 나는 어린 딸을 데리고 관람을 갔
다. 광고를 보고 늑대인간에 관한 영화라는 것을 알 수 있었는데, 딸아이
는 무섭겠다고 하면서도 여전히 보고 싶다고 말했다. 그 아이는 언제나
별난 것을 좋아한다.

「울프」의 주인공은 본디 정상적인 사람이었다. 폭설이 내리던 어느 밤
중, 그는 자동차를 몰고 깊은 산속 고갯길을 지나다가 눈 덮인 도로 한복
판에 어떤 시커먼 덩어리 같은 물체가 있는 것을 발견한다. 그는 차에서
내려 그것이 대체 무엇인지 살펴보려고 다가간다. 가까이 가서야 그것이
죽어가는 늑대라는 것을 알아보고 그는 늑대를 길가 쪽으로 옮기려고 손
을 내민다. 그 순간, 늑대가 갑자기 솟구치며 튕겨 일어나서 크게 울부짖
으며 그의 손을 깨문다. 그리고는 순식간에 캄캄한 숲속으로 달아나버린

다. 그 늑대는 오랜 세월 온갖 시련을 겪으며 단련되어서 거의 늑대귀신으로 변한 짐승이었고, 그래서 특별한 독을 품고 있었다. 그 독은 사람에게 옮겨지면 사람도 즉시 늑대의 본성을 갖게 되는 것이다. 늑대의 독에 중독된 주인공은 하루가 다르게 성질이 변해간다. 특히 밤이 되면 몸과 얼굴에 늑대의 털이 돋아나고 손에도 늑대의 발톱이 생겨난다. 거울에 비친 그의 눈은 사나운 늑대의 눈빛으로 번뜩인다. 코와 귀의 감각도 완전히 늑대의 감각으로 변한다. 평소 모습과 다르게 변한 그의 후각과 청각은 숲속에서 나는 아주 작은 소리까지 들을 수 있고, 먼 곳에서 사람들이 그에 관해 말하는 것까지도 다 들을 수 있다. 본래는 선량한 사람이었지만 그럴 때면 그의 마음은 공포와 고통으로 가득 찬다. 날이 밝고 태양이 떠오르면 원래 모습으로 돌아오지만 밤이 되면 늑대 본성이 그를 완전히 통제하여 온몸이 늑대 피로 끓어오르고 높이 뛰어오르고 싶은 욕망으로 충만해진다. 그리하여 그는 제 집을 뛰쳐나가 초원을 향해 숲속을 향해 내달린다. 캄캄한 어둠 속을 늑대처럼 달리면서 야수성과 혼란스러운 생명력을 발산한다. 으드득, 으드득, 그 늑대 이빨 가는 소리는 가는 곳마다 공격할 대상을 물색한다. 그렇게 칠흑과 같은 밤중에 녹초가 돼버릴 정도로 자신의 몸을 괴롭히고 나서야 그는 다시 자신의 침대로 돌아온다. 마치 한바탕 악몽을 꾼 것만 같다. 다음 날 이른 아침 거울 속에서 견딜 수 없이 피로한 자신의 얼굴을 보고서야 그는 비로소 자신의 늑대 본성이 밤사이 또다시 광란의 발작을 일으켰음을 알게 된다. 다만 그의 마음씨가 늑대의 독에 완전히 지배당하지 않아서 사람들을 닥치는 대로 물어뜯고 잡아먹지 않았을 뿐이다. 한편, 그에게는 못된 심보를 가진 동료가 한 명 있다. 그 동료는 원래부터 늑대처럼 사납고 잔인한 성질을 지닌 사람이었기 때문에 평소에도 남을 이용해 자신의 이득을 채우고,

일부러 타인을 해치는 그런 인간이다. 어느 날 그 동료는 '늑대인간'에게 모욕을 주고, 그 일로 두 사람은 맞붙어 싸움을 벌인다. 그러던 와중에 동료는 늑대의 독에 전염되고, 중독되자마자 완전히 늑대처럼 변해버린다. 사람을 물어뜯고 잡아먹으려는 독성의 불꽃이 온몸을 사르면서 그는 매우 빠른 속도로 거대한 숲속으로 달려 들어가 암흑 속 늑대 무리에 가담한다. 더없이 흉악한 그의 눈은 광활한 벌판 위의 모든 무고한 생명들을 노려본다.

늑대인간을 다룬 그 영화를 보고 나서 순진한 딸아이는 "너무 무서워!" "이해가 잘 안 돼!" 하며 소리를 질렀다. 하지만 나는 아무 말도 하지 않았다. 나에겐 이해하기도 쉬웠다. 왜냐하면 나는 딸아이와는 다르게 중국에서 수십 년간 극단적 양상으로 벌어졌던, 계급투쟁 이론의 영향 아래 생성된, 그것도 한 세대, 심지어 두 세대에 걸쳐 생성된 늑대인간들을 내 눈으로 직접 보았기 때문이다. 무수한 사람이 모습을 바꾸고 본성을 바꿔 늑대인간으로 변하는 것 역시 내 눈으로 똑똑히 보았다. 어여쁜 옷을 차려입고 한창 유행하는 안경을 낀 문명인들이 어느 날 갑자기 늑대와 같은 긴 주둥이를 내밀고 늑대 이빨을 드러내고는 사람들이 사는 집에 쳐들어와서 모든 서적을 찢어발기고 자신들이 만들어놓은 '외양간'으로 사람들을 끌고 갔으며 그 외양간에서 늑대의 포효를 질렀다. 나에게 가장 깊은 인상을 남긴 것은, 그 당시 무수한 중국인의 눈과 코와 귀의 감각이 모두 늑대처럼 예민한 감각으로 변했고, 마음속에는 늑대와 같은 야수의 신경 다발을 두르고 있었다는 것이다. 그들은 이를 가리켜 "계급투쟁의 활시위를 조인다"라고 말했으며, 바람에 풀들이 일제히 움직이듯 한결같은 모습으로 '계급투쟁의 새 동향'이란 비명을 질렀다. 그리고 이어서 늑대의 피로 끓어오른 그들은 큰길로, 또 시골로 뛰어 들어가서 무고

한 사람들을 아무 이유도 없이 물어뜯기 시작했다. 다만 중국의 늑대인 간들은 미국의 늑대인간들보다 총명해서 특히 예민한 감각을 지녔던 것 외에도, 그들의 감각기관으로 포착한 정보를 즉시 늑대인간 사령부에 보고하는 데에도 아주 탁월했다. 당시 '사인방'의 청각은 마귀처럼 놀라운 능력이 있었다. 그들이 그토록 대단한 수완을 갖고 있었던 것은 오직 그 밑에 있던 늑대인간들의 예민한 코와 귀의 감각에 힘입은 것이었다.

문화대혁명 당시 중국 도처에는 늑대인간들이 즐비했고 그들은 모두 한밤중 늑대의 특성을 갖고 있었다. 곧 캄캄한 어둠 속에서만 바깥에 나와 활동하는 특성을 갖고 있었다. 늑대의 본성은 낮에는 잠복되어 있다가 밤이 되면 크게 발동한다. 당시에는 음모와 계략을 꾸미는 자들이 특히 많아서, 최고 영도자까지 어쩔 수 없이 나서서 "음모와 계략을 꾸미지 말라"는 지시를 공식적으로 발표하기도 했다. 그러나 당시 중국에서 야간에 활동한 늑대들은 모두 '혁명'이라는 가면을 쓰고 있었기에 사람들은 늑대들의 음모와 계략을 식별해내기 어려웠다. 그러한 가면 쓴 늑대들은 지금도 여전히 존재한다.

1950년대, 1960년대, 1970년대 중국에 그렇게도 늑대인간이 많았던 원인을 궁구해보건대, 역시 늑대의 독에 중독되었기 때문이라고 해야 할 것이다. 늑대의 독이 얼마나 빠르게 중국 전역을 집어삼켰던지 눈이 튀어나오고 입이 다물어지지 않을 정도였다. 어찌하여 그렇게 급속하게 전파되었는가 하는 것은 앞으로 후손들이 진지하게 연구해야 할 과제가 아닌가 싶다. 나는 그 원인을 연구해보지는 않았지만, 늑대의 독이 전염되는 과정에서 네모반듯한 활자들로 넘쳐나던 신문과 간행물들이 일으킨 특수한 작용은 볼 수 있었다. 그것들은 열 몇 시간 내에, 심지어 몇 시간 내에 늑대의 독을 중국 전역의 모든 골목과 모든 마을에 퍼뜨릴 수 있었다. 그리고 중독된 사람들은 자신도 느끼지 못하는 사이에 보균자가 되어 차츰 차츰 늑대 본성에 감염되었다. 물론 늑대의 독이 널리 퍼지게 된 것은 신문이나 간행물에 의한 것만은 아니었다. 그 당시 해마다 달마다 날마다 계급투쟁을 논하며 서로 설전을 벌이고, 서로 폭로하고, 서로를 붙잡고 물어뜯은 일도 늑대의 독이 빠르게 확산된 또 하나의 원인이었다. 나중에는 늑대의 독이 어린이와 아동들에게까지 전염되어 어린아이들조차 싸우고 죽이는 것을 좋아하며 늑대 본성을 갖게 되었다. 왜 그렇게 되었을까? 동요 악보와 가사까지도 늑대 바이러스를 갖게 되었기 때문일까? 혹은 그림 동화책에 나오는 여우와 늑대 이야기조차 야수의 씨앗을 품고 있었기 때문일까? 이 점에 대해서는 아직 분명하게 생각해보지 못했다.

미국의 예술작품 속에 늑대인간이 있듯이 중국의 예술작품 속에도 늑대인간이 있다. 『홍루몽』에 등장하는 손소조孫紹祖는 작가 조설근이 '늑대인간'이라 일컫은 인물이다. "중산의 늑대인간, 원하던 바를 이루자 미쳐서 날뛰었다子系中山狼, 得志便猖狂"라는 대목이 그것이다. 이 중산의 늑대인간은 자신이 간절히 원하던 것을 얻자 늑대의 독에 중독된 것과 마찬가지로 곧장 미쳐서 신음하고, 으르렁거리고, 울부짖는다. 현대 중국에는 '중산의 늑대인간'이 많고도 많다. 그들은 일단 득세하면 권력을 이용해 마음껏 비위를 저지르고 미쳐 날뛰는데, 그 정도가 극심하다. 20세기 후반 중국 대륙은 꼬박 한 세대에 걸쳐 늑대인간을 만들어냈다. 그들의 성격과 그들의 감각과 그들의 야간행동은 보통 사람들과 완전히 다르다. 중국을 진정으로 이해하려면 고대 중국의 원인猿人을 연구하는 것만으로는 부족하다. 현대 중국의 원인들까지도 연구해야 한다.

웃는 늑대

우연한 기회에 나는 베이징 동물원에서 늑대가 큰 소리로 웃는 것을 보았다.

나는 베이징 동물원을 좋아하지 않는다. 넓은 들판도 없고, 갈 때마다 보는 호랑이와 사자는 다들 내키지 않는 표정으로 졸고 있으며, 맹금류는 죄다 맥이 빠져 있고, 아프리카에서 건너온 코끼리도 나무를 깎아 만든 조형물처럼 꿈쩍도 하지 않기 때문이다. 그렇지만 1988년 그 일요일에 나는 뜻밖에도 활력이 충만한 늑대들을 보았다. 그것은 그야말로 만나기 힘든 절호의 기회였다. 내가 늑대 우리의 철제 난간 가까이로 걸어가고 있었던 그때는 마침 동물원 관리인이 늑대 우리 안으로 점심을 넣어주려던 참이었다. 관리인은 아무 표정도 없었지만 우리 안에 갇힌 세 마리 늑대는 그를 보자마자 안달이 나서 펄쩍펄쩍 뛰었고, 이내 미친 듯이 날뛰는 상태가 되었다. 관리인은 늑대들이 먹이 쟁탈전을 사납게 벌이지 않도록 고깃덩어리 세 개를 동시에 던져주었다. 그러자 늑대 세 마리가 동시에 솟구치며 뛰어올랐다. 그토록 갈망하던 먹이를 향해, 발사된 화살처럼. 그러고는 고깃덩어리를 씹지도 않고 단번에 꿀꺽 삼켰다. 고기가 뱃속으로 들어가기도 전에 놈들은 거의 동시에 고개를 쳐들더니 두 번째 고깃덩어리를 맞이했다. 그러고는 다시 미친 듯이 삼켰다. 이어서 다시 세 번째 고깃덩이, 네 번째 고깃덩이. 그렇게 겨우 10초 남짓한 시간에 놈들은 번개처럼 점심식사를 끝마쳤다. 그 관리인이 어떻게 자리를 떠났는지 내가 미처 쳐다볼 겨를도 없이 세 녀석은 마지막 고깃덩어리를 각자의 입에 물어다 부드러운 모래흙 속에 파묻었다. 그런 뒤 내가 상상한 것과 달리 놈들은 하늘을 올려다보고 긴 울음소리를 토했다. 그리고 이어서 또 한 번 괴상한 소리를 내질렀는데, 방금 내지른 울음소리와는 다른 소리였다. 그것은 짧고 절박한, 떨리면서도 목쉰 울음소리였다. 누구든 한번 그 소리를 듣는다면 영혼을 가진 생명체는 결코 내지 않을 소리라는 걸 알 것이다. 내가 그 마귀 같은 소리를 듣고 혼란에 빠져 있을 때, 내 옆에 서 있던 어떤 어르신이 부인에게 말했다. "늑대가 웃었어." 나는 그때야 비로소 깨달았다. 원래 늑대의 웃음소리가 이렇구나. 정신을 차리고 다시 한번 자세히 들으니 과연 웃음소리였다. 세 마리가 다 자신만만하게 이빨을 드러내고 있었고, 네 발로는 즐겁고 유쾌하게 땅바닥을 튕기고 있었다.

그것은 내가 들어봤던 생물계의 웃음소리 중에서 가장 천박한 웃음소리였다. 분명히 이빨 사이에서 나온 소리였지만, 마음을 거쳐서 나오는 것은 고사하고 목구멍조차도 거치지 않은 소리였다. 그러나 마음이 없는 생물이 이빨을 사용해서 웃는 것은 이해가 간다. 놈들은 아주 빠르고 사납게 다른 생물의 고기를 먹어치웠다. 그러자 전신에 포만감이 가득 들어

찼고, 이빨도 칼날처럼 날카롭다는 것을 입증했다. 즉 놈들은 웃을 이유가 있는 것이다. 하지만 그토록 의기양양하게 웃어젖히다니, 마음을 가진 인간으로서는 영원히 괴이하게만 느껴진다.

나는 스웨덴에 도착한 뒤에야 스트린드베리August Strindberg가 이전에 야수의 웃음소리를 발견한 적이 있음을 알게 되었다. 그가 쓴 「늑대의 울부짖음」이라는 시에는 늑대의 웃음소리는 없지만 여우의 웃음소리가 나온다. 이 시는 어느 새해 첫날의 한밤중에 일어난 화재로 그 도시의 하늘 위로 불꽃이 높이 솟아오르는 광경을 묘사하고 있다. 당시 스트린드베리가 거주하던 집 근처에 스칸센 자연박물관이 있었다. 그 안에 갇혀 있던 동물들은 타오르는 불빛을 보자 죄다 미친 듯이 기뻐서 날뛰었다. 평소 인류에 대한 원한을 울부짖음을 통해 발산하곤 하던 늑대들은 그날 밤 더욱더 사납게 울부짖었다. 작은곰들도 두 발로 서서 포효를 내질렀다. 그리고 바다표범들까지 덩달아 그 도시를 저주했다. 그런데 여우들은 미친 듯이 기뻐하면서 귀를 찌르는 날카로운 웃음소리를 냈다. 스트린드베리는 이 시를 통해 야수들은 줄곧 자유를 얻기 위해 온 세상에 거대한 화재가 일어나기를 바라고 있었고, 그래서 타오르던 그 불길이 내뿜는 빛을 보고서는 광란의 울음과 웃음을 참을 수 없었던 것이라고 설명하고 있다. 그렇지만 스트린드베리는 전쟁과 재난을 일으켜서 자유를 획득하는 것은 정당하지 않다고 생각했다.

이 시를 읽고, 나는 몇 가지 생각을 얻게 되었다. 우선, 야수도 분명히 웃을 수 있다는 것이다. 스트린드베리가 여우의 웃음소리를 들었다는 것은 근거가 있는 것이다. 다음으로 생각한 것은, 내가 들은 늑대의 웃음소리가 스트린드베리가 들은 여우의 웃음소리에 비해 천박하다는 것이다. 그가 들은 여우 웃음소리는 비록 이기적 웃음이었지만 자유에 대한 기대에서 나온 것이었다. 그러나 내가 들은 늑대 웃음소리는 오직 다른 생명을 꿀꺽 먹어치우고 난 뒤 느끼는 큰 쾌락이었다. 동물세계의 어두움도 의외로 그런 차이가 있다.

자신을 먹는 늑대

　나는 쇼펜하우어가 말한 "인간은 자신을 먹는 늑대"라는 말을 자주 생각하곤 한다. 인간을 늑대에 비유한 것만도 벌써 정도가 심한데 자신을 먹는 늑대에 비유하다니, 이것은 더욱 무자비하다.

　그러나 계급투쟁의 모진 풍상을 겪은 뒤 나는 쇼펜하우어의 이 비유가 외려 아주 적절하다고 느꼈다. 과거의 정치운동을 생각해보면 인류를 박해하는 가장 사납고 잔인한 것은 다름 아닌 인류 자신이라는 것을 알게 된다. 그리고 지식인을 박해하는 가장 사납고 잔인한 것도 언제나 지식인이다. 누군가를 박해하는 박해자의 모습은 완전히 늑대와 같다고 말할 수 있다. 다만 거친 들판에 사는 늑대가 사용하는 것은 야성의 이빨이지만, 인류가 사용하는 것은 현대문명이 만들어낸 지성智性의 이빨이다. 예컨대 쇠사슬, 총탄, 날카로운 칼과 같은 것들이 그것이다. 또 한 가지, 황야의 늑대가 결코 따라올 수 없는 것이 있다. 인류는 문자를 사용해서 인류를 죽일 수 있지만, 늑대는 글자를 전혀 모르는 절대적 문맹이라는 것이다. 그리고 야만과 문명의 차이는 또 있다. 사람은 문명의 껍질로 포장하고 개념을 사용해서 사람을 죽인다. 이 점은 대자연의 늑대세계에 대하여 자긍심을 부르는 것이다.

그러나 쇼펜하우어가 말한 '자신을 먹는 늑대'란 '사람이 사람을 먹는人食人 것', 곧 인류가 서로를 잡아먹는 현상을 가리키는 것이 아니다. 사람들이 저마다 자기 자신을 먹는다는 의미일 것이다. 자신을 잡아먹는다는 것도 그 사납고 잔인하기가 굶주린 늑대와 같다. 그러나 인류가 자신을 먹는 것이 사납고 잔인하다고는 해도, 늑대에 비하면 어느 정도는 문명적이다. 인간은 늑대처럼 자신의 살점을 먹는 것이 아니라 자신의 영혼을 먹는다. 구체적으로 말해 자신의 정신과 인격 그리고 존엄성 같은 것을 먹는다. 그러므로 자신을 먹는 형식과 내용은 자연계의 늑대에 비해 훨씬 더 풍부하다. 자연계의 늑대는 대체로 '자신을 짓밟기' '자신을 노예로 만들기' '자아비판'과 같은 말들이 무엇을 뜻하는지 알지 못한다. 이 또한 인간이 자연계의 늑대에 대해 자랑스러워할 만한 점이다.

이 점에 관해 나는 『전통과 중국인傳統與中國人』에서 여러 번 말한 바 있다. 5·4운동 당시 문화혁신의 주체들이 '사람을 잡아먹는' 중국의 암흑 같은 현실을 발견했을 때 거기에는 세 가지 뜻이 포함되어 있었다. 첫째는 '내가 다른 사람에게 먹힌다.' 둘째는 '나도 다른 사람을 먹는다.' 셋째는 '자신이 자신을 먹는다.' 곧 스스로를 먹는다. 루쉰의 『광인일기』는 앞의 두 층위를 드러내고, 『아Q정전』은 세 번째 층위를 드러낸다. 아Q는 스스로 죄를 만들고, 스스로를 짓밟고, 스스로를 먹는 데 매우 숙달된 인물이다. 자신에게 인간의 생각에 속하는 어떤 맹아가 조금이라도 자라나면 그는 재빨리 스스로 그것을 박멸해버린다. 예를 들어 아Q는 누군가에게 두들겨 맞았는데, 본디 그렇게 되면 반항을 해서 인간의 존엄성을 지켜야 마땅하지만, 그는 거꾸로 자신의 반항심을 박멸해버린다. 뭐라고 했던가? "아들이 아버지를 때리는 것"이라고 했던가. 루쉰의 산문집 『야생초』 가운데 「묘비명墓碣文」에 나오는 "심장을 도려내 자신이 먹는抉心自食" 것이 바로 아Q가 하는 일이다. "심장을 도려내 자신이 먹는" 그런 변태적 행위에 내가 특히 주목한 이유는, 정치운동 과정에서 수많은 혁명가와 지식인이 꼭 그렇게 행동하는 것을 보았기 때문이다. 아픈 것도 두려워하지 않고, 추한 것도 두려워하지 않는 그 사납고 잔인한 꼴은 완전히 늑대와 닮은꼴이었다.

중국을 떠나온 뒤로 나는 늘 사람들이 스스로를 먹은 과거의 비극을 생각하곤 했다. 그들은 자신의 심장을 도려내 스스로 먹을 때 고통을 느꼈으면서도 언제나 비장함을 과시했고, 그것이 완전히 강요받은 것이며 기만당한 것이었다고 말할 수 없었다. 이상한 일이다. 왜 그랬을까? 생각해보니 그 이유를 알 수 있었다. 그 당시 자신을 먹는 것은 실상 그리 고통스러운 일이 아니었다. 그들은 진작부터 그들 자신이 아니었다. 말하자면 일찌감치 자기 존재보다 더 높은 차원의 유적類的 본질을 획득하고 있었다. 예컨대 자신들은 집단적 당파에 속한 일원이라는 것이다. 그런 뒤에 그들은 자신들이 소속된 당파의 보편적 본질을 사용하여 자신을 잡아먹었고, 이 때문에 먹을 때도 아주 자연스럽게 먹었다. 그러는 이유도 충분했고, 그 근거도 매우 신성한 것이었다.

이것은 또 나에게 인류 속에 있는 늑대의 무리를 생각하게 한다. 그들이 인류를 먹을 때는 직접 사람을 잡아먹는 것이 아니다. 그들이 속한 보편적 본질이 사람을 잡아먹는다. 그래서 그들은 언제나 득의양양하며 자신이 범죄를 저지른다고 느끼지 않는다. 오히려 그 반대로 자신들은 '유類'

와 집단을 위해 이바지한다고 느낀다. 바로 그렇기 때문에 '자신을 먹는'
비극은 끝나기 어렵다.

'변질'된 사자

40년 전에 나는 처음으로 영화 스크린에서 철창에 갇힌 사자를 보았다. 보자마자 그 웅장한 자태에 빨려들었지만 이내 불쌍하다는 생각이 들었다. 그놈은 감금당한 궁지였고 자유를 잃어버린 제왕이었으며 정말 불행해 보였다.

당시에는 우리 외할아버지가 아직 생존해 계셨다. 부지런히 배우며 사색을 많이 하셨고, 또 동남아 각국을 두루 돌아다니셨기에 식견이 아주 넓은 분이었다. 외할아버지는 내가 사자를 위해 불공평을 호소하는 것을 들으시고는 반대 의견을 말씀하셨다. "불공평할 거 없다. 자유로운 심태를 가진 동물은 철창에 갇혀서야 비로소 불편을 느낀다. 자유로운 심태를 갖고 있지 않다면 우리에 갇혀 배불리 먹고 마시면서 도리어 지내기가 아주 행복하다고 느낄 거다." 외할아버지가 하신 말씀은 근거가 있는 것이었다. 할아버지는 인도네시아에서 교민으로 거주할 당시에 동물원의

鄒蘇 선생과 친분을 맺은 적이 있었다. 쑤 선생은 아프리카에서 흰 사자 두 마리를 사 들여와 녀석들을 위해 30제곱미터의 사자우리를 만들어주었다. 그 우리의 사방에는 높은 철창을 둘렀고, 한가운데에는 큰 돌덩이와 연못을 두었다. 처음에는 두 마리 사자가 감금당한 분노를 억제하지 못하고 며칠 밤낮으로 미친 듯이 날뛰고 포효하며 머리로 철제 난간을 들이받았다. 그 가운데 흉포한 수컷은 자신의 갈기를 물어뜯어서 발에 핏방울이 뚝뚝 떨어질 정도였다. 자살의 방식으로 인류에게 저항했던 것이다. 그러나 쑤 선생은 사자의 분노를 가라앉힐 수 있었다. 그는 사자가 하고 싶은 대로 포효하다가 기진맥진해지도록 그냥 두었다. 이윽고 사자가 허기지고 목이 마르게 되었을 때 가장 신선한 돼지고기, 쇠고기, 사슴고기, 닭고기와 토끼고기까지 던져주었다. 사자는 유혹을 그냥 지나치지 못하고 느릿느릿 첫 번째로 닭을 삼킨 뒤에는 바닥에 즐비한 고깃덩어리들을 점차 탐욕스럽게 먹어치웠다. 아주 깔끔하게 말이다. 2년 뒤 쑤 선생이 외할아버지를 데리고 동물원 구경을 시켜주었는데, 그 사자 두 마리는 살이 찌며 몸집이 커지고 전체적으로 부한 모습이었다. 한 마리는 흡족하게 꼬리를 흔드는 것이 커다란 암캐 같았다. 다른 한 마리는 바위 곁에 누워 코를 골며 자고 있었다. 주인은 친구의 흥을 돋우어주려고 특별히 우리 안에 토끼 두 마리를 던져넣었다. 놀란 토끼들은 허둥지둥 사방으로 뛰어 달아났지만 사자 두 마리는 거들떠보지도 않았다. 누워 있던 놈은 졸음이 가득한 눈을 한 번 껌뻑였고 서 있던 놈은 긴 하품을 한 차례 했다. 쑤 선생은 참견하기를 좋아하는 사람이고 시험해보는 것을 즐겼다. 어느 날 그는 사자를 철제 상자 안에 집어넣은 다음 한밤중에 광야로 가져가서 상자의 문을 열어두었다. 거기에는 우거진 숲과 초원과 졸졸 흐르는 시냇물이 있었다. 그는 사자들이 그들의 원시적 고향으로 돌아갔

다가 다시 상자 안으로 돌아오기를 바랐다. 다음 날 새벽, 그는 사자 두 마리가 모두 원래 자리에 그대로 있는 것을 발견했다. 놈들은 다만 서로 끌어안은 채 깊은 잠에 빠져 있었고 게다가 시끄럽게 코까지 골았다. 그 소리는 마치 천둥소리 같았다. 쑤 선생은 즉시 이렇게 단정지었다. 사자들은 철제 상자를 떠나고 싶은 생각이 전혀 없으며 놈들은 야성이 충만한 자유의 고향으로 돌아가는 것을 진즉에 잊어버렸다고.

사자들은 다시 옮겨져 사방이 철창으로 둘러쳐진 사자우리 안으로 돌아왔고, 먹을 것과 마실 것이 있는 편안한 나날을 보내고 있었다. 들판의 별빛과 거대한 삼림은 확실히 실내의 온유한 고향만 못하다. 사자의 생각과 사람의 생각은 서로 아주 잘 통한다. 인간과 사자를 깊이 알고 있는 쑤 선생은 우리 외할아버지에게 이렇게 말했다. "철제 상자 안의 생활이 습관이 되면 괜찮지. 영웅도 마찬가지야."

외할아버지가 직접 당신 눈으로 목격한 그 예증은 내 말문을 막히게 했다. 그날 이후로 나는 철창 안의 변질된 사자에게 더 이상 동정심을 갖지 않는다.

소의 꿈

선충원沈從文의 소설 『소牛』는 소가 꾸는 꿈을 그린 작품으로, 언제나 나에게는 인간의 꿈을 연상시킨다.

『소』에 등장하는 그 소는 근면하고 충성스럽다. 녀석은 주인에게 얻어맞고 다쳐도 조금도 원망하거나 화내지 않고 주인을 사랑한다. 게다가 소가 도달할 수 있는 '가장 영광스러운 꿈'을 꾼다. 꿈에 주인은 새 옷을 입었고, 쇠뿔에는 화려한 붉은색 천을 휘감은 채로 쾌활하게 산채 안을 왔다 갔다 한다.

나는 동물의 심리를 연구하는 학자가 아닌지라 소가 실제로 꿈을 꾸는지 안 꾸는지 잘 모른다. 그렇지만 만약 꿈을 꿀 수 있다면 소는 어떤 꿈을 꿔야 하는 것일까? 소와 기타 동물의 잠재의식의 층위를 알아낼 수 있다면 그것은 대단히 흥미로운 일이 될 것이다.

그러나 소가 정말 꿈을 꾸고 '이상'을 지닌다면 아마 선충원이 추측한 형태일 것이다. 곧 주인은 새 옷을 입고 있고, 자신의 뿔에는 붉은 천이 묶여 있는 것과 같이 단순하고 실제적인 꿈일 것이다. 내가 소의 심리를 연구해보지도 않고 감히 선충원이 추측한 꿈을 실제적 꿈이라고 단언하는 이유는, 나 또한 '소의 꿈'을 체험한 적이 있기 때문이다.

나는 동년배 여러 명과 함께 '인민의 황소'가 되기로 결심했었다. 1960~1970년대 대륙에서 발간된 신문을 조사해보면 '기꺼이 황소가 되겠다'는 선언문이 수없이 실린 것을 발견할 수 있을 것이다. 자연스레 나도 맹세를 했을 뿐 아니라 그것을 재빨리 나 자신의 정신적 목표로 바꿨다. 일단 '소가 되기'를 내 삶의 목표로 삼자 심리 상태에 변화가 생겼고, 꿈의 내용도 따라서 변화가 일어났다. 이미 유년 시절과 소년 시절에 여러 동화와 소설을 읽은 바 있었고, 더욱이 늘 선생님이 금발머리 공주와 백마 탄 왕자에 관한 이야기뿐 아니라 미래의 천당에 관한 이야기를 들려주었던 터라, 꿈속은 언제나 천당으로 이어지고, 금발과 백마로 이어지고, 창공의 별과 달로 이어졌다. 그러나 소가 되기로 결심한 때에 이르러서는 심리 상태가 크게 달라졌다. 꿈을 꿔도 소년 시절과 많이 달랐다. 당시의 꿈은 언제나 실제와 밀접한 연관을 맺었는데, 예를 들면 자신이 '노동의 모범'이나 '학습의 모범' 또는 '잘 배워서 잘 사용하는 모범'이 된 꿈을 꾸었을 뿐이다. 그리고 지도자는 새 옷을 입었고 나는 가슴에 붉은 꽃을 달고 있었다. 나는 기뻐서 언제나 내 방 안을 왔다 갔다 했다. 아주 단순하고 실제적인 꿈이었다. 그때는 모범이 되어도 상금은 없었고 붉은 꽃과 붉은 천과 상장賞狀만이 있었다. 비록 상금은 없었지만 한바탕 즐거운 분위기가 있었다. 자신이 꿨던 꿈을 회상해보면 선충원이 쓴 '소의 꿈'은 상당히 '진실'하며 상당히 '친근'하다고까지 말할 수 있다.

만일에 소의 꿈을 지나치게 눈부시고 아름답게 묘사한다면 실제에서 진리를 구하는 태도實事求是가 아닐 것이다. 예를 들어 소가 승용차를 타는 꿈을 꿨다거나 작은 양옥집에 사는 꿈을 꿨다고 묘사한다면, 혹은 소가 준마駿馬 또는 참매蒼鷹로 변신하는 꿈을 꿨다고 묘사한다면, 또는 자신을 사유思惟하고 언어로 표현하는 꿈을 꿨다고 묘사한다면, 심지어 꿈에 감히 주인의 매질과 욕설에 반항을 했다거나 주인의 아내에게 성질을 부렸다거나 하는 식으로 묘사한다면 그것은 매우 실제적이지 못할 것이다. 왜냐하면 내가 '대중에게 봉사하는 소'가 되었을 때 나는 감히 그렇게 본분을 넘어서는 생각을 한 적이 없었기 때문이다. 설마 소에게 용기가 있고, 배짱이 있고, 거기까지 생각하는 것이 가능하겠는가?

나는 선충원의 작품을 아주 좋아하지만 오늘 이 평론은 독창성이 없는, 완전히 경험주의적인 것이 되었다.

광대한 칠흑의 밤, 황야의 늑대

1970년대 초, 내가 아직 허난河南 성 5·7 간부학교[51]에 있었을 때 헤이
룽장黑龍江 성으로 출장을 다녀올 기회를 얻게 되었다. 친구 몇 명이 나에
게 그곳에 가는 김에 베이다황北大荒[52]의 농장에 있는 자녀들을 방문해달
라고 부탁했다. 그들의 자녀들은 베이징에서 중학교를 졸업한 뒤 드넓은
황야로 이주하여 가정을 꾸리고 정착했다. 나는 사명을 다하기 위해 정

---

51   문화대혁명이 시작된 1966년 5월 7일 마오쩌둥이 전국 각 분야에서 정치·군사 문화를 배우
고, 농업과 부업 생산 및 필수품 생산을 위한 소규모 공장을 꾸리면서 자산계급을 비판하라고 지
시함에 따라 당정 기관, 간부, 과학기술자, 대학교수들이 대거 농촌에 내려가 생산노동에 참가하면
서 생활하던 장소를 통틀어 말한다.

52   원래 헤이룽장 성 넌장嫩江 유역, 구디穀地, 싼장三江 평원 등을 포함하는 광대한 황무지를
가리키는 말이었지만 1958년부터 연간 수만 명에 이르는 인민해방군, 청년, 지식인, 공산당 간부
들이 참여해 대규모 개간사업을 벌인 결과 현재는 유명한 곡창지대로 바뀌었다. 그때나 지금이나
중국 언론과 공식 문서는 자발적 참여였다고 하나 류짜이푸를 포함한 여러 작가는 '대약진' '반우
파투쟁' '문화대혁명' 와중에 다양한 이유로 베이다황에 끌려가 강제노동에 동원된 사례를 글로
발표했다.

말 그 명성이 자자한 베이다황에 갔고, 거기서 며칠 밤을 묵었다. 그곳은 그야말로 끝없이 넓고 넓은 들판이었다. 나는 그곳에서 두 가지 색깔만을 보았다. 낮에는 흰색뿐이었다. 아득히 멀고 넓은 지역에 걸쳐 내리는 대설이 모든 것을 뒤덮고 있었다. 밤에는 검은색뿐이었다. 아득히 멀고 넓은 지역에 걸친 광대한 암흑이 모든 것을 덮어씌우고 있었다. 한 점의 등불도 볼 수 없었다. 다행히 내 동행들이 모두 손전등을 가지고 있었고, 그것이 유일한 광명의 원천이었다. 실상 광명의 원천이었을 뿐 아니라 우리를 진정시키는 근원이었다. 그것이 없었다면 우리는 틀림없이 광대한 암흑의 공포에 질려 도망쳐버렸을 것이다.

광대한 암흑 속의 세계는 극도로 적막했다. 그나마 들을 수 있는 내 호흡과 동행의 호흡이 아니었다면, 또 손전등을 갖고 있지 않았다면 나는 그야말로 세계는 이미 죽었다고 믿었을 것이다. 고요함은 본래 잠에 좋은 환경이지만, 지나친 고요는 도리어 말로 표현할 수 없는 무거운 압박이었고, 그것은 아무리 애를 써도 잠들 수 없게 했다. 그때 나는 오히려 진심으로 마오쩌둥 주석의 어록이 필요했다. 그리하여 얼른 부적과 주문을 외우듯이 '결심을 정하고 희생을 두려워하지 않는다 下定決心, 不怕犧牲'라는 구절을 외웠다. 그 어떠한 공포도 죽음을 두려워하는 것이다. 곧 '희생을 두려워하는' 것이다. 따라서 희생이 두렵지 않다는 선언을 거듭 중얼거리면 도움이 될 것이다. 광대한 암흑에 대처하려면 정신의 원자탄이 필요하단 말이다. 그러나 어찌된 영문인지 그 며칠 밤은 정신의 원자탄도 효과가 없었다. 그때 나는 비로소 내가 칠흑 같은 어둠을 지극히 두려워하는 인간이며 암흑 속에서는 기력을 상실하는 인간임을 알게 되었다. 또 정신의 원자탄으로도 구제할 수 없는 인간임을 알게 되었다. 완전히 구제불능이었다.

나는 광막한 고요 속에서 어떤 소리를 들었는데, 암흑과 적막을 가르는 처절한 소리였다. 내 동료는 즉시 민감해져서 그것이 늑대의 울부짖음이라는 것을 알아챘다. 자세히 들어보니 그 처절한 울부짖음은 점점 더 가까워지고 있었다. 무리지어 울부짖는 소리였다. 나는 그때까지 그렇게 떼로 울부짖는 큰 비명을 들어본 적이 없었기에 순식간에 긴장해서 동료의 손을 꼭 쥐었다. 조금 진정되고 나서야 알게 된 것이지만, 그 소리는 단조로운 성조가 아니라 하늘을 우러러보며 길게 우는 소리도 있었고, 고개를 숙이고 낮게 신음하는 소리도 있었다. 또 분노한 소리, 처량한 소리, 거만한 소리, 발광하는 소리 같은 여러 소리가 한데 뒤섞여 있었다. 요컨대 그것은 예사롭지 않은 활기를 띤 생명의 군집이었다. 더욱이 나는 우리가 머물렀던 그 며칠 중 가장 캄캄했던 밤중, 곧 실낱같은 여명 한 줄기조차 없는, 칠흑 같고 먹물 같은 그런 캄캄하기 이를 데 없는 한밤중에 늑대 무리의 활기는 극에 달한다는 것을 알게 되었다. 놈들은 마치 즐겁고 성대한 명절을 쇠듯이 서로 뒤쫓고 소리쳐 부르고 광대한 암흑을 내달리며 칠흑 속의 자유와 쾌락을 마음껏 누리고 있었다. 놈들이 울부짖는 소리는 들리는 소리마다 극도로 흥분한 것이었다. 그때서야 내가 의식하게 된 것이 있었다. 황야가 늑대의 고향이라면 광대한 암흑은 늑대들이 생명을 펼치는 낙원의 극점이라는 것이다. 오직 광대한 암흑 속에서만 녀석들은 전신에 힘이 넘치고 울부짖음이 충만해지며, 비로소 대지가 자신들에게 속한 것이라고 느낄 수 있다.

그때 나는 헤르만 헤세의 『황야의 늑대』를 떠올렸고, 그 유명한 말이 생각났다. "늑대의 몸속에도 심연이 있다. 정말이다. 늑대 몸속에는 확실히 스스로 헤아리기 어려운 심연이 있다. 그 심연이 필요로 하는 것은 농밀하게 가라앉은 철저한 암흑뿐이다. 나는, 늑대 몸속의 세계는 절대적으로 광명을 적대시하는, 그런 특수한 세계라고 생각한다."

세계는 정말 많은 빛깔로 이루어져 있지만, 의외로 어떤 생물 종은 암흑 속에서만 활기를 띤다. 사람들이 광대한 암흑의 공포에 처해 있는 그 시각, 늑대들은 도리어 밖으로 뛰쳐나와 광대한 암흑을 감상하고, 그 속에서 소리도 숨결도 없는 고요를 맛본다. 그리고 아무런 기척도 없는 가운데 드넓은 황야를 독점한다.

늑대의 심연에도 의식이 있는지 어떤지 나는 알지 못한다. 만약 있다면 놈들은 틀림없이 이렇게 말할 것이다. 캄캄한 어둠 속에 묻힌 광활한 황야만이 눈부신 낙원이다. 너희, 광명을 선동하고 암흑을 공격하는 생물은 모두 이 행성에서 우리에게 먹이를 나눠주는 이단일 뿐이다.

얼굴을 찔러 먹칠하는 형벌

　나는 고대의 형벌들 중에 '검자黥刺'나 '검의黥劓' 같은 방법을 특히 혐오한다. 그것은 얼굴을 훼손하는 것에 해당된다. '검黥'은 얼굴에 글자를 새기고 먹칠하는 것이다. '의劓'는 코를 베는 것이다. 이런 형벌에 비하면 목을 베는 것이 더 '인도人道'적이라고 생각한다. 머리는 일단 잘리고 나면 아무것도 모르지만 얼굴이 찔리고 코가 베이면, 그렇게 안면이 훼손된 뒤에도 살면서 계속해서 고통을 겪어야 한다. 중국인은 확실히 총명하지만, 총명함이 잔인함 위에 더해져 사람을 괴롭히고 죽이는 수단을 만들어냈다. 끔찍할 뿐이다. 명나라 황제 주원장朱元璋은 폭군으로 유명하지만 그에게도 불인지심不忍之心은 남아 있었기에 얼굴에 글자를 새기고 먹칠하는 형벌을 그는 좋아하지 않았다. 심덕부沈德符는 『야획편보유野獲編補遺·병부兵部·자군刺軍』에서 "우리 조정은 얼굴을 찔러 검게 물들이는 것刺涅을 더없이 무거운 형벌로 취급했다. 태조太祖 재위 기간에 이를 금지하고 허락하지 않았는데 뒤를 이은 황제가 남용했으니 지극히 가소로운 점이 있게 되었다"고 했다. 여기서 심덕부가 비판한 것은 주원장 이후의 황제였다.

고대 중국과 비교하면 당대 중국에서의 검형黔刑은 문명적으로 바뀌었다. 내가 중국 대륙에 살던 기간에는 코를 베는 행위를 본 적이 없다. 그러나 사람 얼굴에 먹칠을 해 인격에 먹칠하는 것은 여러 번 보았다. 1966년 문화대혁명이 시작된 뒤 전국에서 '먹칠하는 술수抹黑術'가 크게 유행했다. 그 '술수'는 유언비어를 지어내고 과거사를 날조하여 사람을 사회적으로 매장하는 것(소위 '비도비취批倒批臭: 비판을 가해 거꾸러뜨리고 체면을 손상시키는 것')이다. 누군가를 '간첩 용의자' 또는 '반혁명분자'라고 적발하면, 비록 혐의일 뿐이지만 그 개념 하나가 그를 씻을 수 없는 '시커먼 놈'으로 변질시켜 시커멓고 커다란 솥을 등에 짊어지게 했다. 8~10년이 지난 뒤 권력자가 조사를 해본 결과 사실무근이었다고 발표해서 명예회복을 해주더라도 누명썼던 사람의 생명은 거의 상실된 뒤이고 먹칠한 쪽의 의도는 달성된 뒤다. 이런 먹칠하는 술수는 얼굴을 찔러 먹칠하는 것이 아니라 마음을 찔러 먹칠하는 것으로, 커다란 효과를 거두었으며 수많은 지식인에게 이유 없이 치욕을 안겼다. 나는 전에 친구에게 목이 잘리는 것은 두렵지 않지만 먹칠을 당하는 것은 두렵다고 말한 적이 있다. 문화대혁명은 사람을 못살게 하는 방법을 많이도 발명했으며 더욱이 이렇게 인격을 찌르고 먹칠하는 술수는 아주 흔히 사용된 수법이었다.

마음을 찌르고 먹칠하는 술수는 공포심을 유발하지만 육안으로는 보이지 않기 때문에 거기에 만족하지 않는 혁명 분자들이 있었다. 그래서 그들은 마음을 찔러 먹칠하는 형벌과 얼굴에 먹칠하는 형벌을 함께 시행했다. 얼굴에 먹칠한 여러 사건을 나는 지금도 기억한다. 말을 하려고만 해도 벌써 심리적, 생리적인 이중의 전율을 느낀다.

1966년 라오서老舍가 자살하기에 앞서 비판·투쟁批鬪을 당했다. 그는 머리칼 절반을 빡빡 깎였을 뿐만 아니라 그 위에 먹물까지 끼얹어져 머리통이 온통 새까맣게 변했다. 사람들은 항상 이 지점을 간과하는데, 먹물은 본디 라오서가 인생을 묘사하고 희망을 표현하는 데 사용한 것이다. 허나 당시에는 정반대로 그에게 먹칠을 해서 머리와 얼굴을 흉측하게 만드는 무기로 바뀐 것이다. 그렇게 한 뒤에 조반파造反派들은 다시 그와 샤오쥔蕭軍, 뤄빈지駱賓基 등의 작가들을 함께 불타는 장작더미 옆에 꿇어앉히고 '혁명의 불' 단련을 받으라고 강요했다. 게다가 구리로 가장자리를 장식한 혁대와 공구를 가지고 그들을 후려쳤다. 그 결과 라오서의 머리와 얼굴은 온통 시커먼 먹물과 붉은 피로 물들었다. 그 후 20여 년이 흐르는 동안 라오서의 작품을 읽고 그의 연극을 볼 때마다 나는 항상 찔리고 먹칠당한 그의 마음과, 먹물을 뒤집어썼던 그의 얼굴이 떠올라서 책을 읽을 때마다 집중이 잘 안 된다.

그리고 얼굴에 먹칠당한 사건을 또 한 가지 기억하는데, 그것은 나로 하여금 언제나 탄식하게 한다. 1967년 초, 당시 동해 함대 사령부 고급지휘관이던 타오융陶勇이 난데없이 사령부 초대소[53] 화단의 작은 우물 안에서 시체로 발견되었다. 우물은 너비가 1미터도 안 되고, 깊이는 1미터 남짓이었다. 혹자는 그가 지은 죄가 무서워서 스스로 목숨을 끊은 것이라고 말했고, 혹자는 다른 누군가가 계획적으로 살해한 것이라고 했다. 물론 나는 그가 어떻게 죽었는지 확실히 알지 못하지만, 그의 시신에 남겨진 끔찍한 모습은 아무리 애를 써도 잊을 수가 없다. 시신의 옷은 몽땅

---

53 중국의 각급 공립, 사립 단위에서 구성원들의 출장 업무를 지원하기 위해 운영하는 숙박시설을 말한다.

얼굴을 찔러 먹칠하는 형벌

벗겨져 있었고, 얼굴에는 검은색으로 ×표가 그어지고 먹물이 끼얹어져 있었으며, 게다가 머리에는 고깔모자가 씌워져 있었다. 그의 시체는 사진으로 촬영되어 베이징 해군대원海軍大院 건물 안팎에 공고되었고, 수많은 사람이 지켜보았다. 나는 타오융 장군과 아무런 연고도 없지만 그는 중국의 아들이요 인류의 아들이다. 그의 몸에 그런 모욕이 가해진 것을 나는 견디기 어렵다. 타오융 장군의 그 비참한 사건은 라오서의 사건만큼 널리 알려지지는 않았지만 나는 그 무서운 장면만은 잘 알고 있다. 또한 그의 얼굴에 그어진 검은 ×표와 먹물 자국을 늘 내 기억에서 지울 수 없다.

미국에 와서 8, 9년을 지내는 동안 미국의 많은 살해사건을 보고 들으며 그 흉포함에 놀라기도 하지만, 미국인들이 얼굴을 찔러 먹칠하는 짓을 했다는 말은 들어본 적이 없다. 텔레비전 화면에 비친 시체의 머리에 검은 ×표가 그어진 것도 본 일이 없다. 그것은 내게, 얼굴을 찌르는 것부터 먹칠하는 것까지 죄다 중국 문화의 한 특색인지도 모른다는 생각을 갖게 했다. 얼굴을 찌르고 글자를 새기거나 먹칠하는 행위는 이른바 '잘 드는 칼로 어지럽게 뒤엉킨 삼줄을 끊는快刀斬亂麻' 방법과는 다르다. 그것은 사람을 못살게 하고, 추악한 인물로 바꿔놓고, 인격을 짓밟고, 원한을 배설하는 행위다. 생각이 깊은 민족이 아니었다면 생각이 거기까지 미치지 못했을 것이다. 거기란, 이미 사람의 육신을 심각하게 손상시키고는, 게다가 사람의 정신과 존엄성까지 철저히 파괴할 수 있음을 말한다.

호랑이로 변한 사람들

바진은 『수상록』에서 어떤 문제 하나를 제기했다. 문화대혁명 기간에 중국인들은 왜 갑자기 일부는 소와 말로 변했고 일부는 호랑이와 늑대로 변했는가 하는 것이었다. 그는, 우리 같은 사람들이 외양간으로 끌려가 마소가 된 것은 쉽사리 납득할 수 있지만, 어째서 그렇게 많은 사람이 갑자기 순식간에 호랑이와 늑대로 변했나 하는 점은 생각해도 납득이 잘 안 된다고 했다. 그것은 반드시 납득되어야 하고 명확하게 이해되어야 한다.

이 문제를 나는 벌써 여러 해 생각해왔고 지금도 생각하고 있다. 나는 내 사유 습관에 따라 문제를 단순화했다. 그래서 이런 물음으로 바꿨다. 왜 인간을 혁명화革命化하는 교육이 인간의 동물화動物化로 귀결된 것일까? 이 '동물화'에는 네 가지 변화가 포함된다. 소로 변화하는 것, 말로 변화하는 것, 호랑이로 변화하는 것, 늑대로 변화하는 것. 이 단순화를 통해 나는 문제와 현상을 기억해두었고, 중국인들 가운데 일부는 소로 변했거나 말로 변했다는 것과, 나머지 일부는 호랑이로 변했거나 늑대로 변했다는 것을 기억해두었다.

내게는 그 외에도, 늘 생각해도 명확하지 않은 문제가 또 하나 있다. 많은 사람이 늑대와 호랑이로 변했지만 반대로 호랑이의 기상을 가진 이는 매우 드물다. 시중에서는 일찍부터 호골주虎骨酒가 부족하게 되었지만 사회에도 호랑이의 패기가 부족하다. 사람들은 갈수록 비열해지고 갈수록 이기적이며 갈수록 탐욕스러워진다. 이것을 생각하면 머릿속이 땡땡하게 부어오르는 느낌이 든다. 시대·환경·제도·종족 같은 여러 원인이 한꺼번에 떼를 지어 몰려들어 아주 두꺼운 책을 참고해야만 겨우 답안을 완성할 수 있을 것 같다. 그러나 체계적인 사색은 제쳐두고, 당시의 발광發狂하던 나날을 회상해보면 오히려 간단해진다.

『성경聖經』의 해석에 근거하지 않고 다윈의 해석에 근거하자면, 인간이 동물계에서 벗어난 시간은 결코 길지 않다. 그래서 인류에게는 생존을 갈구하는 동물적 욕망이 여전히 강렬하게 남아 있다. 한편 인간으로서 갖는 인간성은 매우 취약하다. 동물이 인류와 다른 점은, 동물은 살려는 욕망만 있고 죽음에 대한 의식이 없다. 그들은 죽음의 필연성을 의식하지 못하기에 삶의 의미도 파악할 수 없다. 그래서 생존이 곧 전부다. 그러다가 어느 날 갑자기 굶주리게 되어 먹이는 물론이고 생존까지 위태로워지면 그들은 자신의 이빨을 내밀어 인정사정없는 살육을 벌인다. 자신의 동족을 잡아먹고 심지어 자손을 잡아먹는 것까지 포함해서 말이다. 나는 텔레비전의 「디스커버리Discovery」라는 다큐멘터리 프로그램에서 사자, 악어, 매, 오랑우탄이 굶주렸을 때 동족과 자식을 잡아먹는 영상을 보았다. 터럭이 쭈뼛 서고 등골이 오싹해졌다. 인간도 생존할 수 없는 지경이 되면 짐승들과 마찬가지로 무슨 일이든 할 수 있는 존재다. 문화대혁명은 바로 그처럼 사람이 살아남을 수 없던 시기였다. 역사가 너 죽고 나 살자는 식의 투쟁의 장으로 변했을 때 사람들은 살아남기 위해서 늑대와 호랑이의 본성을 있는 대로 모두 표출했으며, 자신의 구차한 생존을 위해 동족을 팔아넘기고, 공격하고, 목매달아 살해했다. 강렬한 배고픔과 공포감, 그리고 살아남으려는 욕망은 인간성을 남김없이 박탈했다. 이것이 1960~1970년대 고국에서 일어난 혁명이라는 거대한 교육과정이 내게 알려준 것이다.

인간은 동물계에서 벗어난 시간이 길지 않으므로 인성은 아직도 매우 취약한 것이다. 파벨 코르차긴Pavel Korchagin[54]처럼 인성을 강철로 단련해 낼 수 있는 사람은 극소수이며 절대다수의 인성은 강철과 상반된다. 인성은 취약한 것이기에 날마다 달마다 해마다 계급투쟁을 말하고 혁명을 논하는 것을 이겨내지 못한다. 날마다 달마다 폭력을 말하고 투쟁을 말하는 것을 들으면 사람은 정말로 성정이 변한다. 바진이 이해할 수 없어서 번민한, 사람이 호랑으로 변한 그 일은 인성의 취약함과 절대적 관련이 있다.

여기까지 말하다보니 원매袁枚의 『소창산방 편지글小倉山房尺牘』에 들어 있는 「어떤 학사에게 답함答某學士」이라는 글이 생각난다. 그는 이렇게 말한다.

호랑이굴에 들어가 호랑이 새끼를 얻었노라고 스스로 자랑하지만 호랑

---

54   니콜라이 오스트롭스키Nikolai Ostrovskii(1904~1936)가 1932~1934년에 쓴 사회주의적 사실주의의 대표적 장편소설 『강철은 어떻게 단련되었는가?』의 주인공 이름이다.

이굴에 오래 머무는 동안 이미 소牛가 슬퍼할 지경으로 변했는데도 스스로 알지 못한다.

원매가 말한 것 역시 인성의 취약함이다. 즉 사람은 호랑이의 굴속에 들어갔기 때문에 호랑이 새끼를 얻을 수 있었다고 생각하지만 오히려 호랑이 굴속에서 오랜 시간 머무는 동안 자신이 호랑이의 성정에 동화되었다는 것을 알지 못한다는 말이다. 광란적이고 기형적인 계급투쟁인 문화대혁명은 국가 전체를 호랑이굴로 바꿔놓았다. 그리고 사람들은 호랑이굴에 들어가서 날마다 호랑이의 성정을 말하고 달마다 호랑이의 성정을 말하다보니 역시 늑대와 호랑이로 변하게 되었다. 스스로 그것을 아직 알지 못하거나 인정하지 않고 자신은 여전히 진정한 혁명파라고 생각했을 뿐이다. 당시 수많은 혁명 반란파革命造反派 조직은 자신들이 호랑이를 때려잡는 일파打虎派라고 말하면서 '지주·부농·반혁명 분자·악질 분자地富反壞'들과 같은 죽은 호랑이를 때려잡자는 것이 아니라 오직 '자본주의로 가는 당권파走資派'와 같은 살아 있는 호랑이를 때려잡자는 것이라고 표현했다. 그들은 자신들의 성정이 이미 진정한 늑대, 호랑이 무리로 변했다는 것을 전혀 모르고 있었다.

그토록 거대한 중국은 1960~1970년대에 두 개의 세계를 남겨놓았다. 하나는 '외양간'이고 다른 하나는 '호랑이굴'이다. 하나는 돼지우리이고 또 하나는 늑대굴이라고 말하는 사람도 있다. 심사와 비판·투쟁을 진행하던 장소를 '외양간'이라 부른 것은 잔인하기는 하지만 개괄의 힘을 지닌 말이다. '외양간'이라는 말의 상징과 지향은 지극히 정확했다. 그리고 '호랑이굴'이라는 말의 상징과 지향도 지극히 정확한 것이었다. 그 안에 들어가 있었던 사람들은, 원매가 형용한 것과 같이 호랑이 굴속에 오래 머물면서 스스로 깨닫지 못했기에 득의양양했던 것이다. 바진 그 어른은 '문혁'의 일을 언제나 마음에 새기고 있었고, 더욱이 그때가 대혁명의 시대로 불린 것에 대해 구체적 의문을 던졌다. 그의 문제 제기는 역사에 관한 중대한 질문이었으며 실상은 중국인들 모두 답안을 써내야 할 문제다.

호랑이로 변한 사람들

제3부 아Q의 모습

人生諸相

얼렁뚱땅 속이며 고비를 넘기는 아Q의 예술

중국 대륙에서는 정치운동이 끊임없이 이어졌고 지식인의 사상개조운동도 끊임없이 계속되었다. 개조운동 초기에는 지식인들이 다들 진지하게 임했지만, 나중에 운동이 갈수록 빈번해지고 또 이상한 쪽으로 흘러가면서 지식인 다수는 진지한 것에 심한 피로감을 느꼈다. 그리하여 운동에 닳고 닳아 차츰 빤질빤질한 사람들이 되어갔다. 일단 운동의 뺀질이가 되자 더 이상 진지함을 추구하지 않고 도리어 운동의 기교와 예술을 중시하게 되었다. 이 예술의 핵심은 사상개조 과정에서 어떻게 '얼렁뚱땅 속이며' 고비를 넘기는가에 있었다.

나는 당시에 젊은 나이였기 때문에 사상개조의 중점 대상은 아니었지만, 그래도 항상 '이기심과 싸우고 수정주의를 비판'해야 했으며, 항상 과오를 반성해야 했다. 따라서 평가를 통과해야 하는 문제도 생겼다. 때문에 5·7 간부학교 전우들과 함께 고비를 어떻게 예술적으로 넘길 것인가를 토론하는 모임에 참가한 적이 있다. 이런 논의는 모두 비밀리에 열렸으며 그 모임에서 각자 자신의 의견을 발표했다. 여기서 어떤 이는, 태도는 더없이 성실히 하되 내용은 공허해야 한다고 말했고, 어떤 이는, 태도도 중요하지만 사람들이 공감하는 문제를 말하는 것이 더 중요하다고 했다. 가령 명성을 얻고 싶고 전문가로 취급받고 싶어하는 문제점이라든가, 현실의 사회정치 문제에는 무관심하면서 특정 전문 분야에만 몰두하는 문제점을 거론하는 것이 더 중요하다는 것이었다. 그리고 어떤 이는, 가장 좋은 방법은 스스로에게 가볍지도 않고 무겁지도 않은, 큰 죄는 아니지만 또 작은 문제도 아닌, 그런 모자를 만들어서 자기 스스로 뒤집어 쓰는 것이라고 말했다. 이를테면 '소자산계급의 열광적 면모'나 '자유주의'나 '개인주의'와 같은 모자를 의미한다. 그들이 내놓은 의견들은 다 어느 정도는 일리가 있었지만 훌륭하다고까지 하기는 어려웠다. 내게 가장 인상 깊었던 것은 어느 '나이 든 동지老同志'의 경험담이었다. 그는 우리가 아Q의 고비 넘기는 예술을 본보기로 배우는 것도 괜찮겠다고 말했다. 아Q는 남에게 머리채를 붙잡히고 얻어맞으면 즉시로 자신을 철저히 부정했다. "나는 사람이 아니야"라고 인정했을 뿐 아니라 아예 자신은 '벌레'라고 말했다. 말하자면 고비를 넘기기 위해서는 자신을 제로(사람이 아니다)라고 말하는 데에 그쳐서는 안 되고, 한 걸음 더 나아가서 마이너스(짐승이다, 벌레다)라고 말해야 한다는 뜻이다. 그것은, 아Q에게는 버러지였지만 지식인에게는 '소의 머리에 뱀의 몸뚱이를 한 잡귀신'이요 '괴상망측한 도깨비들'이요 '해충'이요 '백골 요괴'요 '양의 가죽을 쓴 늑대'라고 인정함을 뜻한다. 자신을 밑바닥까지 심각하게 부정해버리면 남들이 더 이상 비판하기 어려워질 테고, 그러면 단번에 고비를 넘길 수 있다. 이를 '철저한 혁명' 또는 '단번에 끝내는 혁명'이라고 한다고 그는 그렇게 말했다.

그 나이 든 벗이 그런 자신의 경험담을 소개하자 사람들은 모두 감탄하며 받아들일 만하다고 말했다. 우리는 다들 투사비수鬪私批修를 하는 과정에서 '아픈 것을 두려워 말고 추한 것을 두려워 말자'라는 교육을 받을 대로 받았기 때문에 얼마든지 '모진 투쟁' '맹렬한 투쟁' '끝장 보는 투쟁'을 해낼 수 있었고 단칼에 피를 볼 수 있었다. 고비를 넘길 수만 있다면 체면은 얼마든지 버릴 수 있었으며, 자기 자신을 버려지나 잡귀신이라고 욕해도 상관없었다. 어차피 혁명의 우두머리나 반동 학술권위나 모두 '소의 머리에 뱀의 몸뚱이를 한 잡귀신'들이기는 매한가지인데 우리도 떳떳이 스스로 잡귀신이라 말한들 무엇이 문제겠는가. 그래서 나와 친구들은 모두 그 나이 든 동지의 경험에 탄복했으며 아Q의 고비 넘기기 예술이 아주 마음에 들었다. 그리하여 투사비수를 하기 전에는 항상 머리채를 잡힌 채 애걸하던 아Q의 말을 상기하곤 했다. "벌레라니까요, 네에? 나를 버러지라고 하는데도 놔주지 않아요?"

생존 본능에서 출발한 아Q는 스스로를 철저히 짓밟고 인간이 아닌 벌레의 범주에 집어넣어야만 생명을 보존할 수 있음을 알고 있었으니 그야말로 기이한 현상이 아닐 수 없다. 지금 생각해보면, 만일 지식인들이 제 스스로 제로가 아닌 마이너스에 속한다는 것을 좀더 일찍 깨달았더라면 고생을 훨씬 덜했을 것이다.

하지만 '정도가 한 자 높아지면 마도는 한 길 높아진다道高一尺, 魔高一丈'라는 속담과 같이 '관문을 통과하는 자'의 '얼렁뚱땅' 예술이 갈수록 세련되어지면서 '길목을 지키는 자'의 독재정치예술도 그에 정비례하게 세밀해졌다. 그들은 내용 없는 '한없이 정치적인 강령'을 더는 믿지 않게 되어 이론과 실제를 관련지어 핵심을 찌를 것을 요구했다. 게다가 나중에는 반성문 자료가 정치적 강령과 정치 노선의 원론적 관점에 머물러서는 안 되며

얼렁뚱땅 속이며 고비를 넘기는 아Q의 예술

이른바 '사실에 기초한 반성'을 써내야 한다는 규정까지 만들었다. 이를테면 언제 어디서 어떠한 '악랄한 공격'의 발언을 했다는 식으로 쓰라고 요구했다. 아Q 시절에 그의 적수들은 절대 여기까지는 생각이 미치지 못했을 것이다. 그러므로 아Q가 고비를 넘긴 경험은 제한적 범위에서만 유효할 뿐 보편적 경험이 되기 어려움을 알 수 있다. 오늘날의 지식인은 고비를 넘기려면 머리를 더욱더 굴려야 할 것이다. 아Q를 단순하게 배워가지고 자신의 계략이 먹혀들 것이라고 생각하면 곤란하다. 그렇지 않으면 고생을 더 할 수밖에 없다.

강력한 군대로 아Q를 체포한 고충

『아Q정전』을 읽어본 사람들은 다 알겠지만, 아Q가 어리벙벙하게 자기 혁명을 선포한 후에 하는 유일한 혁명적 행동이 바로 정수암靜修庵으로 가서 늙은 비구니를 혁명하는 일이다. 그러나 아Q보다 먼저 자오趙 서생 秀才과 가짜 양귀신假洋鬼이 가장 안전하면서도 가장 취약한 그곳에 들이 닥쳐 혁명을 끝낸 뒤였다. 때문에 아Q의 2차 혁명을 과연 혁명이라고 할 수 있느냐가 여전히 문제로 남는다. 혁명이 일어났을 때 어떤 패거리가 자 오趙 나리의 집을 약탈했는데, 그들이 아Q를 한 패에 끼워주지 않자 아 Q는 몹시 분개한다. 그렇지만 그 약탈의 죄목은 결국 아Q에게 씌워진다.

아Q가 살던 그 현縣은 혁명이 일어난 후에도 아무것도 달라진 것이 없 었고, 지현知縣 영감大老 자리는 원래의 벼슬아치 그대로다. 그러나 관직명 이 무엇으로 바뀌었는지는 아Q도 분명히 기억하지 못한다. 그 외에도 군 대를 통솔하는 자가 이전과 동일한 총관이다. 그들은 혁명 질서를 잡은 뒤 자오 나리네 약탈사건을 처리하기 시작한다. 그리하여 그들은 아Q를 체포하기로 결정한다. 왜 그를 체포 대상으로 선택했는지는 논외로 하자. 내가 소설을 읽으면서 놀란 것은 총관이 아Q를 체포하려고 막강한 군대를 동원하는 점이다. 『아Q정전』은 아Q를 체포하는 장면을 다음과 같이 묘사한다.

때는 마침 어두운 밤이었다. 보병 한 무리, 민병 한 무리, 경찰 한 무리, 정탐 다섯 명이 몰래 웨이쫭未莊에 도착하여 황혼녘의 어둠을 틈타서 토곡사土穀祠를 둘러싸고 정문을 향해 기관총을 걸었다. 그러나 아Q는 뛰쳐나오지 않았다. 한참 시간이 지나도 아무런 움직임이 없자 총관이 조급해져서 2000위안의 상금을 걸고서야 민병 둘이 목숨을 걸고 담장을 넘어 들어갔고, 안과 밖이 호응하여 일시에 떼를 지어 몰려 들어가 아Q를 붙잡아가지고 나왔다.

아Q를 체포하기 위한 이런 군사행동은 몇 가지 정황으로 보건대 그야말로 예사롭지 않은 일이다. 첫째, 현의 '총관'이라면 현의 군부 총사령관인데 그가 직접 병사들을 거느리고 일선에 나선 점이다. 둘째, 보병, 민병, 경찰, 정탐의 네 병종을 동원한 것으로 되어 있는데 여기서 '보병'이라는 정규군을 동원한 것에 주목할 필요가 있다. 셋째, 정탐 다섯 명을 제외하면 나머지 병종은 모두 '무리'라고 되어 있으니 한 무리를 일개 소대로 본다면, 아Q를 포위해서 붙잡은 군대는 자그마치 일개 중대가 넘는 병력이다. 그 밖에도 군사 장비들 가운데 당시로서는 가장 현대화된 무기인 기관총이 들어 있다는 점이다. 작은 현에서 이처럼 많은 군대와 무기를 동원한다는 것은 그야말로 막강한 병력을 동원한 군사적 행동이라고 볼 수 있다.

나는 중학생 때 『아Q정전』을 읽었는데, 그때부터 무엇 때문에 아Q라는 그 보잘것없는 무산자 한 사람을 체포하기 위해 이렇게 많은 군대를 동원해야 하는지 이해가 되지 않았다. 아Q는 작은 무기조차도 들고 있지 않았고, 늘 배불리 먹지도 못하는 신세였으며, 남들과 싸우면 언제나 '패배'했고 남에게 자주 머리채를 붙잡혀서 담벼락에 처박히곤 했다. 그래서 그의 입에서 "자식이 아비를 때린다"는 명언까지 나올 정도였다. 이런 아Q를 체포하기 위해 많은 군사를 동원할 필요가 있는가 말이다. 일개 현에서 한 사람을 잡는 데 일개 중대를 동원한다는 것은, 비례관계로 따지자면 일개 국가에서는 수십만 명의 군대를 동원해야 하는 것이다. 나는 항상 이 군사 동원이 사소한 일을 터무니없이 크게 벌인 것이라고 생각했다. 하지만 어찌된 영문인지, 지금은 도리어 막강한 군대를 동원한 그 '총관'의 고충이 이해가 간다.

'총관'의 입장에서 생각해보면, 그이도 정말 쉽지 않았을 것이다. 혁명의 시기인지라 사회가 불안정하고 인심이 동요하고 있었으니 이런 정세 속에서는 그 어떤 일도 일어날 가능성이 있다. 아Q의 약탈(비록 억울한 사건이지만)을 제때 제지하지 못한다면 그 불똥은 들불처럼 번져 세상이 온통 혼란해질 수도 있을 것이다. 더욱이 아Q에게는 일찍부터 반란의 싹이 보였고, 총관이 보기에 아Q의 행위는 결코 개인적 행동이 아니라 계획적이고 조직적이며 비밀리에 모의된 반란행위일 가능성이 높다. 그를 체포할 때 만약 집단적 반항에 부딪힌다면 유혈 낭자한 전투가 벌어질 터인데 막강한 군사를 동원하지 않으면 위험하지 않겠는가? 그 외에도 아Q가 점거하고 있던 토곡사는 지형이 아Q에게 더 유리하기 때문에 만일 완강한 저항에 부딪힌다면 적은 수의 군대로는 감당할 수 없다. 마지막으로

강력한 군대로 아Q를 체포한 고충

가장 중요한 점은, '총관' 휘하의 군사들은 혁명당의 영향을 받아서 신뢰할 수 없었기 때문에 다양한 병종을 두루 사용해 서로 견제하게 만들 수 있었다는 것이다. 만일 민병이 총부리를 돌리면 보병으로 억제할 수 있고 경찰이 말을 듣지 않으면 정탐으로 보충할 수 있다. 사회가 혼란한 시기에는 군사들의 생각을 헤아리는 것도 지극히 어렵다. 실상 그러했다. 아Q를 포위하기는 했지만 감히 치고 들어가 그를 붙잡아오려는 사람이 없었고, 상금 2000위안을 걸고서야 민병 둘이 "목숨을 걸고" 선봉에 섰다. 이러한 상황들을 두루 생각해보면, 역시 총관의 생각이 주도면밀하다고 여겨진다. 30여 년 전 내가 중학생이었을 때 이해하지 못했던 것은 순전히 내 생각이 단순하고 정치와 군사에 대해 잘 알지 못했기 때문이다.

루쉰 선생은 실제적 묘사를 중시한 작가다. 그는 당시 발생한 역사의 장면들을 여실히 보여주어 보잘것없는 아Q 한 사람이라 하더라도 사회치안을 유지해야 하는 총관에게는 많은 번거로움을 준다는 것을 내가 알게 해주었다. 나라와 인민을 다스리기란 정말 쉬운 일이 아니다. 나는 이제 '총관'이 아Q에 대처하기 위해 강력한 군대를 동원해야 했던 필요성을 이해할 수 있게 되었다. 이는 나 자신이 30년 동안 독서를 하면서 진보한 바가 있으며, 또한 시서詩書를 많이 읽을수록 우둔해지지 않는다는 것을 입증한다.

자오 성趙姓을 허하지 않노라

최근 2~3년간 나는 자주 도서관에 가서 옛 신문과 잡지들을 뒤적거렸다. 그렇게 뒤진 지 한참이 되어서야 비로소 자신이 과거의 학자와 작가들이 쓴 자아비판의 글과 타인 비판의 글에 특별한 흥미가 있음을 알았다. 그중에서도 1950년대 초반의 글들은 모두 어린이 같은 진실함이 묻어나고, 또 새 정권에 대한 일종의 낭만적 신임과 기대가 엿보인다.

오성홍기五星紅旗가 갓 게양되었을 때 주광첸朱光潛 선생은 「나의 반동적 문예관 비판」이라는 글을 써서 자신의 '죄악'을 성실하게 청산했다. 펑유란馮友蘭은 이미 1950년에 「1년 학습의 총괄」 「나는 혁명에 참가했다」라는 글을 써서 자신의 "지주계급에 기운 정서"를 반성했다. 이후 후스, 후펑, 그리고 우파에 대한 비판 및 문화대혁명 과정에서 그들은 또 끊임없이 자아반성과 자아비판을 했다. 그 기간 그들은 마르크스주의를 학습했기 때문에 이 새로운 무기를 가지고 타인을 비판하기도 했는데, 이런 비판은

'훈련'의 성격이었을 뿐이다. 예를 들어 허린賀麟 선생은 주광첸 선생을 비판한 적이 있고, 주광첸 선생도 저우구청周谷城 선생을 비판 적이 있으며, 펑유란 선생은 "류사오치劉少奇, 린뱌오 등 반혁명·수정주의 분자들"의 공자를 높이는 사상을 비판했다. 감정을 배제하고 말하자면 그들이 마르크스주의를 학습한 자세는 상당히 진지하고 성실했다. 주광첸 선생의 경우 학습만 한 것이 아니라 직접 마르크스의 저작을 번역하기도 했다. 예컨대 마르크스의 1884년 저작 『경제학·철학 수고』가 그것이다.

그러나 그들이 제아무리 노력을 하고 진실한 자세로 임한다 하더라도 마르크스주의의 진수를 파악했다고 자임하던 마르크스주의자들은 항상 그 학자들이 새로 쓴 글에 대해 마르크스주의적 관점을 갖추고 있다고 인정하지 않았다. '진수'를 얻은 자신들이 '주의主義'를 독점하며 당을 '당 가족'으로 만들었다. 가족 내부의 사람만이 마르크스라는 성씨를 가질 자격과 마르크스·레닌주의를 논할 자격이 있고, 주광첸이나 펑유란 같은 사람들은 자격이 없다고 생각했다.

1950년대에 펑유란 선생은 「중국 철학사 연구에 관한 두 가지 문제」 「중국 철학사의 몇 가지 주요 문제를 통해 본 중국 철학사의 유물론과 유심론 투쟁」과 같은 글을 썼다. 완전히 새로운 역사유물론의 입장에서 유심론을 비판한 글이었다. 그러나 글이 발표된 후에 관펑關鋒과 같은 당 가족에 속하는 '혁명철학자'는 펑유란의 글이 자신의 입맛에 맞지 않는다고 여겨 '쟁명爭鳴'이라는 명분 아래 그를 한바탕 비판했다. 글의 어투는 기세 등등하고 오만방자했으며 배후에 감춰진 말은 '너 따위가 유물론, 유심론이라는 두 노선의 투쟁을 논할 자격이 있나?' '너도 마르크스주의 역사유물론을 운운할 자격이 있어?' 하는 것이었다. 마르크스주의 미학을 상세히 서술한 주광첸 선생의 글은 더욱더 진지한 것이었으나 자신이 당 가족에 속하며 마르크스주의 미학의 특허를 갖고 있다고 생각한 차이이蔡儀 선생은 즉시 냉소를 보냈고 또 불의의 일격을 가했다. 그 글의 어투 역시 '너 따위가 마르크스주의 미학을 논한다고?' '너도 존재가 의식을 결정한다는 관점을 운운할 자격이 있나?'였다. 상전이 아랫것을 대하듯 고압적 기세가 역력했다. 저우구청 선생은 '시대정신의 합류에 관한 주장'을 제기한 뒤 비판을 받았는데, 그는 그때의 비판은 정말이지 코가 멍들고 얼굴이 부르트도록 자신을 때렸다고 했다. 당시 수많은 사람이 그를 때렸지만 그는 화내지 않았다. 그러나 주광첸 선생이 자신을 비판한 글에 대해서만은 승복하지 않았다. 실상 주광첸 선생의 글이 이치에 가장 부합했지만 저우구청 선생이 그에 불복한 심리에는 이런 생각이 들어 있었다. 당가족 사람들이 나를 마르크스주의에 반反한다고 말하는 건 상관없다. 그러나 너 주광첸은 어느 일족에 속하는가? 너도 나를 반마르크스주의라고 비판할 자격이 있나?

관펑, 차이이, 저우구청의 이런 태도를 보면서 나는 『아Q정전』에 등장하는 자오 나리趙太爺와 가짜 양귀신假洋鬼, 두 개의 이미지를 떠올리게 되었다. 먼저, 자오 나리는 아Q가 자신의 성씨도 자오 성일 것이라고 말하자 화를 벌컥 내면서 아Q에게 매서운 따귀를 갈긴다. 그러고는 아Q를 손가락질하며, 너 따위가 자오 씨가 될 자격이 있냐고 말한다. 자오 나리의 안목에서 보자면, 자오 씨 가족 안에는 아무나 자기 마음대로 들어올 수 없다. 네가 자오 씨가 되고 싶다고 해서 자오 씨가 될 수 있는 것이 아니라는 것이다.

관펑, 차이이와 같은 마르크스·레닌주의 해석의 특허를 거머쥔 이론가들이 펑유란 선생과 주광첸 선생을 대한 태도가 바로 자오 나리가 아Q를 대한 태도와 같았다. 너 따위가 마르크스를 성씨로 삼을 자격이 있냐는 것이다.

또한 내가 가짜 양귀신을 떠올린 것은, 가짜 양귀신이 아Q의 혁명을 허용하지 않기 때문이다. 펑 선생이나 저우 선생처럼 혁명을 옹호했을 뿐 아니라 고통을 두려워하지 않고 자신을 혁명하기까지 한 사람들은 여하튼 간에 허용되었어야만 한다. 그러나 관평과 같은 부류는 가짜 양귀신과 비슷한 인물이 되어 '주의主義'라는 문명의 몽둥이를 손에 들고 다른 사람이 자아비판을 하기만 하면 곧장 그들의 자아비판을 두들겨대면서 깊이가 없고 철저하지 못한 자아비판이라고 강변했다. 가짜 양귀신은 독일 혹은 러시아의 서구 이론들을 좀 알고는 있었지만 결국은 '자오 씨 가족'에 속하는 인물이었다. 그러므로 그가 혁명을 허용하지 않은 데는 자오 나리와 마찬가지로 '너 따위가 자오 씨가 될 자격이 있냐?'는 속내가 작용한다. 저우구청 선생이 비판에 승복하지 않았던 점에서도 가짜 양귀신의 분위기가 짙게 묻어난다. 말하자면 당 가족이 나를 혁명하는 것은 괜찮지만, 당신 주 선생은 당 가족도 아니면서 나를 혁명할 자격이 있느냐는 것이다.

그 시기의 역사를 회고하니 혁명도 명분을 대단히 중시한다는 것을 알게 된다. 혁명의 과정에서 누가 주류 이데올로기를 대표하고, 누가 중심 이데올로기의 언어를 거머쥘 것인가 하는 것은 당 가족 안에서만 분담된다. 밖에서는 '자리를 넘봐서는' 안 되는 것이다. 펑 선생, 주 선생과 같은 사람들은 이 점을 알지 못했고 항상 주류 이데올로기 언어의 영역에 들어가기를 진심으로 바랐지만 항상 벽에 부딪히는 결과를 맞았다. '진수'를 얻은 사람이 보기에는 매우 가소로운 '자리 넘보기'였을 것이다. 펑 선생과 주 선생이 거쳐온 과정을 보면서 나는 깨닫게 된 점이 있다. 대부분의 문제는 당신의 말이 옳은가 그른가에 달려 있지 않고, 당신이 말할 자격

이 있느냐 없느냐에 달려 있다는 것이다. 내가 맞닥뜨렸던 재앙도 당시에
그 이치를 알지 못했기 때문이 아닌가 싶다.

아Q는 왜 허풍을 잘 떠는가?

　사람들은 모두 아Q가 허풍을 잘 떤다는 것을 안다. 찢어지게 가난하면서도 자신이 예전에 얼마나 '부유'했는가를 떠벌리고, 사형 판결을 받고 나서도 사람들의 이목을 끌기 위해 20년 뒤에도 여전히 사내대장부이리라, 허풍을 떤다. 다행히 아Q가 지금까지 살아남지 못해 오늘날의 지도간부를 맡을 수 없으니 망정이지 그렇지 않았다면 틀림없이 "15년이면 영국을 추월한다"라는 구호에 불만을 품고 "5년 안에 미국을 추월한다"라는 구호를 내놓았을 것이다. 그는 패배를 인정한 적이 없으니 누군가가 '15년'을 말하면 자신은 기어코 '5년'을 말할 것이고 누군가가 영국을 추월하겠다고 말하면 자신은 기필코 미국을 추월하겠다고 할 것이다. 만일 그가 모든 인민이 '위성을 쏘아 올리던' 1958년[55]에 살았더라면 틀림없이, 너희 허난河南 성, 후베이湖北 성이 토지 1묘당 만 근 넘게 벼를 수확한다면, 우리 저장浙江 성 웨이쫭未莊에서는 기어코 1묘당 10만 근을 넘기겠다며 지지 않으려 했을 것이다. 단언하건대 아Q가 '대약진' 시기를 살았더라면 그는 틀림없이 극좌파였을 것이다. 1950년대에 어차피 자오 나리는 4류 분자[56]에 속하니 벌써 무산계급 독재 아래에 있을 것이고, 아Q는 웨이좡의 대대장이나 당지부의 서기가 되어 자기 하고 싶은 말을 마음대로 지껄여도 아무도 그를 말리지 못할 것이다.

그러나 이는 주관적 추측일 뿐이다. 이 글은 도리어 아Q를 대신해 공정한 말을 하고자 한다. 우선, 아Q가 허풍을 잘 떨지만 그를 탓할 수 없다. 왜냐하면 아Q는 당시 지위가 무척 낮고 인격도 아주 비천해서 뼛속까지 열등감이 배어 있었다. 열등감을 갖게 되면 심리적 균형을 잃어 자기를 드높이고 잘난 척하는 방식으로 불균형을 조정하려고 하기 마련이다. 말하자면 허풍으로 자신의 왜소함과 나약함을 가려야만 했을 것이다. 그리고 아Q의 열등감은 일반적 열등감이 아니라 극도의 열등감이다. '극'에 이르면 심리적 변형이 생긴다. 극도의 열등감은 극도의 잘난 척으로 가려야만 하는데, 그러면 병적 자아 팽창이 일어난다. 이런 심리가 뇌에 반영되면 환상으로 현실을 대체하게 되고, 입으로 반영되면 끝없이 허풍을 떨게 된다. 때문에 아Q가 허풍을 떠는 것은 어쩔 수 없는 결과에 속한다.

다음으로, "20년 뒤에도 사내대장부이리라"는 허풍임에 분명하다. 심지어 '호언장담'이라 할 수 있다. 하지만 유해한 말이 아니고, 결코 국가 경

---

55 1957년 10월 소련이 최초로 인공위성을 쏘았고, 1958년 1월 미국이 두 번째로 인공위성을 쏘았다. 세계의 이러한 냉전과 체제 경쟁 속에서 중국은 하루빨리 공산주의 단계로 이행한다는 목표를 세웠으며, 그에 따라 생산력을 극대화하기 위해 1958년 초부터 대규모 군중 동원을 벌이는데 그것이 '대약진' 운동이다. 대약진 당시 유행하던 '위성을 쏜다'라는 말은 목표 생산량을 초과 달성하겠다는 의지의 표현이었다.

56 중국 공산당이 사회주의 체제를 수립한 뒤 지주, 부농, 반혁명, 악질의 네 부류를 아울러 부르던 말이다.

아Q는 왜 허풍을 잘 떠는가?

제나 국민 생활에 영향을 끼치는 것도 아니다. 한편 1950~1960년대에 떠들썩하게 울려 퍼지던 '사람의 담력이 크면 땅도 그만큼 생산량이 늘어난다'는 말도 호언장담에 속했다. 그것이 농민들로 하여금 고생하며 부지런히 노동하는 품성을 내던지고 담력으로 수확량을 대체하려고 시도하게 만들었고, 그 결과 농촌은 크게 피폐해졌다. 게다가 '1묘당 만 근을 초과한다'는 허풍은 더 많은 폐해를 끼쳤다. 당시는 식량배급을 실시했기 때문에 1묘당 본래는 500근밖에는 생산되지 않는 수확량을 만 근이라고 말해놓았으니 500근을 만 근 삼아서 먹어야 했다. 그리하여 교공량交公糧[57]과 통구량統購糧[58]을 바치고 나면 마을 사람들은 먹을 식량이 없었다. 1958년 대약진 운동 때 '위성을 쏘아 올린' 뒤로 전국 여러 지방에서 수많은 사람이 굶어 죽었으니, 이는 허풍으로 말미암은 피해였다. 그러나 아Q의 허풍은 결코 이와 같이 사람들에게 해를 끼치는 현상을 만들어내지는 않았다.

무엇 때문에 아Q 이후에도 허풍떠는 현상이 끊이지 않고, 오히려 더 창조적으로 발전했는지 아직도 잘 납득이 안 된다. 하지만 허풍떠는 사람에 대한 정책이 분명하지 않고, 심지어 상벌이 뒤바뀌는 상황이 나타난 점만은 알겠다. 허풍을 떨면 칭찬과 격려를 받는다는 규정도 없고 '허풍상금'을 제정하지도 않았지만 허풍떤 사람들이 처벌을 받지 않았을 뿐만 아니라 오히려 대부분은 관직이 승진되기까지 했다. 그래서 어떤 지도자는 '1묘당 만 근을 초과했다'는 허풍과 '15년이면 영국을 추월한다'는 허풍을 떨었지만 누군가가 한 말을 따라 한 것이라면 자연스레 '(상급자의 지

---

57 농민이 국가에게 현물세 명목으로 바치던 식량.
58 계획경제 정책에 따라 국가가 농민으로부터 저가로 징수하던 식량.

시를) 적극적으로 따르고 '(상급자와의) 일치성을 유지한' 것으로 된다. 만일 1묘당 1000근밖에 생산할 수 없다고 말했거나 50년이 지나야 비로소 영국과 미국을 추월할 수 있다고 말했다면, 그것은 상급자의 지시를 따르지 않은 것이 되어 화를 면하지 못할 것임에 분명하다. 이러니 허풍떠는 사람이 갈수록 많아질 수밖에 없고 허풍은 갈수록 더 심하고 기발해진다. 지금도 중국 동포들 가운데 많은 사람은 허풍떠는 재주들을 갖고 있어서 무슨 일을 하건 일단 허풍부터 떨고 보는데 어찌 해야 좋을지 모르겠다. 그러니 허풍을 그대로 믿지 않는 것은 물론이고 더욱이 허풍에 대한 상벌 규정을 분명히 제정해야 하지 않겠는가?

아Q는 왜 허풍을 잘 떠는가?

아Q의 유토피아

중국에는 유토피아가 적지 않다. 고대의 '대동大同' '상동尚同'으로부터 중세기 농민전쟁 때에 나온 '귀천을 가지런히 하고 빈부를 고르게 한다'라는 평등주의적 공상, 그리고 근대 홍수전洪秀全의 '태평천국' 및 캉유웨이康有爲의 '대동' 유토피아 사회주의에 이르기까지 모두가 큰 흥미를 끈다. 허우와이루侯外廬 선생이 편집장이었던 『중국 역대의 대동의 이상中國歷代大同理想』(과학출판사, 1959)은 중국 역대의 다양한 유토피아를 비평한 바 있다. 이 책이 중세기의 '이단' 유토피아에 관심을 기울인 점이 내게는 인상적이었다. 하지만 허우 선생은 역사학자라서 문학자들이 관심을 갖는 유토피아, 예를 들어 도연명陶淵明 선생의 『도화원기桃花源記』나 근대 아Q 선생의 황제 몽상과 같은 것들에는 별로 관심이 없었다.

도연명의 도화원은 아늑하고 세속과 멀리 떨어진 세계로, 지식인들이 바라는 이상국가다. 나는 진작부터 이처럼 방해받지 않는 조용한 장소에서 평온하게 책상에 앉아 있을 수 있기를 간절히 바랐다. 반면 아Q의 유토피아는 완전히 세속적이다. 그는 자신이 일단 황제가 되면 이상적 사회가 될 것이라 상상한다. 그 사회는 필요한 것은 뭐든지 다 있고 필요한 사람은 누구든지 다 있다는 것이 특징이다. 루쉰은 『아Q정전』에서 아Q가 상상하는 유토피아의 정경을 이렇게 묘사했다.

……곧장 쳐들어가 상자를 열면 원보元寶,[59] 은화, 비단, 셔츠들이 가득 들어 있겠지. (…) 수재 마누라의 닝보寧波 침대를 토곡사土穀祠로 옮겨와야지. 그리고 첸 가錢家네 탁자와 의자도……. 아니면 그냥 자오 가趙家네 집에 있는 걸 써도 그만이야. 나는 손끝도 움직이지 않고 샤오D한테 옮기라고 시켜야지. 후딱 옮기지 않으면 따귀를 갈겨줄 테다. (…) 자오쓰천趙司晨의 누이동생은 너무 못생겼어. 쩌우鄒 아줌마네 딸은 몇 년을 더 기다려봐야 알 테고. 가짜 양귀신假洋鬼의 마누라는 변발도 없는 놈과 자는 여자니 쯧쯧, 좋은 년이 못 돼! 수재 마누라는 눈까풀에 흉터가 있어. (…) 오 씨 아줌마吳媽는 본 지가 오래됐는데, 어디 있나 모르겠어. 아쉽게도 발이 너무 커.

아Q의 이 유토피아의 특징은 이상과 욕망이 결합되어 있는 것이다. 거기에는 식욕의 만족뿐 아니라 성욕의 만족까지 포함된다. 웨이좡未莊 여인들에 대한 그의 원칙은 '내가 필요한 바를 취하는' 것이다. 그것은 '각자 필요한 바를 취하는' 것과 유사하다. 이런 유토피아는 실상 수준이 낮은 편에 속한다. 무릇 이상적 사회의 설계도는 예외 없이 두 개의 층위로 이

---

59 고대 중국에서 사용된 말발굽 모양의 화폐.

아Q의 유토피아

루어진다. 하나는 수준 높은 '형이상'의 층위로, 신앙의 성질을 띠며, 신비한 성질도 들어 있다. 캉유웨이의 대동세계 가운데 '비밀로 하고 공개하지 않는祕而不宣' 부분이 이 층위에 속할 것이다. 다른 하나는 수준이 낮은 '형이하'의 층위로, 욕망을 한껏 채우는 층위에 속한다.

첫째 층위는 인류에게 일종의 기대를 지니게 하며 생활을 무미건조하지 않게 할 수 있다. 이런 세계를 훌륭하게 묘사한다면 틀림없이 인류의 '의욕'을 끌어올릴 수 있다. 그렇지만 안타깝게도 그것은 언제나 희망할 수는 있으나 현실로 마주할 수는 없기 때문에 아Q와 같은 인물에게는 매력적으로 보이지 않기 마련이다. 때문에 유토피아를 설계하는 사람은 항상 아Q 같은 사람들을 매혹시킬 수 있는 또 다른 층위를 묘사해야 한다. 바로 욕망과 긴밀하게 연관된 층위다.

이 두 층위는 본래 하나로 결합한 것이다. 그러나 제대로 장악을 못 한다면 충돌이 생길 수 있다. 신앙을 강조하는 자들은 현실성이 없는 말을 하거나 허풍을 떠는 데로 떨어지기 십상이고, 심지어 '하늘의 이치天理'로 인간의 욕망人欲을 소멸시킬 것을 주장한다. 반면에 욕망을 강조하는 자들은 흔히 어리석은 말과 속된 말을 하는 데로 떨어져 욕망으로 이성을 대체한다. 그리하여 자주 투쟁이 발생하고 심지어 두 노선이 너 죽고 나 살자는 식으로 생사를 건 대결을 벌이기도 한다. 이런 교훈을 거울삼아, 유토피아를 묘사할 때는 특별히 조심해야 한다. 말 한마디 차이로 사회 혼란을 초래할 수가 있다. 예를 들어 '필요에 따라 분배하는' 것과 '각자 필요한 바를 취하는' 것은 아주 다르다. 전자는 이성을 원칙으로 삼고 후자는 욕망을 원칙으로 삼는다. 아Q들은 당연히 이성의 원칙을 찬성하지 않을 것이며 이런 유토피아는 무척 무미건조하다고 여길 것이다. 틀림없이 그들은 '각자 필요한 바를 취하는' 원칙에 찬성할 것이다. 하지만 인류는 영원히 '각자 필요한 바를 취하는' 시대에 도달할 수 없다. 왜냐하면 인류라는 존재 그 자체가 실상은 분발하는 존재가 못 되고, 인성의 악은 영원히 존재하며, 욕망도 영원히 충족될 수 없기 때문이다. 아Q를 예로 들면, 그가 웨이좡에서 생각한 '필요'는 오 씨 아줌마나 가짜 양귀신의 마누라 같은 여인들이지만, 일단 그가 자본주의 도시의 끝없는 세계 속으로 들어간다면 그의 욕망은 틀림없이 크게 팽창하여 '필요'로 하는 바가 더 이상 오 씨 아줌마와 같은 '어린 과부'가 아닐 것이다.

그러나 아Q가 유토피아를 욕망과 긴밀히 연결시킨 것도 근거 없이 지어낸 것은 아니다. 중국의 16세기 계몽사상가 하심은何心隱(1517~1579)이 설계한 유토피아는 '재물貨'과 '여색色'의 욕망을 중시해야 함을 강조했고, 그의 '실험실'에서는 '욕망을 기르는 것育欲'과 '백성과 욕망을 함께한다與百姓同欲'는 원칙을 시행하려고 준비했다. 하 선생의 유토피아는 자연스레 천당天堂을 천리天理로 추상화하는 관점에 타격을 안겼지만, 그의 유토피아도 어디까지나 여전히 유토피아다. 그러나 그는 '욕망'을 중시하기는 했지만 아Q가 '욕망'을 독점하려고 한 것과 다르게 '백성과 욕망을 함께한다'고 말했다. 이것이 하 선생과 아Q의 큰 차이점이다. 하지만 하 선생도 아Q와 통하는 점이 있었으니, 바로 이상사회를 펼쳐 보일 때 '욕망'의 만족과 분배(이는 물론 필요한 것이다)만 고려하고 '욕망'의 원천과 생산이라는 문제를 고려하지 않은 점이다. '필요'만 생각했지 '필요'가 팽창한 뒤의 '필요'의 원천을 고려하지 않았다. 말하자면, '나가는 것'만 생각하고 '들어오는 것'은 생각지 않은 것이다. 실상 골치 아픈 문제는 역시 '생산'이다. 그것은 필요의 원천이다. 생각해보라. 아Q들의 '각자 필요한 바를 취하는' 욕망을 만족시켜줄 만한 오 씨 아줌마와 그녀보다 더 예쁜 새로운 오 씨 아줌마들이 어디 그리 많겠는가. 그의 유토피아 사회로 들어선다면 틀림없이 아Q 한 사람만이 아니라 수많은 아Q가 있을 것이다. 이런 추세라면 반드시 모순이 생겨 투쟁을 낳고, 투쟁이 벌어지면 서로 잔인하게 죽일 터인데, 이래도 이상사회가 있겠는가? 도연명 선생은 아마도 이 문제를 생각했기에 그의 도화원은 욕망과 '분배'의 문제를 말하지 않았던 것이리라.

다행히 아Q의 혁명은 성공하지 못했다. 성공해서 자신의 '유토피아'를 실행했다면 다른 사람들은 재앙에 직면해야 했을 것이다. 설령 그 밖의 '대동세계'라는 천당의 설계도라 해도 역시 아Q에게 이용당하지 않았을까 의심된다. 만일 그가 '대동세계'라는 신성한 명분을 이용해 사람들에게 현실의 고통과 고난을 인내하라고 요구한다면 그것 또한 좋지 않다. 요컨대 나는 유토피아에 대해 갈수록 흥미를 잃고 있다. 다만 현재가 미래보다 더 중요하다고 생각할 따름이다.

아Q의 무릎 연골 병에 대한 고찰

아Q는 약탈에 참여한 주범으로 판정되어 사형 판결을 받고, 이어서 목이 잘린다. 이 억울한 사건은 엉터리 정권이 낳은 자연스러운 결과물이다. 무고한 사람을 마구 죽이는 것은 포악한 독재정치로 말하자면 아주 예사로운 일이며 지식인들이 생각하듯 그렇게 심각한 것은 아니다. 하지만 아Q가 사형 판결을 받게 된 데에는 그 자신에게도 원인이 있다. 정권이 아무리 부패해도 한 사람에게 사형 판결을 내리기 위해서는 범인이 제 입으로 자백을 해야 한다. 당시 아Q에게 사형 판결을 내린 이유는 그가 어느 날 밤 자오 나리 집을 약탈하는 데 참가했기 때문이라는 것인데, 사실 이는 전적으로 억울한 일이다. 아Q는 물론 혁명사상에 경도되어 있었고 혁명당에 가입하려는 생각도 있었지만 가짜 양귀신은 그에게 혁명을 허락하지 않았다. 아Q도 자오 나리에게 반란을 일으키고 싶었다. 그러나 약탈을 자행한 사내들이 그를 무리 속에 끼워주지 않았던 것이다.

아Q는 본디 무고한 사람이었지만 법정에 이르자 이내 '죄인의 모습'을 드러내 보였다. 그렇지만 이것은 무엇보다도 그의 무릎 연골이 무척 물러서 생긴 문제였다. 무릎 연골이 아주 약하다보니 무릎 관절이 작은 자극에도 맥이 풀리고, 맥이 풀리니 꿇어앉게 되고, 일단 무릎을 꿇으니 바로 '속에 찔리는 게 있다'고 인정된다. 이 점에 관한 루쉰의 서술은 매우 분명하다.

그는 오후에 곧장 감방에서 끌려나가 법정에 이르렀다. 높은 곳에 머리를 빡빡 깎은 늙은이가 앉아 있었다. 아Q는 그가 중이 아닐까 하는 의심이 들었지만 그 아래 병사들이 죽 늘어서 있고, 양쪽으로도 그 늙은이처럼 머리를 빡빡 깎고 장삼을 입은 인물이 열 몇 명 서 있고, 또 한 자ℝ 남짓한 변발을 등 뒤로 늘어뜨린, 가짜 양귀신과 비슷한 작자까지 모두들 험상궂은 표정에 노기를 띤 눈으로 그를 쏘아보는 것을 보고는 이 사람들이 반드시 어떤 이유가 있음을 깨닫고 저절로 맥이 풀리면서 이내 무릎을 털썩 꿇었다.
"일어서서 말해! 무릎 꿇지 말고!" 장삼을 입은 인물이 호통을 쳤다.
아Q도 이래서는 안 되겠다고 생각했지만, 일어서려고 해도 몸이 말을 듣지 않아 다시 주저앉았고, 마침내 그 바람에 꿇어앉고 말았다.
"노예근성!⋯⋯" 장삼을 입은 인물이 경멸하듯 말했지만 일어서라고 하지는 않았다.

아Q는 법정에 도착하자 무릎 관절의 맥이 풀려 그만 무릎을 꿇고 만다. 재판을 담당한 장삼 입은 인물이 그에게 무릎을 꿇지 말고 일어서서 말하라고 명했지만, 그는 무릎 뼈가 몹시 약해 일어설 수 없다. 이런 상황은 아둔한 관리官吏의 심리에 영향을 끼쳐 일어서지도 못하는 이 피고는 틀림없이 '죄를 두려워한다'고 단정짓게 하는 한편, 아Q 자신에게도 영향을 끼쳐 본디 죄는 없지만 뼈가 몹시 약해서 무릎을 꿇는 바람에 남들이 이미 '죄를 인정했다'고 믿게 만들었다. 전자는 아Q의 무릎 관절이 약한 탓에 도적질을 하고 '마음이 켕기는 것心虛'으로 단정하기에 이르렀다는 것이고 후자는 무릎 관절이 약한 까닭에 유죄를 스스로 인정하는 '허심탄회함虛心'으로 오해를 받았다는 것이다. 이렇게 되어 아Q는 자연스레 '도적'으로 판정받고 참수를 당한다.

아Q의 무릎 관절이 연약한 것은 그에게 큰 손해를 끼쳤다. 그전에도 그는 약한 무릎 때문에 자잘한 손해들을 여러 차례 봐야 했다. 걸핏하면 무릎을 꿇는 바람에 사람들에게 자주 멸시를 받았던 것이다. 예를 들면 오 씨 아줌마를 향해 구애를 할 때였는데 구애는 본디 떳떳한 일인데도 그는 구애를 시작하자마자 오 씨 아줌마 면전에서 털썩 무릎을 꿇는 바람에 오 씨 아줌마를 놀라 울게 만들었고, 그 결과 지독한 매를 맞아야 했다. 오 씨 아줌마도 잘못이 있다. 그녀도 노비이면서 아Q를 자기보다 지위가 낮은 노비라 깔보았고, 그래서 자오 나리가 그랬던 것처럼 아Q는 자오 성씨를 가질 자격이 없다고 생각했으며, 그녀 역시 아Q는 자기에게 구애를 할 '자격이 없다'고 생각한다. 그런데 아Q 자신도 정말 변변치 못한지라 오 씨 아줌마 앞에 서자 갑자기 관절이 풀리면서 무릎을 꿇었으니 이게 대체 무슨 꼴이란 말인가?

법정의 그 장삼 입은 재판관은 아Q가 무릎 꿇는 것을 보고는 경멸하며 "노예근성……"이라고 말한다. 우리는 사람이 나쁘다고 그 말까지 무시하면 안 되겠다. 아둔한 관리의 말이기는 하지만 맞는 말이다. 노예는 무릎 뼈가 무척 무른 탓에 자신을 영원히 노예의 지위에 처하게 했으며 심지어 노예 자리조차 온전히 유지하지 못하고 단두대로 끌려가고, 또 지옥으로 보내진다. 그야말로 교훈이 아닐 수 없다.

10년 전에 나는 '압박이 있으면 반항이 있다'라는 고전적 명제를 확신했지만, 연륜이 깊어가면서 이 명제에 큰 문제점이 있다고 느꼈다. 내가 봤던 세상에서는 압박은 있어도 반항이 없는 경우가 흔했다. 더욱이 사람들은 아Q와 마찬가지로 노예근성이 이미 본능으로 변해 압박을 받으면 무릎 관절이 풀리면서 바로 무릎을 꿇고 마는 것이다. 이러니 심지어 '압박이 있으면 무릎을 꿇는다'는 반反명제가 성립될 수도 있겠다. 때문에 노예인지 아닌지는 그 사람이 압박을 받으면 반항을 하는지 아니면 무릎을 꿇는지를 봐야 알 수 있겠다. 주인이 되느냐 노예가 되느냐는 자신에게 달려 있다. 아Q가 노예가 되었다가 결국 사형수가 된 것은 우매한 정부에 책임이 있지만 아Q 자신에게도 어느 정도는 책임이 있다.

구세대 아Q와 신세대 아Q의 비교

내가 말하는 구세대 아Q는 『아Q정전』에 등장하는, 머리에 부스럼 자국이 있는 아Q를 말한다. 그리고 신세대 아Q는 나와 동시대 사람들 가운데서 꼭 흉터는 없더라도 성깔머리와 인생철학이 구세대 아Q와 비슷한 새로운 인물들을 가리킨다. 구세대 아Q는 무척 힘든 삶을 살았고 지독히도 가난했다. 전답이 없어 날품팔이로 생계를 유지하는 수밖에 없었고, 집이 없어 토곡사에서 지내는 수밖에 없었으며, 부인이 없어 오 씨 아줌마에게 무릎 꿇고 구애를 하는 수밖에 없었다. 가진 것이 아무것도 없었기에 마지막에는 도둑질에 가담하려고 했다. 그러나 그는 정신적으로는 언제나 우월한 지위에 서 있었다. 그리고 그의 우월한 정신적 지위를 떠받치는 철학은 이 한마디 말 속에 들어 있다.

"나는 예전에 너보다 훨씬 더 부유했다."

이 말 한마디로 그의 정신적 지위는 열등에서 월등으로 바뀌고 패배에서 승리로 전환된다. 그렇게 해서 가난의 시련을 잊을 수 있었을 뿐 아니라 더욱이 얼굴에 광채까지 돌았으니 그야말로 훌륭한 방법이다. 이로부터, 물질적으로는 지극히 궁핍한 상황에 있을지라도 정신문명의 우세는 틀림없이 대단히 중요한 것임을 알 수 있다.

그러나 신세대 아Q(나도 한때는 신세대 아Q였다)의 정신철학은 구세대 아Q와는 방향이 다르다. 신세대 아Q도 몹시 빈궁하다. 특히 1950년대의 맹목적인 '대약진'을 거친 뒤 자연재해와 더불어 소련이라는 큰형님이 주신 피해까지 입어야 했으니 그야말로 털면 먼지밖에 안 나올 정도로 빈곤했다. 허나 그런 때일지라도 우리는 여전히 정신의 우세를 유지했다. 그리고 우세를 유지하는 방법은 '과거의 고난을 기억하고 현재의 행복을 생각하는憶苦思甛' 것이었다. 말하자면, 지금은 비록 가난하지만 낡은 사회의 고난을 생각하면 그래도 오늘이 아주 달고 행복하다는 것을 사실로써 설명해주고 있기에 '복을 누리면서 그것이 복인 줄 모르면' 안 된다는 것이다. 정말 과거를 상상해보라. 산꼭대기 굴속에 살던 사람들山頂洞人이 나무를 마구 문질러서 불을 얻곤 했던 그런 상고시대를 상상할 것까지야 없겠지만, 좀더 가깝게 아Q의 토곡사 생활과 비교하더라도 얼마나 행복한지 모른다. 그러니까,

"나는 현재가 예전보다 훨씬 더 부유하다."

앞에서 인용한 말은, 우리는 전에 너희보다 훨씬 더 부유했다는 것이고, 방금 인용한 말은 현재 우리는 예전의 너희보다 훨씬 더 부유하다는 것이다. 이것이 바로 구세대 아Q와 신세대 아Q의 정신철학에서 드러나는 근본적 차이점이다. 이는 두 가지 철학과 두 가지 정신적 무기의 차이점이며 근본적 방향의 차이이기도 하다. 둘의 성질은 아주 다르다.

나와 동시대를 사는 신세대 아Q 무리와 구세대 아Q를 비교해보면 자

연스레 양자의 공통점도 발견된다. 그것은 두 측 모두 가난함을 인정하지 않고 자신을 '부유하다'고 여긴다는 점이다. 다만 구세대 아Q는 이전의 부유함을 강조하고 우리는 현재의 부유함을 강조할 뿐이다. 나와 내 동료들은 이런 부자의식을 갖게 된 뒤로 확실히 정신적 측면에서는 훨씬 더 좋아졌다. 식사가 변변치 않을 때는 배불리 먹지 못한 선배들을 생각했다. 배불리 먹지 못하면 아예 식량이 없었던 선배들을 생각했다. 고구마 잎이나 배추 겉대를 먹으면 나무껍질과 풀뿌리로 끼니를 때웠던 선배들을 생각했다. 집이 비좁아 견딜 수 없으면 동굴이나 토굴집에 살았던 선배들을 생각했다. 구두나 헝겊신을 신지 못하면 풀로 엮은 신을 신고 설산雪山을 넘고 초원을 지나 톈안먼天安門에 당도한 선배들을 생각했다. 요컨대 우리는 모든 면에서 선배들보다 부유하다고 생각했고 만족과 행복을 느꼈으며 불평은 모두 만족을 모르기 때문이라고 여겼다. 그러나 나중에는 우리의 인식에도 문제가 좀 생겼다. 어느 계몽가의 발언인지 모르겠지만, 종적 비교(늘 선배들과 비교하는 것)만 할 것이 아니라 횡적 비교, 즉 현대화를 이룩한 다른 국가들과도 비교해야 한다는 말이었다. 종적으로 보면 물론 오늘의 우리는 어제보다 부유하다. 그렇지만 횡적 시야에서 발달한 국가들과 비교하면 여전히 부유하지 않다. 계몽가의 이 말 한마디에 내 동시대 사람들은 조금 아연실색하게 되었지만 우리는 벌써 구세대 아Q의 방법에 생각이 미쳤다. 그러니까 "우리는 예전에 너희보다 훨씬 더 부유했다." 그러나 신세대 아Q와 구세대 아Q의 정신철학은 모두 각자의 장점이 있고 각각의 쓰임새가 있으니 어느 한쪽만 좋다고 볼 수는 없다.

내가 이 글을 쓴 것은 신세대와 구세대 아Q들의 우열을 따지려는 뜻은 아니었다.

곽대머리: 아Q의 선현

아Q와 마찬가지로 머리의 부스럼 자국이 드러나는 것을 두려워한 사람이 일찍이 중국에 있었다.

『안씨가훈顏氏家訓』「서증書證」에는 곽郭 씨 성을 가진 사람들이 독禿(대머리)을 꺼렸던 일이 기록되어 있다.

어떤 이가 물었다. "세인들이 괴뢰자傀儡子[60]를 '곽대머리郭禿'라 부르는데 그 까닭을 말한 자료가 있습니까?" 이에 다음과 같이 대답했다. "『풍속통風俗通』에 '곽 씨 성을 가진 사람들은 모두 독禿(대머리)을 꺼린다'는 말이 나온다. 예전에 성은 곽 씨로서 대머리가 되는 병을 앓은 사람이 있었는데, 익살맞고 우스운 소리를 잘했다. 그래서 후세 사람들

---

60 꼭두각시놀음의 주인공을 가리키는 말이다.

이 그 모습을 꼭두각시놀음으로 만들어 놀면서 '곽대머리'라고 불렀다."

　현재로서는 세상 사람들에게 '괴뢰자'라고 불렸던 곽 아무개라는 사람이 무슨 까닭으로 '대머리'가 되었는지는 고증할 수 없다. 천성적으로 머리털이 적었는지, 병을 얻어 머리털이 빠졌는지, 아니면 부스럼이 생겨 '머리털을 잃었는지' 단정하기가 이미 어렵다. 『포박자抱樸子』를 근거로 말하자면 그가 대머리 병을 앓은 사람이라면 이 세 가지 가능성 가운데 뒤의 두 가지에 속하기가 쉽겠다. 부스럼 자국이 생기는 것은 병에 속하기 때문이다.

　어째서 대머리가 됐건 간에 대머리가 보기 싫은 것은 사실이다. 그렇지만 이미 대머리가 되었다면 '꺼릴諱' 필요는 없다. '꺼리면' 꺼릴수록 더 부끄럽고 열등감에 젖게 되고 사람들은 그럴수록 부끄러움을 가린 모자를 벗기고 싶어한다. 곽대머리는 틀림없이 사람들이 자신을 대머리라고 부르는 것을 피하고 싶었을 것이며, 그래서 사람들은 일부러 그를 놀려댔을 것이다.

　곽 씨 성을 가진 후대는 그의 조상이 대머리였기 때문에 독禿이라는 글자를 회피했다. 이런 회피는 높은 사람尊者을 위한 회피이자 조상을 위한 회피다. 말하자면 조상의 허물이 드러나는 것을 두려워하는 것이다. 중국인들은 자신의 부스럼 자국이 드러나는 것을 꺼릴 뿐만 아니라 나아가 조상의 부스럼 자국이 드러나는 것도 꺼린다는 것을 알 수 있다.

　머리털이 없는 것과 부스럼 자국이 드러나는 것을 꺼린 고대 아Q와 근대 아Q의 이러한 행위를 나는 처음에는 우습게 생각했다. 그러나 중국의 유명한 황제 주원장朱元璋은 자신이 스님이었을 때 머리를 빡빡 깎은 적이 있었기 때문에(대머리보다는 체면이 서지만 황제의 존엄을 깎아내리는 문제점

　　　　　　　　　　　　　　　　곽대머리: 아Q의 선현

이 있다) 신하들에게 광光이라는 글자를 쓰지 못하게 했다. 생각이 거기에 미치자 웃고 싶은 생각이 사라졌다. 별로 유명하지 않은 사람이 부스럼 자국을 꺼리는 것은 두렵지 않다. 그러나 이렇게 이름 없던 사람이 갑자기 큰 인물로 변해서 대권을 장악하고 심지어 황제가 된 다음에는 강대한 권력을 이용해 자신의 부스럼 자국을 감추고, 고의든 실수든 그의 허물을 건드린 사람을 엄벌로 다스리거나 사형에 처한다는 것, 바로 그것이 두려운 일이다.

주원장을 곽대머리나 아Q와 한데 놓고 거론하는 것은 그야말로 황제에 대한 불경이다. 그러나 내가 이 사실을 지적하지 않을 수 없는 이유를 설명해야겠다. 중국인들은 위아래 할 것 없이 모두 체면을 중시한다. 황제는 더욱 체면을 중시한다. 체면은 흔히 양지良知보다 중요하고 진리보다 중요하며 우정과 그 밖의 모든 것보다도 더 중요하다. 중국의 지식인들이 이런 점을 알지 못하고 진리와 양심을 믿고서 황제들의 크고 작은 결점들을 비평하고 그들의 온갖 허물을 드러낼 수 있다고 생각한다면 그것은 이만저만 잘못된 생각이 아니며 그 결과 손해를 볼 것이 틀림없다.

수십 년 동안 나는 예컨대 레이펑,[61] 왕제王杰[62] 같은 여러 본보기를 학습했지만 그들은 모두 무척 순결해 허물이라고는 털끝만큼도 찾아볼 수 없었다. 오히려 나에게는 다른 종류의 본보기가 필요했으니 바로 허물은

---

61 1940년생의 인민해방군 사병으로 1962년 병영에서 사고로 숨졌다. 평소 인민을 위해 헌신적이었다고 알려지면서 이듬해 3월 5일 마오쩌둥이 '레이펑 동지를 배우자向雷鋒同志學習'라는 글씨를 쓰고 3·5 레이펑 학습기념일'을 지정한 뒤 '레이펑 정신'은 인민을 위해 헌신적으로 복무하는 무명의 개인을 상징하는 말이 되었다.
62 1965년 지뢰폭파훈련 교관으로서 교육을 실시하던 도중에 지뢰에서 연기가 나자 스스로 몸을 던져 수십 명의 목숨을 구하고 홀로 폭사했다. 이후 여러 신문과 TV에서 그의 희생정신을 찬양하면서 '고난을 두려워하지 않고 죽음을 두려워하지 않는다一不怕苦, 二不怕死'라는 말이 왕제의 희생정신을 본받자는 구호가 되었다.

있지만 드러내기를 두려워하지 않는 본보기다. 중국인들 대다수는 곽대머리, 아Q, 주원장이 지녔던 약점을 갖고 있기 때문에 이렇게 구체적인 문제에 따라 해법을 제시해주는 본보기가 특히 필요하다. 나 역시 남이 내 허물을 들추는 것을 두려워하는 사람이고 특히 이런 영웅의 모범을 통해 자신의 영혼을 구원할 필요도 있다. 그리하여 곽대머리나 아Q의 종자가 되는 것을 피하고 싶기 때문이다.

곽대머리: 아Q의 선현

아Q의 동그라미 그리기와 학자의 붉은 마음 그리기

『아Q정전』을 읽으며 내가 가장 큰 비애감을 느낀 부분은 아Q가 사형 판결문에 서명을 하던 광경이다. 벌써 곁에는 죽음의 신이 와서 곧 단두대로 올라가야 하는데도 그는 아주 진지한 자세로 바닥에 엎드려 일생의 기력과 뜻을 다하여 동그라미를 잘 그리려고 애쓴다. 그러나 그의 손은 떨리기만 할 뿐 아무리 애를 써도 동그라미를 잘 그릴 수가 없다. 결국 동그라미는 수박씨 모양이 되고 만다. 아Q는 이 때문에 창피했고 자신의 '행장行狀'에 또 '오점' 하나를 보탰다고 생각한다. 다행히 아Q는 특수한 재주가 있어 생각을 이렇게 바꿨다. '못난 놈이라야 동그라미를 잘 그리지.'

어찌된 영문인지 모르지만 문화대혁명 기간에 나는 아Q가 동그라미를 그리던 대목이 자주 생각났다. 일부 저명한 학자와 지식인들이 자살하기 전 유언과 함께 종이쪽지들을 남기면서 맨 위에 '영수領袖 만세, 만만세'라고 써서 충심을 표시한 것이 임종을 앞둔 아Q가 동그라미를 그리는 것과 같다고 느꼈기 때문일 것이다. 그 감동의 여운 속에서 내가 생각한 것은, 그들은 아Q와 마찬가지로 죽기 전에 동그라미를 그리고 글자를 쓰고했지만 언제나 동그랗게 잘 그리지 못했다는 것이다. 아Q는 동그라미를 잘 그리지 못해 수박씨 모양을 그렸지만, 그 지식인들이 동그랗게 잘 그리지 못한 이유는 사과처럼 붉은 그들의 마음이 왜곡되고 누명쓰고 '업신여김'을 당했기 때문이다. 그들은 그 누명을 기꺼이 수긍하지 않고 유언을 남겨 자신의 마음은 충성된 것이며 '둥근' 것임을 드러내려고 했다.

지식인이 자살하기 전까지도 충심을 표했다는 소식을 들었을 때 내가 느낀 비애감은 아Q가 동그라미를 그리던 대목을 읽을 때 느낀 비애감보다 더 심하고 강렬했다. 아Q는 죽기 전에 동그라미를 잘 그리려고 애썼지만, 곧바로 죽는다는 것을 반드시 알았다고는 볼 수 없으니 그의 동그라미 그리기는 거의 무지에서 나온 행동이었다. 그러나 지식인의 자살은 자각적 죽음이다. 그런데 이런 죽음은 자각적 죽음이기는 하지만 스스로원한 죽음은 아니다. 독재가 모든 것을 지배하던 나날 그들은 밤낮으로견디기 힘든 온갖 시달림을 받았기 때문에 정말로 살아남을 수가 없었다. 즉 삶이 죽음보다 고통스러운 지경에 이르면 죽음을 택하지 않을 수없는 것이다. 그러나 이런 상황 속에 죽으면서도 죽기 전에 자신의 '충성'을 표명하고, 굳이 붉은 마음 한 조각을 그리려 했다는 것이 정말 나를괴롭게 한다.

지식인이 죽기 전에 동그라미를 그린 것에 대해 내가 느끼는 혼란스러운 점이 두 가지 있다. 하나는 이미 말한 것처럼, 왜 핍박을 받고 죽으면서도 원망하지 않는다는 말을 해야 했는가? 다른 하나는, 이렇게 죽으면서까지 충성을 다한 지식인들에 대하여 어째서 '비판·투쟁'이 끊이지 않

아Q의 동그라미 그리기와 학자의 붉은 마음 그리기

았고, 어째서 그들을 편안히 살도록 놔두지 않았던가 하는 것이다. 요컨대 자살을 앞둔 지식인들의 '동그라미 그리기'는 깊이 생각해볼 만한 가치가 있는 것이다.

불량배

『수호전』을 읽으면 그 속에 등장하는 영웅들을 잊을 수 없다. 또 그 속에 등장하는 '불량배'도 잊을 수 없다. 특히 영웅이 불량배와 마주치는 상황을 잊기 어렵다. 이는 선비가 병사와 마주치는 것보다 더 골치 아픈 상황이다.

'불량배潑皮'라는 단어를 어느 천재가 발명했는지는 모르지만 중국어를 사용하는 중국인들이라면 아마 이 낱말이 대단히 정교하고 오묘하다는 데 공감할 것이다. 건달流氓, 무뢰한無賴, 깡패痞子도 역시 '불량배'다. 그렇지만 이 낱말은 어떤 '사회상'을 그 자체로 매우 또렷하면서도 시원스럽게 전달한다.

노지심魯智深이나 양지楊志와 같이 명성이 자자한 영웅들은 모두 불량배와 마주친다. 노지심의 이야기는 잠시 '덮어두고', 양지가 우이牛二라는 불량배와 마주치는 이야기부터 회상해보자.

우이는 그 당시 '수도京師'에서 유명한 불량배였다. 사람들은 모두 그를 '털 없는 호랑이'라고 불렀으니 거리에서 시비 걸고 행패 부리고 충돌을 일으키는 짓은 모두 도맡아서 했다. 수도의 백성은 일단 우이를 보기만 하면 건드릴 수 없다는 것을 알고 서둘러 자리를 피했다. 그러면서 그들은 말한다. "어서 피해. 호랑이가 온다!"

양지는 당시 화석강花石綱을 잃어버리고 강호로 도망쳤다가 나중에 사면을 받았지만, 또 고구高俅에게 재임용을 거부당하는 바람에 다시 사방을 떠돌게 된다. 이 영웅은 실의에 빠졌고 노잣돈도 다 떨어졌다. 영웅의 약점도 보통 사람과 마찬가지로 밥을 먹어야 한다는 것이다. 그리하여 양지는 하는 수 없이 조상에게 물려받은 보도寶刀을 팔러 시장에 간다. 그런데 공교롭게도 이때 우이를 마주친다. 우이가 양지의 얼굴에 들이대고 가격을 묻자, 양지는, 이 칼은 "조상이 물려준 귀중한 칼이어서 3000관을 받아야겠다"고 말한다. 그러자 우이는 버럭 호령하며 "무슨 놈의 칼을 그렇게 비싸게 팔아!" 한다. 양지는, 이 칼은 상점에서 파는 보통 양철로 만든 것이 아니라 보도라고 설명한다. 그러자 우이는 '보도'의 '좋은 점'을 분명히 말해보라고 한다. 양지는 머뭇거리지 않고 보도의 세 가지 장점을 말한다. 첫째는 "동을 내리찍고 철을 내리쳐도 칼날이 휘지 않고", 둘째는 "날에 대고 머리카락을 불면 잘려나가고", 셋째는 "사람을 죽여도 피가 묻지 않는다"는 것이다. 그 말을 들은 우이는 트집을 잡고 늘어지며 세 가지 장점을 하나 하나 증명해보라고 요구한다. 양지는 자신이 말한 대로 사람들 앞에서 동전을 내리쳤고, 그러자 과연 말한 그대로 되었다. 우이는 또 털을 불면 잘리는지 보자며 자신의 머리카락을 한 줌 뽑아 양지에게 주면서 "어디 불어봐!" 한다. 양지가 머리카락을 받아서 칼에 대고 불자 머리카락들은 모두 두 동강이 난다. 그래도 우이는 그만두지 않고 계속해서 생떼를 부린다. 이어지는 대목을 『수호전』은 다음과 같이 묘사하고 있다.

우이가 또 물었다.

"세 번째 장점은 뭐라고 했지?"

그러자 양지가 말했다.

"사람을 죽여도 칼에 피가 안 묻지."

우이가 말했다.

"어찌 사람을 죽였는데 칼에 피가 안 묻을 수 있나?"

"사람을 단칼에 내리치면 피가 묻지 않으니 그만큼 잘 든다는 말이지."

"믿지 못하겠다. 네가 사람을 한번 내리쳐봐."

그러자 양지가 말했다.

"도성 안에서 어찌 감히 사람을 죽이나? 자네가 믿지 못하겠으면 개를 한 마리 가져오게. 내가 죽여 보일 테니."

"네가 사람을 죽인다고 했지 개를 죽인다고 했나?"

"안 살 거면 관두게. 이렇게 성가시게 굴 거 없지 않나!"

그러자 우이가 말했다.

"어서 나한테 보여줘봐."

양지가 말했다.

"자네 정말 끝이 없군. 내가 자네한테 시비라도 걸었나?"

"네가 감히 나를 죽일 수 있겠어?"

"자네와 지난날 원한을 맺은 적이 없고, 근자에 원수진 일도 없고, 거래는 이루어지지 않았지만 물건도 돈도 다 그대로인데 이유 없이 자네를 왜 죽이나?"

그러나 우이는 양지를 꽉 붙잡고 놓아주지 않았다.

"나는 기어코 이 칼을 사야겠다."

"사려거든 돈을 주게."

"돈은 없다."

"돈이 없는데 나를 붙들고 어쩌자는 건가?"

"이 칼을 내가 가져야겠다."

그러자 양지가 말했다.

"난 칼을 줄 수 없네."

"네가 사내대장부라면 나를 칼로 찍어봐."

양지는 화가 치밀어 우이를 밀쳤다. 우이가 바닥에 고꾸라졌다 일어나더니 양지의 가슴팍을 들이받았다. 양지가 소리쳤다.

"거리에 계신 여러분, 모두 증인이 되어주십시오. 이 양지는 노잣돈이 없어 칼을 팔려고 했습니다. 그런데 이 불량배가 억지로 저의 칼을 뺏으려 하고, 또 저를 때리는군요."

거리에 있던 사람들은 모두 우이가 두려워 아무도 감히 나서서 말리지 못했다. 이때 우이가 소리쳤다.

"내가 널 때린다고? 때려죽인들 무슨 대수냐!"

이렇게 말하며 우이가 오른 주먹을 휘두르자 양지는 재빨리 피했고, 그러자 우이는 칼을 들고 달려들었다. 이에 양지는 화가 치밀어 우이를 맞이하여 목덜미를 찔렀고, 우이는 벌렁 나자빠졌다. 양지가 틈을 주지 않고 달려들더니 칼로 우이의 가슴팍을 연속으로 두 번 찔렀다. 바닥은 온통 피로 물들고 우이는 그대로 죽었다.

『수호전』의 이 한 단락은 불량배의 막돼먹은 꼴과 영웅도 어찌할 수 없는 상황을 매우 생동감 있게 보여준다. 우이의 이런 행패에서 볼 수 있는 특징은, 이치를 무시하고 막무가내로 생트집을 잡는 것, 그리고 막돼먹은 언동을 무기로 삼는 것이다. 당당한 영웅을 진퇴양난의 상황으로 몰아 양지가 어쩔 수 없이 칼을 빼들게 만든다. 사람들은 가혹한 통치와 가난이 사람을 양산梁山으로 올라가도록 내몬다는 것을 안다. 그러나 불량배의 행패 또한 영웅이 법을 알고 있으면서도 모든 것을 내던지고 죄를 범하게 핍박한다는 것은 알지 못한다.

이 이야기는 언제나 사람들에게 영웅의 비애를 절감하게 한다. 양지와 같은 이런 영웅을 비참하게 만드는 것은 여러 가지가 있다. 용감하고 무예가 뛰어나도 무예를 쓸 곳이 없고, 끔찍이 아끼던 칼을 입에 풀칠하기 위해서 내다팔 수밖에 없으며, 조심하고 신중을 기해도 여러 가지 죄목을 뒤집어써야 한다. 그렇지만 가장 서글픈 일은, 비루먹은 개와 같은 불량배를 마주친 것이다. 이 마주침은 그를 희롱당하는 곤경 속에 빠뜨렸을 뿐만 아니라 더욱이 비루먹은 개에게 받혀 온몸이 더러워지게 했다. 결국 불량배로 인하여 하고 싶지 않았던 일을 저질러야 하는 지경으로 내몰린 것이다. 루쉰 선생은, 자신의 적수는 사자나 호랑이나 독수리이길 바라며, 비루먹은 개이기를 바라지 않는다고 말했다. 그 말의 이치가 바로 여기에 있을 것이다.

선비가 병사를 마주쳤을 때 겪는 골치 아픔도 이치를 말해봐야 전혀 먹혀들지 않는다는 데 있다. 소위 '이치를 가지고도 분명히 말할 수 없다有理說不清'는 속담과 같다. 선비도 '귀중한 칼寶刀'을 갖고 있는데, 그들의 칼은 시일 수도 있고 소설일 수도 있고 문학일 수도 있다. 그들이 마주치는 '병사'는 자신을 '전사'라고 말하기 일쑤이지만 실상은 역시 불량배다. 이런 불량배가 우이보다 좀 나은 점은 글을 약간 안다는 것뿐이다. 그러나 막무가내로 생트집을 잡는 그 기세는 우이와 완전히 같은 꼴이다. 선비가 이런 불량배와 마주치는 상황은 대부분 영웅이 불량배를 만나 답답함을 느끼고 한 걸음 한 걸음 뒤로 물러나는 때와 비슷하다. 그러나 물러나도 되지 않는 경우가 허다하다. 이를테면 '불량배 병사'가 '선비'를 비판할 때, 선비는 본디 침묵하고 싶었다 하더라도 불량배는 결코 응낙하지 않는다. 그는 반드시 우이처럼 싸움을 걸면서 "네가 사내대장부라면 나를 칼로 찍어봐" 할 것이다. 선비는 만일 '불량배'를 향해 한 칼을 휘두른다면 그 사건은 '끝나지 않으며', 다시는 조용히 살아갈 생각을 하지 말아야 한다는 것을 알기 때문에 역시 침묵한다. 그러나 불량배가 또 우이처럼 정면으로 달려들면서 '죽기 살기'로 '계급투쟁'을 걸어온다면 적어도 선비의 온몸을 편치 못하게 할 것이다. 오늘날 선비로 살아가기 힘든 이유는 바로 문단에 우이 같은 불량배가 정말 많기 때문이다.

영웅에게는 호랑이의 기상도 있지만 원숭이의 기질도 있다는 말을 심심치 않게 듣는다. 그러나 불량배에게는 결코 호랑이의 기상이 없다. 그들은 원숭이의 기질만 갖고 있거나, 그보다 저열한 개의 기질만 갖고 있다. 영웅이 불량배와 맞붙어 겨룰 때 영웅의 호랑이 기상이 철저히 제압당한다면 매우 고통스러울 것이다. 가령 양지가 마주친 적수가 사자나 호랑이 또는 이규李逵나 무송武松이라면 싸워 이기든 지든 자신의 기량을 시험해볼 수 있다. 자신의 호랑이 기질을 전격 발휘해서 실패하거나 전사하더라도 영웅의 호탕한 기개는 능욕당하지 않을 것이며 스스로 진실하고 강대한 생명의 존재를 증명해 보일 수 있을 것이다. 하지만 우이와 같은 불량배를 마주치는 경우에만 방법이 전무하니 그저 운세가 사납다는 것을 스스로 인정하는 수밖에 없다. 나는 양지와 양지 비슷한 영웅들을 생각하면 언제나 괴롭다. 아울러 그들을 위해 이런 생각을 한다. 어느 때건 불량배 같은 적수를 마주치면 곧장 피하는 것이 상책이다. 수도의 총명한 백성이 "어서 피해. 호랑이가 온다"라고 말했던 것처럼.

작가가 되기는 쉬워도 인간이 되기는 어렵다

마자후이馬家輝 선생의 요청에 따라 『밍바오明報』의 부록 '세기世紀'의 '칠일심정七日心情'이라는 칼럼 난에 정기 기고를 하기로 했다. 이로써 칼럼을 처음 쓰게 되었다. 칼럼을 쓰기로 한 것은 나도 칼럼 작가가 될 수 있음을 증명하고 싶어서가 아니다. 이번 기회에 자신이 한 인간이 되려고 노력하고 있으며 인간으로서 할 말을 한다는 것을 입증하고 싶어서다.

예전부터 느낀 점이지만 중국 대륙에서는 작가, 그것도 '유명 작가'가 되기는 쉬운 일이지만 한 인간이 되기는 어렵다. 1958년 '전 인민이 다 시인'이라고 함부로 과장하던 그 시대는 잠시 접어두고라도, 지금도 중국은 도처에 작가와 평론가들이 넘쳐난다. 황제가 인정한 작가, 관부가 인정한 작가, 협회가 인정한 작가, 집단이 인정한 작가, 친구들이 치켜세워 인정한 작가들까지만 해도 벌써 너무 많다. 자기 스스로 인정한 작가들까지 합친다면 더욱이 숫자를 헤아릴 수 없다. 중국 작가협회 및 각급 분회의

'서기'가 회의를 거쳐 인정한 작가도 수천수만 명에 이른다. 최근에 발표된 숫자에 따르면 중국작가협회 회원이 5200명이고 각 성省과 시市의 지방 회원이 2만8769명이니까 전국작가협회 계열에 속하는 '작가'는 3만 3969명이다. 이는 유럽 안도라공화국의 인구를 모두 합한 숫자, 또 바티칸 인구의 30배에 해당된다. 이들 수만 명의 작가와 시인이 군복을 입는다면 몇 개 사단의 군인 집단이 될 것이다.

더 놀라운 것은 작가가 되기 쉬울 뿐 아니라 작가 우두머리가 되기도 아주 쉽다는 것이다. 최근에 열린 문인 대표대회와 작가 대표대회에서는 난데없이 아무 작품도 없는 공무원 논객들이 '부주석'과 '작가협회 이사'를 맡았다. "한 글자도 쓰지 않고 풍류를 다 표현한不着一字, 盡得風流"[63] 셈이다.

작가가 되기는 쉬워도 인간이 되기는 쉽지 않다. '문화대혁명' 때 지옥과 같은 '외양간牛柵'[64]을 거친 작가는 많다. 그러나 감히 바진처럼 1000페이지가 넘는 『수상록』을 써서 자신이 인간임을 보여준 사람은 극소수다. 글을 좀 쓸 줄 안다거나 기교를 좀 부릴 줄 안다고 인간이 될 수 있는 게 아니다. 인간이 되려면 반드시 인격과, 양심과, 줏대와, 담력이 있어야 한다. 인간다운 말과 진실한 말을 하고, 양심을 속이지 않으며, 할 말을 할 수 있어야 한다. 이런 말을 하려면 위험이 따른다. 외양간, 족쇄와 수갑, 감옥, 베이다황[65]이 기다리고 있다. 이야기를 구술하거나 손에 월계관을

---

63 당나라 사공도司空圖의 『시품詩品』 제1권 '함축含蓄'에 있는 말로, 표현을 절제하고 함축의 묘를 발휘해 예술의 극치에 도달한다는 뜻이다. 이 글에서는 작품도 쓰지 않고 대표자가 된 작가들을 풍자하는 매개로 사용되었다.

64 본디 가축을 기르는 '우리'다. 문화대혁명 때 관료, 엘리트, 지식인 등 '반동분자'를 잡아 가두었다.

65 이 책에 수록된 「광대한 칠흑의 밤, 황야의 늑대」 참조.

드는 것처럼 재미있는 일이 결코 아니다. 한 인간이 되기 어렵기 때문에, 비록 중국에는 군대 집단처럼 많은 작가가 있지만, 쑨예팡孫冶方, 구준顧准, 녜간누聶紺弩, 푸레이傅雷, 마쓰충馬思聰처럼 영혼이 바로 선 사람은 손에 꼽을 정도다.

인간 되기 어려움을 깨닫고서야 독일 철학자 게오르그 짐멜의 괴테에 대한 평론이 확실히 훌륭하다고 느낀다. 그는 이렇게 말했다. "괴테의 삶이 우리에게 끝없는 감흥과 깊은 위안을 주는 까닭은 그가 한 인간이었기 때문이다. 그는 인성을 끝까지 다했는데 이와 같이 위대하다. 이 점이 우리에게 인류에 대한 희망을 느끼게 하며 한 인간이 되고자 앞을 향해 힘써 나아가도록 우리를 격려한다."

어제와 오늘의 심경

해외에서 학문 연구와 사색을 계속하는 것 외에도 나는 적잖은 시간을
들여 '표류수기漂流手記'라는 산문 시리즈를 쓰고 있다. 『세상 끝에서 홀로
말하다獨語天涯』는 '표류수기'의 제4권이다. 이 책 이전에는 『표류수기』『먼
타국에서 보낸 세월遠遊歲月』『서양에서 고향 찾기西尋故鄕』세 권을 이미 출
판했고, 이 책 이후에는 제5권 『고원을 한가로이 거닐며漫步高原』를 출판했
다. 제6권 『함께 깨닫는 인간―아버지와 딸의 편지共悟人間―父女兩地書』[66]도
이미 인쇄에 들어갔다. 이 산문들은 세계 각지에 대해 쓰고 있긴 하지만
실제로는 나 자신의 내적 여정이므로 '마음의 전기心傳' 또는 '영혼의 역사心
靈史'라 부를 수 있다. 나는 글쓰기를 자아 수련으로 삼고 있기에 글을 쓰면
쓸수록 마음이 평온해지고 또 이전의 험준하고 급박한 자아와 멀어진다.

---

66 국내에서는 『삶을 안다는 건 왜 이리 어려운가요?』로 번역, 출간되었다.

15~16년 전에 상하이문예출판사로 『성격조합론性格組合論』 원고를 보냈고, 이번에 『세상 끝에서 홀로 말하다』를 보냈다. 그때와 지금은 심경이 크게 다르다. 그때는 책을 내는 일이 급했고 '세상과 대면하기'에 급급했지만 지금은 전혀 급하지 않다. 이미 발표한 작품과 장차 발표할 작품이 모두 눈 위에 찍힌 발자국 같은 것에 불과하다. 시간이 흰 눈을 녹이면 발자국도 함께 녹아 없어질 것이다. 결국 사라지는 운명을 벗어날 수 없다. 비록 육체보다 오랫동안 지속되는 생명을 추구하지만 자신의 발자국이 영원하리라고는 생각지 않는다. 그러면서도 글쓰기에 노력을 쏟는 것은 글쓰기가 곧 영혼의 호흡이기 때문이다. 내가 낸 책들이 모두 생명의 배처럼 끊임없이 나를 싣고 나아가서 새로운 곳으로 데려가고 동경하던 곳에 나를 더 가까이 다가가게 해주는 것 같다. 이런 체험이 펜을 멈출 수 없게 한다. 허나 어느 날엔가 정말 육지에 닿고 발 디뎌야 할 곳에 도착하면 이 배들은 사명을 다한 것이기 때문에 불살라버릴 수 있다. 인간 세상이 나의 이런 행동으로 빛이 바래지는 않을 것이다. 실상 책 몇 권을 내는 것은 결코 중요하지 않다. 천지는 말이 없고, 가장 위대하고 아름다운 우주와 천체는 책도 쓰지 않고 언설도 세우지 않는다. 존재는 언어보다 아름답다.

　'세상과 대면하기' 급급했던 것은 명성을 이루는 데에만 급급했던 것이다. 지금은 급하지 않다는 것은 이미 명성을 이루었기 때문이 아니다. 위대한 존재는 말이 없을 뿐 아니라 이름도 없다는 것을 깨달았기 때문이다. 이른바 천지와 우주도 모두 사람이 이름 붙인 것이다. 위대한 천체의 존재는 원래 이름이 없고, 수많은 탁월한 언어 창조도 이름이 없다. 내게는 언제까지나 다 읽지 못하고 다 말하지 못하는 기상천외한 책이 둘 있다. 『산해경山海經』과 『역경易經』이다. 저자가 누구인지 모른다. 상고시대의 천재적 저자가 이 책들을 저술할 때는 어서 발표해야지, 하는 생각도 안 했을 것이 틀림없고, 게다가 이 책의 명성이 수천 년에 걸쳐 오랫동안 전해지리라는 생각도 못 했을 터이다. 하이데거는 중국의 철학자 노자老子를 가장 탄복해 마지않았다. 그러나 『도덕경』은 전적으로 핍박에 의해 저술된 것이다. 하이데거는 존재의 의미를 물었지만, 노자는 존재 그 자체다. 탁월한 존재는 스스로 자랑할 필요가 없고, 조정에서 명성을 다투거나 시장에서 이익을 다툴 필요도 없다. 20세기 세계문학에서 황당하고도 새로운 전통을 개척한 카프카는 임종 때 그의 벗에게 자신의 원고를 불사르라고 당부했다. 아마 그의 작품이 없어도 태양은 전과 같이 떠오르고 별들도 전과 같이 빛날 거라고 생각했을 것이다. 만일 카프카 생전에 자신의 소설이 시장에서 영예의 리스트에 올라가고 문학사에서 영웅의 계보에 들어갈 줄 알았다면, 그는 틀림없이 『변신』『심판』『성』과 같이 문학의 새 시대를 여는 작품들을 쓰지 않았을 것이다. 1980년대 중반에 내가 『성격조합론』을 발표했을 때 생각한 것은 지금과 같은 이런 생각이 아니었다. 자연스레 심리 상태도 좀처럼 평화로울 수 없었다.

10여 년 전에 중국에서 썼던 산문시와 해외에서 쓴 산문도 차이가 크다. 그 당시 내 심경을 가장 잘 반영하는 이미지는 '산꼭대기山頂'였을 것이다. 산꼭대기에 무엇이 있건 그저 올라가려고만 했다. 이런 생명의 격정이 지금도 완전히 소멸된 것은 아니지만 내 심리 상태를 비교적 잘 대표하는 이미지는 '골짜기 바닥谷底'이다.(『먼 타국에서 보낸 세월』을 보라.) 골짜기 밑바닥은 어둡고 캄캄하지 않으며 조용하고 엄숙하다. 목청껏 노래하지 않고 깊은 사색에 잠겨 있다. 골짜기 밑바닥은 산꼭대기보다 묵묵히 수련하기 적합하다. 골짜기 밑바닥은 끝없이 펼쳐지는 경치는 없지만 샘물이 졸졸졸 흐른다. 골짜기 밑바닥은 산꼭대기에 서 있는 것처럼 사람들의 눈길을 쉽게 잡아끌지는 못하지만 조용히 마음속 깊은 곳의 자유롭고 진실한 목소리를 표현하는 데 도움이 된다. 이처럼 기본 정신에서 변화가 생긴 것 외에도, 해외에서 두 번째 인생을 시작했기에 '첫 번째 인생'인 전생의 끈이 하나 더 늘었다. 나는 정말 고국을 떠나오기 이전의 세월을 '전생'으로 생각한다. 일찍이 글을 썼고 연애에 빠졌고 서적을 출판했지만 이 모든 것은 전생의 일이다. 이런 생각은 내게 완전히 새로운 시작, 완전히 새로운 유년 시절을 맞게 했다. 『세상 끝에서 홀로 말하다』의 주제는 바로 동심설童心說이며 책에는 동심의 시각이 깃들여 있다.

『세상 끝에서 홀로 말하다』는 1990년대의 마지막 4년간 쓴 책이다. 그 몇 년 동안 나는 늘 20세기의 언어폭력을 반성했다. 이것은 '전생의 세균'으로, 결코 '이승'에 들어오게 해서는 안 된다. 중국 고대 한어에서는 폭력을 거의 찾아볼 수 없다. 진秦나라 이전의 제자諸子와 같은 선현들은 치열한 논쟁을 하더라도 매너를 지켰고 글에도 풍격이 있었다. 5·4운동은 비록 공훈이 있지만 농민봉기에서 사용했던 '타도'나 '전복'과 같은 폭력을 언어에 들였다. 그래서 언어폭력이 끊임없이 계속되는 역사가 시작되었다. 언어폭력은 이데올로기에 영향을 주었을 뿐 아니라, 나아가 중국 현대문화의 심층 구조에까지 영향을 끼쳐 집단적 무의식으로 변해버렸다. 이런 발견으로 나는 현대 한어에 경계심을 갖기 시작했고, 가능한 한 폭력적 경향에서 벗어나고자 애썼으며 '숙련'된 글쓰기를 하면서 '숙련'된 언어폭력의 함정에 빠지지 않으려고 노력했다. 언어폭력 외에 또 언어 은폐의 문제가 있다. 언어유희를 하고 기교를 부리는 데 열중하다보면 참된 생명, 참된 성정을 언어로 덮어 가리게 된다. 시화詩話와 사화詞話를 포함해 중국의 시문들은 세련된 것이어서 생명의 본연과 진실한 정서를 과다한 언어로 덮고 가리는 것을 바라지 않았다. 이런 경험은 내가 20세기 말

어제와 오늘의 심경

에 이르러서야 깊이 깨달은 것이다. 『세상 끝에서 홀로 말하다』가 선택한 형식은 이런 깨달음과 관련된 것이다. 그 외에도 아래에 보이는 쇼펜하우어의 말도 내 선택의 이유를 드러내는 데 도움이 된다.

마음이 아름답고 사상이 풍부한 사람이라면 누구나 가능한 한 자신의 사상을 타인에게 전달하려고 분투한다. 이로써 그는 속세의 삶에서 필연적으로 느끼는 적막함을 덜어내려고 할 때 가장 자연스럽고 우회하지 않으며 가장 간결한 방식으로 자신(의 사상)을 표현한다. 이와 반대로, 사상이 빈곤하고 사고가 혼란스러우며 괴벽이 습성화된 사람은 견강부회하는 어구와 난삽하고 난해한 관용어로 자신을 치장해서 난해하고 화려한 미사여구로 (그 자신의) 자질구레하고 용속한 사상을 감추려고 한다. 이는 마치 준수하고 엄숙한 자태를 전혀 갖추고 있지 못하면서도 의복과 장신구로 결함을 미봉하려는 사람과 같다. 조금도 우아하지 않은 치장, 이를테면 금실과 은실, 깃털, 파마머리, 높이 받친 프렌치슬리브 소매, 그리고 두루미 형상의 가운으로 자신의 초라하고 누추한 모습을 덮고 가리려고 한다.

『의지와 표상으로서의 세계』, 318쪽, 상무인서관商務印書館, 1982)

쇼펜하우어가 말한 "가장 자연스럽고 우회하지 않으며 가장 간결한" 방식이 내가 시도해보려는 방식이다.

지난해에는 안후이문예출판사를 통해 국내에 있을 때 썼던 산문시 선집을 출판했고, 올해에는 상하이문예출판사를 통해 또 내가 해외에서 쓴 책을 처음으로 출판하게 된다. 그래서 몹시 기쁘다. 나는 이 일을 고국과 고향이 내게 베푸는 애정이라고 생각한다.

로댕이 준 세 가지 계시

츠바이크가 아직 젊었을 때, 로댕을 만날 기회를 얻었다. 당시 츠바이크는 프랑스 시인 베르하렌의 집을 방문했는데 그 시인은 츠바이크가 로댕을 열렬히 찬양하는 것을 듣고 말했다.

"자네가 그리도 로댕을 좋아한다면 직접 만나 사귀어야 하지 않겠나. 내가 내일 로댕의 작업실에 가려고 하는데 괜찮다면 자네를 데리고 가지."

"지금 괜찮냐고 했나? 나는 너무나 기뻐서 잠을 이루지 못할 거네."

밤사이 흥분해서 잠을 설친 츠바이크는 마침내 로댕을 만났다. 자신이 숭배하는 예술의 대가 앞에서 젊은이는 "입이 떨어지지 않아 말을 할 수 없었다." "나는 그에게 찬사 한마디도 못했고, 그의 갖가지 조각상들 사이에서 조각상처럼 서 있었다." 그러나 로댕은 이 젊은 시인의 성실하면서도 곤혹스러운 모습이 마음에 들어 함께 식사를 하고 자신의 창작을 구경하게 했다. 그리하여 츠바이크는 그의 전 생애에서 결정적 의미를 갖는 배움을 얻었다. 이 배움에는 가장 중요한 세 가지 내용이 포함된다.

첫째, 위대한 인물은 언제나 마음씨가 가장 훌륭하다.

둘째, 위대한 인물은 생활의 거의 모든 면에서 소박하고 꾸밈이 없다.

셋째, 위대한 예술가에게는 '창작의 비결'이 있다. 창작할 때 온 정신을 쏟아붓는 것이 그것이다. 사상思想이 고도로 집중될 뿐 아니라 혼신의 정력을 집중하여 자신을 도외시하고 주위 세계를 모두 잊어버린다.

이 세 가지 배움은 그 후 츠바이크의 인생과 줄곧 함께했고, 그를 20세기의 탁월한 작가들 중 한 사람이 되게 했다. 위대한 인물, 위대한 작가, 위대한 예술가라면 가장 훌륭한 마음씨를 지녀야 한다. 그는 세계와 인류에 대해 온정과 사랑이 충만해야 하며 인간의 고난에 대해 큰 자비와 연민, 큰 관심을 품어야 한다. 다른 탁월한 인물과 동반자들을 질투하거나 배척하지 않아야 하며, 재능이 자신에 못 미치는 사람을 포함하여 자신보다 지위가 낮은 사람을 경시하지 않아야 한다. 로댕은 바로 이런 마음씨를 지닌 사람이었고, 그래서 그의 조각상은 어느 것이나 모두 사람의 마음을 따뜻하게 하고 다친 상처를 치료하는 빛이 되어 감상자의 영혼 깊은 곳에 스며든다. 로댕은 또한 가장 소박하고 꾸밈없는 사람이었다. 츠바이크는 이 세계적 영예를 누리는 위대한 인물이 먹는 식사가 중간 정도에 속하는 농민의 식사처럼 단순하다는 것을 발견했다. 투박한 고기한 덩이, 올리브 몇 알, 과일 한 접시, 현지 산産 포도주 원액이 전부였다. 마음속의 세계가 지극히 풍부한 사람은 겉치레가 필요 없다. 그러나 츠바이크가 평생 잊을 수 없었던 것은 창작에 들어간 뒤의 로댕의 모습이었다. 그것은 예사롭지 않은 위대한 순간이었고 심신을 모두 집중하는 장면이었다. 로댕은 자신의 창작에 온 정신을 쏟아붓고 있었고, 도취된 정감 속에 깊이 침잠해 있었다. "벼락이 치더라도 그를 깨어나게 할 수 없었다."

도취된 가운데서 그는 예술 이외의 모든 것을 잊어버렸으며 마지막에는 그 자신이 초대한 손님까지도 잊어버렸다. 츠바이크는 이렇게 묘사했다. "그는 정신을 온전히 집중한 그 시간 속에서 나를 완전히 잊어버렸다. 그는 알지 못했다. 한 젊은이가 감동에 젖어 그의 등 뒤에서 그의 조각상처럼 꼼짝도 하지 않고 가쁜 숨을 몰아쉬고 있다는 것을. 그리고 그 젊은이는 바로 자신이 작업실에 데리고 들어온 사람이라는 것을."

츠바이크가 느낀 이 세 가지 배움은 로댕이 말없이 보여준 위대한 계시였다. 나는 이것이 사상가와 작가들에게 얼마나 중요한 것인지 안다. 그래서 망각하지 않으려고 특별히 여기에 써둔다.

몽테뉴에게 배운 미덕의 끈기

얼마 전 중국 대륙에서 왕창王強이 소포로 부쳐준 이린출판사譯林出版社의 대작 『몽테뉴 수필 전집』상·중·하권을 받고 얼마나 기뻤는지 모른다. 두문불출하고 단숨에 다 읽고 난 뒤에도 책을 놓기가 아쉬웠다.

나는 아주 일찍부터 몽테뉴라는, 16세기 프랑스의 이 위대한 산문가의 이름을 알고 있었고, 또 그의 소품문들이 일찌감치 1920년대에 이미 중국 현대 문단에 영향을 준 것도 알고 있었다. 양이 얼마 안 되는 그의 선집과 조각글들만 읽은 터라 애석했는데, 그의 완역본을 읽고서야 온전한 몽테뉴를 감상할 수 있었으니 정말이지 올해 가장 기쁜 일이다. 판리전潘麗珍, 왕룬웨王倫躍, 딩부저우丁步洲 등 여섯 분의 역자에게 감사해야 마땅하다.

전집을 읽고 나서 작은 딸에게 읽어보라고 추천했지만 그 아이는 지루하고 침울하며 설교가 무척 많아서 두세 편 읽어보고는 그만두었다고 했다. 딸아이가 좋아하지 않는 것을 나는 이상하게 생각하지 않는다. 몽테뉴의 수필은 어디까지나 400년 전의 글이므로, 현대인 특히 현대 청소년의 문화적 수요나 심리적 리듬과 큰 격차가 있는 게 당연하다. 더구나 학자풍의 수필인지라 자료를 널리 인용해 논증하고 끊임없이 이치를 설명하다보니 성질 급한 젊은 독자들에게 받아들여지기는 더욱 쉽지 않다. 하지만 나는 뛰어난 사상과 아름다운 인생을 감상하기 좋아하는 사람인지라 몽테뉴의 글을 읽으면서 곳곳에서 공감이 일어났다. 한편으로는 그의 해박한 식견, 특히 고대 그리스 로마의 역사와 문화를 손바닥 보듯 익숙하게 다루는 솜씨에 경탄을 금치 못했다. 다른 한편으로는 그가 제시한, 반박할 여지가 없이 확실한 여러 인간됨의 도리가 마음에 들었다. 이러한 도리는 지금은 망각되고 있거나 조롱을 받지만, 몽테뉴는 인간됨의 기본적 도리를 포기해서는 안 된다는 교훈을 확고하게 제시하고 있다. 사회를 유지하는 기본적 도리가 상실되어버리면 사회는 분열되고 변질되어 결국 구제할 수 없게 될 것이다. 몽테뉴의 산문이 지닌 힘은 바로 추호도 타협함 없이 아름다운 인격을 수호하는 힘이다. 그의 산문은 그 인물 개인의 온전한 인격의 상징일 뿐만 아니라 나아가 인류의 미덕에 대한 그의 간절한 기대이기도 하다.

이 제한된 공간에서 독자들에게 말할 수 있는 것은, 이 수필 세 권을 모두 읽는다면 여러분은 미덕에 대하여 그 어떠한 궤변에도 흔들리지 않는 올곧은 신념을 갖게 되리라는 것이다. 중권 제3장 「케아 섬의 풍습에 대하여」에서 몽테뉴는 미덕의 참을성과 절대성을 감동적으로 논술하고 있다.

우리 몸을 묶고 있는 쇠사슬을 마찰시켜서 끊으려면 있는 힘을 다해서 끊는 것보다 더 필요한 것이 끈기다. (…) 그 어떤 재난과 마주치더라도 생활의 미덕을 등져서는 안 된다.

운명의 채찍을 피하기 위해 동굴과 묘비를 찾아 몸을 숨기는 것, 이는 미덕의 행위가 아니라 비겁한 행위다. 폭풍이 아무리 거세도 미덕은 절대 중도에서 그만두지 않으며 자신의 길을 계속 걸어갈 것이다.

몽테뉴는 이 문단을 쓴 뒤에 대시인 호라티우스의 감명 깊은 시를 인용했다.

하늘이 무너지고 땅이 갈라진다 해도
미덕은 우뚝 서서 *끄떡*도 하지 않으리라.

몽테뉴는 우리에게 말한다. 평온한 나날에는 미덕을 쉽게 유지할 수 있지만 불행과 고난 속에서, 특히 폭력과 유혹 앞에서 미덕이 시험을 견뎌내기란 결코 쉬운 일이 아니다. 그러나 미덕이야말로 큰 고난과 역경 앞에서 결코 몸을 돌리지 말아야 한다. 그리고 폭군의 위협 및 형벌과 살육은 미덕을 더욱 빛나게 한다.

오늘 400년 전에 몽테뉴가 한 말들을 되새겨보니 정말이지 마음을 가라앉히기가 어렵다. 인생의 폭풍을 어느 정도 경험한 나로서는 폭풍과 유혹 앞에서 '절대로 몸을 돌리지 않는' 미덕을 지닌다는 것이 얼마나 어려운 일인지 잘 안다. 그리고 나는 아직 하늘이 무너지고 땅이 갈라지지도 않았는데 미덕이 벌써부터 산산이 무너지는 광경을 보았다. 대륙에서 시장경제가 흥성한 뒤로 수단과 방법을 가리지 않는 사기와 강탈 행위,

횡령과 부정의 풍조가 형성되는 것을 보면서, 그리고 타이완에서 민주정치가 전개된 뒤로 목청을 높여 인신공격을 하고 심지어 서로 치고 박으며 싸우는 것을 보면서, 또 거짓말이 중국을 뒤덮고 금전이 모든 것을 좌지우지하고 어둠 속에서 지저분한 모략 및 책략과 거래가 이루어지고 영혼을 팔아넘기는 일이 진행되는 것을 보면서, 나는 미덕이란 실상 아주 취약한 것이며 몽테뉴가 기대한 미덕의 끈기가 결코 쉬운 것이 아님을 깨달았다. 그러나 나는 또한 권력 쟁탈과 금전의 폭풍우 속에서도 자신의 미덕을 우뚝 세워 끄떡도 하지 않는 사람들이 더욱더 아름답게 부각되는 것도 보았다.

37

츠바이크의 절망

독일어 작가들 가운데 괴테를 제외하고 내가 가장 좋아하는 작가는 슈테판 츠바이크다. 그의 작품이라면 소설, 산문, 서신을 가리지 않고 모두 좋아한다. 1980년대 중국에서는 츠바이크 저서들을 중국어로 번역한 『낯선 여인의 편지』 『슈테판 츠바이크 소설 4편』 『3인 서간—고리키, 로맹 롤랑, 츠바이크 서간집』 『츠바이크 소설집』 『마젤란의 공적』 등이 잇따라 출판되었고, 나는 출간되는 족족 모두 읽었다. 그의 『다른 의견을 가질 권리 異端的權利』를 읽고는 몹시 감동받은 나머지 책상에 엎드려 울었다. 나는 어디에 가든 항상 이 책을 갖고 다닌다. 최근에는 또 500페이지에 육박하는 그의 또 다른 자전적 산문 『어제의 세계—어느 유럽인의 회고』(수창산舒昌善 외 옮김)를 읽고 또 감동받아서 어쩔 줄 몰라 하다가 걷잡을 수 없는 마음으로 며칠간 밤잠을 설쳤다. 이 책을 중국어로 옮긴 역자들께 감사한다. 모든 중국인이 이 책을 읽는다면 얼마나 좋을까.

『어제의 세계』는 1942년 츠바이크가 자살하기 전 2년에 걸쳐 완성한 자서전이다. 1939년부터 1940년까지 세계는 광대한 전쟁의 도가니에 빠져 있었고, 츠바이크의 '인간성과 평화'라는 이상은 전쟁의 불길에 깡그리 불타버렸다. 그는 "절망에서 출발하여 나는 내 일생의 역사를 쓰고 있다"고 친구에게 말했다. 이 생명의 역사책을 읽고 나서, 나는 츠바이크라는 이 천재가 60세의 젊고 혈기왕성한 나이에 단호하게 자결한 것은 순전히 세계에 대한 그의 절망 때문임을 알게 되었다. 츠바이크는 오스트리아에서 태어난 유대인으로, 1938년 히틀러가 오스트리아를 병탄한 뒤 독일인이 되었다. 그가 이 책을 쓸 때 오스트리아는 이미 멸망하고 독일이 강제적으로 그의 '조국'이 되었지만 그 조국의 깃발은 바로 히틀러였다. 히틀러라는 이름, 그리고 그 이름이 대표하는 국가는 유대인의 모든 권리를 빼앗았고 "영혼과 신체를 파괴하는 모든 폭력적 행위는 비웃는 수단이 되어 강제로 그들에게 가해졌다." 그러고는 토끼를 사냥하듯 유대인을 쫓아 수용소에 몰아넣거나, 그들이 누더기를 걸친 채로 들판과 바다를 건너 이국땅에 가서 몸을 의탁할 곳을 구걸하게 만들었다. 그러나 츠바이크 자신은 1933년에 이미 히틀러 당국에 의해 반드시 통제해야 할 44명의 독일어 작가의 한 사람으로 지명되었다. 수십만 권에 달하는 그의 저서들이 모두 나치 대원들에 의해 서점과 도서관에서 몰수당했고, 살던 집도 강제로 수색을 당했다. '조국'에서 그의 책은 '마약류 보관함' 속에 처박혔으며 정부의 특별허가를 얻어야만, 그것도 비판과 모욕을 가하기 위한 용도로만 열람될 수 있었다. 때문에 그는 어쩔 수 없이 조국을 떠나서 세상 곳곳을 떠돌았고, 마지막에는 유럽과 멀리 떨어진 브라질에 머물러야 했다.

츠바이크는, 세계에는 도저히 나아갈 길이 없고 이처럼 큰 지구에서 자신이 갈 곳과 자신이 머물 곳이 아무 데도 없으며 전 세계가 히틀러라는 미치광이에게 지배되고 있음을 보았다. 이 미치광이에 대해 사람들은 처음에는 경각심을 갖지 못하고 그저 호프집에서 선동이나 하는 어릿광대에 불과하며 영향력을 행사할 수 없으리라 여겼다. 나중에는 그에 대해 환상을 품고 그에게 협조하면 평화를 얻을 수 있으리라 생각했다. 그러다가 그의 진면목을 분명히 알게 되었을 때는 이미 그의 잔혹한 불길이 유럽을 순식간에 뒤덮었다. 츠바이크는 고국에서 반체제 분자로 간주되어 머물 곳이 없게 되자 영국으로 갔지만 또 황당하게도 '적국의 외국인'으로 간주되어 심지어 결혼 수속조차 할 수 없었다. 세계는 이렇게 한 미치광이에게 갈기갈기 찢겼고, 츠바이크의 온전한 생명이 나아갈 길마저 찢겨버렸다. 그가 마음속으로 뜨겁게 추구하던 인간성과 평화의 염원은 물거품이 되었다. 그때 츠바이크는 온몸을 휩싸는 무력감과 함께 평생 겪어본 적 없는 고독을 느꼈다. 고독 속에서 그는 마침내 절망했으며, 그 미치광이에 의해 마음대로 좌우되고 유린되며 해석되는 세계에 깊이 실망했다. 그리하여 그는 이 미치고 나약한 세계에서 풀려날 수 있는 최후의 길, 곧 죽음을 선택했다. 생명 깊은 곳의 의미가 전부 산산조각 난 이상, 무의미해진 몸뚱이를 마지막에 가서 스스로 부수는 것은 힘든 일이 아니다.

이 천재의 죽음이 사람들에게 말하는 교훈은 이런 것이다. 인간은 본래 절망에 저항해야 한다. 그러나 인간 세상의 악은 때로는 아주 강대하여 깨어 있는 사람을 아무것도 할 수 없게 만들어 최후에는 절망적인 글과 절망적 행위만 남게 된다. 후대 사람들은 어쩌면 이 절망적인 이야기로부터 희망을 창조하는 법을 깨닫게 될지도 모른다.

바보큰언니가 제일 좋아

『홍루몽』이 세상에 나온 뒤로 대관원大觀園이라는 여인들 세상에서 어느 여성이 가장 사랑스러운가를 둘러싸고 논쟁이 자주 일어났다. 때로는 대단히 격렬한 논쟁이 벌어져 임대옥林黛玉이 사랑스럽네, 설보차薛寶釵가 사랑스럽네 하며 '험한 말이 오가고 주먹을 휘두를 뻔'하는 지경까지도 갔다. 이런 재미있는 논쟁은 1950년대에 이르러 위핑보俞平伯[67] 선생이 비판을 받은 뒤에야 잠잠해졌다. 사회가 안정되자 학술도 안정되어 사람들은 계급 분석의 방법을 좇아 '설보차 부류'는 '봉건계급'을 유지하려는 효

---

[67] 청나라 박학대사 유월俞樾의 증손자로 핑보는 자字, 본명은 밍헝銘衡(1900~1990)이다. 5·4 신문화운동에 참가하면서 백화문으로 신시新詩를 썼다. 1919년 베이징대를 졸업하고 상하이대 등 여러 대학에서 가르치며 1921년에『홍루몽』연구를 시작했다. 신중국 이후 베이징대 교수와 사회과학원 문학 연구소 연구원을 지내며 1954년 9월부터 오랜 세월 정치적 박해를 받았으나 1980년대 말까지『홍루몽』연구를 중단하지 않았다. 주요 저작으로『論詩詞曲雜著』『紅樓夢八十回校本』『俞平伯散文選集』등이 있다.

자현손孝子賢孫에 속하고, '임대옥 부류'는 소자산 계급 또는 귀족 계급의 '혁명파'에 속한다고 단정지어, 더 이상 논쟁할 것이 없게 되었다. 논쟁을 하더라도 개인적인 몇 마디 말로 변호할 뿐이었고 논변의 성질은 이미 없게 되었다. 그러나 민간에서 젊은 여성들은 여전히 물어보았을 것이다. 알아맞혀봐. 내가 어느 쪽을 제일 좋아하는지? 내가 누구랑 가장 닮았어?

자신이 누구와 가장 닮았는지 물을 때는 대옥, 보차, 묘옥妙玉, 사상운 史湘雲 같은 인물과 닮았다고 말해주기를 바란다. 최소한 청문晴雯, 원앙鴛鴦, 평아平兒 등과 닮았다고 말해주기 바라지, 유劉 노파를 닮았다는 말은 결코 듣고 싶지 않았을 것이다. 그러나 언젠가 녜간누와 샤오훙蕭紅이 대화할 때 샤오훙이 물었다. "맞춰봐요, 제가 『홍루몽』에서라면 누구일까요?" 그러자 녜간누는 그녀에게 농담조로 대답했다. "자네가 누구냐고? 자네는 바보큰언니傻大姐지." 그러나 샤오훙은 오히려 웃으며 이를 받아들였다. 녜간누는 훗날 『샤오훙 선집蕭紅選集』의 서문을 쓰면서 그 대화를 집어넣었다. 이상하게도 나는 그들의 대화가 자꾸 생각이 난다. 그리고 '나는 누구인가?'라는 문제를 생각할 때면 늘 나와 내 동년배들 중 일부도 역시 바보큰언니를 닮았다는 생각이 든다.

바보큰언니는 물론 좋은 사람이다. 그녀는 가 씨 모친賈母의 삼등三等 시녀로 살집이 많고 뚱뚱했는데, 사람이 성실하고 큼직한 발로 궂은일을 할 때면 재빠르고 시원스럽게 해치우니 흠잡을 데 없는 인물이다. 다만 아는 것이 없고 머리를 쓸 줄 모르며 심성이 우둔하고 융통성이 없어 입만 열었다 하면 늘 사람들을 웃게 한다. 그녀의 가장 유명한 에피소드는 바로 대관원에 놀러 갔을 때다. 그녀는 문득 산속 바위 뒤에서 오색자수가 놓아진 향주머니를 줍는데, 그 자수는 벌거벗은 남녀가 끌어안고 있는 그림이었다. 이런 '춘정'을 알지 못하는 그녀는 그것을 요정 둘이 싸우는 그림이라 여기고 가 씨 모친에게 돌아가서 알리려고 할 때 마침 형邢 부인이 와서 그녀에게 향주머니를 바친다. 형 부인은 에구머니 하고 깜짝 놀라고는 절대 남에게 알리지 말라고 한다. 바보큰언니도 놀라 누렇게 뜬 얼굴로 머리를 조아리고는 돌아간다. 또 다른 에피소드가 있다. 보옥寶玉을 설보차에게 장가보내기로 결정한 비밀을 바보같이 대옥에게 누설한 것이다. 이 때문에 대옥은 순식간에 애간장이 다 타 멍한 상태가 된다.

나와 내 동년배들을 바보큰언니와 닮았다고 하는 까닭은 다음과 같다. 우선, 우리가 영웅 모범을 학습하던 당시 줄곧 '바보정신'을 배웠기 때문이다. 영웅의 고귀한 품격에 대해 잘 몰랐기에 기꺼이 바보가 되라는 설교를 언제나 따르고 믿었으며 자신을 머리를 쓸 줄 모르는 바보라 여기며 처신했다. 이런 우둔하고 융통성 없는 기질이 꼭 바보큰언니와 닮은 점이다. 둘째로, 지식, 특히 개인의 정감에 관한 지식이 부족했다. 바보큰언니처럼 지식이 빈약한 것은 아니었지만 부부를 '한 쌍의 혁명 동지'로 여기고, 프로이트를 '반동권위'로 간주하고, 안나 카레니나의 애인 브론스키를 '깡패'로 생각했다. 이와 비슷한 일들이 흔히 일어났다. 그리고 바보큰언니와 아주 닮은 점이 또 있었으니, '춘정'을 발견했다 하면 그게 뭔지 잘 알지도 못하면서 요정과 비스무레한 '계급투쟁의 새로운 동향'으로 간주하고 '조직'에 보고한 것이다. 바보큰언니는 가 씨 모친에게 '돌아가 알리려고' 했고, 우리가 하고자 한 일은 '조직에 돌아가 알리려고' 한 것이었으니 두 가지가 거의 차이가 없다. 내가 대학에서 '간부'를 맡고 있을 때 남학우의 평범한 연애편지를 받은 여학우들의 고발장을 여러 통 받았다. 나 자신이 다른 이를 고발한 적이 있었는지는 갑자기 생각이 잘 안 나지만, 만일 이런 행운과 마주쳤다면 아마 고발했을지도 모르겠다.

스스로 바보큰언니라 인정하는 것은 절대 창피한 일이 아니다. 당시를 생각하면 누이들이 그 누구를 닮았다 해도 모두 좋을 것이 없었다. 왕희봉王熙鳳을 닮았다면 '독사'이고, 진가경秦可卿을 닮았다면 '음탕한 여자'이고, 설보차를 닮았다면 봉건제도의 옹호자이고, 임대옥을 닮았다면 훌쩍훌쩍 짜기만 하는 '소자산 계급'이고, 묘옥을 닮았다면 '정신적 아편'을 제조하는 승려이고, 청문을 닮았다면 가난한 하중농下中農으로 태어나 봉건귀족 도련님을 사랑했으니 불온한 입장에 속하는 것이다. 하나같이 모두 '계급 분석'에서 자유로울 수 없었기 때문에 하나같이 모두 누군가를 닮아서는 안 되었다. 때문에 나 자신이 바보큰언니를 닮았다고 말하는 것도 일리가 없는 것은 아니다. 나는 남자이니 당연히 어느 처녀나 아가씨를 닮았다고 말하기가 쉽지는 않지만 누구를 좋아한다고 말할 수는 있겠다. 그러나 위핑보 선생에게 가해진 몸서리쳐지는 비판을 생각하면, 또한 가 씨 가문이 계급투쟁의 현장이 된 것을 생각하면, '계급 분석' 방법을 사용해야 할 것이다. 그래서 내가 가장 좋아하는 사람은 바보큰언니다, 오직 그녀만이 가난한 하중농 계급의 좋은 자매다, 라고 말하는 도리밖에는 없다.

유원인이었던 시대

중학교에 다닐 때 나는 진화론과 역사적 유물론에서 두 가지 지식을 배웠다. 하나는 원숭이가 변해서 사람이 되었으며 원숭이의 마지막 형태가 유인원이라는 것이다. 다른 하나는 원숭이와 유인원이 사람으로 변할 수 있었던 것은 노동 때문이라는 것, 즉 노동이 원숭이를 사람으로 변하게 만들었다는 것이다. 전자는 찰스 다윈으로부터 얻은 지식이고 후자는 카를 마르크스로부터 얻은 지식이다.

그리고 나는 이 때문에 어린 시절부터 노동을 숭상하고 노동을 좋아하고 노동이 원숭이를 사람으로 변하게 했다는 진리를 믿었다. 그러나 훗날 농촌에 내려가 사상을 개조하기 위한 노동을 하면서 생명을 지나치게 많이 소모했을 뿐만 아니라 사람의 몰골이 아닐 정도로 고생을 하다보니 이런 강제적 노동에 반감이 들었다. 노동은 비록 신성한 것이지만 사람을 다른 물건으로 바꿔놓기 일쑤라는 생각이 들었다. 어떤 물건으로 바꿔놓는지는 분명히 생각해본 적이 없지만 말이다.

　최근에 상하이의 여성 작가 주린竹林이 쓴 장편소설 『여자인간女性人』을 읽고 나서야 나는 비로소 노동은 원숭이를 사람으로 변모시킬 뿐만 아니라 사람을 원숭이로 변모시킬 수도 있다는 것을 깨달았다. 이 소설에는 노동의 가치에 관한 두 지식인의 대화가 한 단락 나온다.

　"……지식인을 농촌으로 내몰아 모판에서 모를 뽑으라고 시켰어. 농민한 사람이 오전에 예순 모숨을 뽑는데, 지식인 한 사람은 여섯 모숨도못 뽑아. 그런데도 그들의 임금은 농민의 열 배가 넘어. 그들을 개조하기 위해서 국가는 비싼 가격에 여섯 모숨을 살지언정 그들의 총명한 지혜는 내버려두는 거야. 우리가 사는 이곳을 보게. 물도 없고 흙도 없는척박한 다훙산大紅山에 억지로 계단식 밭을 만드는데, 끝도 없이 무너져 내리고 자꾸 산사태가 나서 사람이 지쳐 죽어가고 돌에 깔려 죽는판에 노동의 가치는 어디 있단 말인가?"

　"아니야, 가치야 있지."

　허스인何士隱은 궁셴龔獻의 등을 툭툭 치며 일부러 엇서려는 듯 말했다.

　"자네를 반죽음이 되도록 지치게 만들어 수용소에 갇힌 죄수처럼 다른 헛생각을 못 하게 하는 데 바로 가치가 있지."

　"말 잘 했네." 궁셴이 갑자기 목소리를 깔았다.

　"자산계급은 잉여가치를 착취하려고 사람을 고된 노동에 내몰지만, 우리는 잉여가치가 필요 없네. 효과도 없는 노동을 하도록 시켜서 두뇌를대신하게 만들고, 사상을 질식시켜도 우리는 안타까울 것이 없어."

　"당신들 말대로 하면, 노동……, 노동의 의미가 변했군?"

　어둠 속에서 흐리멍덩한 목소리가 들려왔다.

"아니지." 허스인이 정색을 하며 부정했다.

"인류학의 관점에 따르면, 노동이 원숭이를 사람으로 변화시켰네."

리카이위안李凱元이 히히, 웃으며 말했다.

"허나 지금은 노동이 사람을 원숭이로 바꿔놓았군."

소설의 주인공 '나'는 이 말을 듣고 곧 자신도 한 마리 원숭이임을 깨닫는다. '붉은 조끼를 입은 작은 원숭이'가 지금 "주인이 잡아끌고 지휘하는 대로 사람들에게 허리를 굽혀 인사를 하고 환심을 사려고 알랑거리며 갖은 재롱을 부리고 있었다." 이 묘사는 노동에 대한 우리 세대의 뼛속 깊은 체험을 지적하고 있다. 그것은 바로 강제노동, 곧 사상개조를 목적으로 하는 강제적 노동은 사람을 사상이 없고 독립적 인격도 없이 일만 할 줄 아는, 원숭이를 닮은 괴물로 만들 수 있다는 것이다. 이 괴물의 유類는 사람의 과科에 속하지만 원숭이에 더 가깝고, 다른 사람에게 이끌려 허리 굽혀 인사하고 온갖 쇼를 다 하지만 자신의 견해가 없고 사람이 지녀야 할 정신과 언어도 없으며, 살아가며 하는 행위가 원숭이 재롱과 같은 것에 불과하다. 이런 괴물은 사람으로 쳐주더라도 '유원인類猿人'으로 쳐줄 수 있을 뿐이다.

이 소설을 읽고 나는 일부러 『사해辭海』의 '유인원類人猿' 조목을 검색해 보았다. 유인원→사람→유원인으로의 변천을 알고 싶어서다. 조목은 다음과 같이 풀이하고 있다.

유인원Anthropoid은 원류猿類라고도 한다. 영장목靈長目 성성이과와 긴팔과의 동물을 통칭하는 말이다. 큰 성성이, 검은 성성이, 성성이, 긴팔원숭이 등이 포함된다. (…) 인류와 친연親緣관계가 가장 가깝고 형태 구조 역시 인류와 유사하므로 이렇게 불리게 되었다. 영장목 가운데서 인류를 제외하고 가장 고등한 동물이다. 원숭이 유와 다른 주요한 특징은 꼬리가 없고, 볼 주머니와 팔 혹이 없는 점이다.(긴팔원숭이는 여기서 제외된다.) 인류와 가장 비슷한 체질적 특징은 복잡한 대뇌, 이빨 숫자와 구조, 눈의 위치, 바깥귀 모양, 맹장 충수, 넓은 흉곽과 납작한 흉골, 혈액형, 임신 기간과 수명 등이다. 그러나 유인원은 앞다리가 뒷다리보다 길고 반$_{\pm}$ 직립으로 걷고 팔로 걷기를 능숙하게 하는 것과 같은 특징이 있는데, 이는 인류와 뚜렷이 구별되는 점이다. 화석 유인원을 '고대원숭이古猿'라 통칭한다.

'유인원'에 대한 이 정의는 나를 감개무량하게 했다. 사람과 유인원의 큰 차이점 가운데 하나는 '반 직립으로 걷는 것'이지만, 우리는 노동개조를 하느라 밤낮으로 고개를 처박고서 김을 매고 밭을 갈다보니 언제나 허리를 펼 수 없을 정도로 지쳐 있었다. 그것은 언제나 사람들에게 취로구臭老九[68]라서 고개를 숙이고 다니는 것으로 여겨져, 원숭이가 '반 직립으로 걸어다니는 것'과 별로 구별되지 않았다. 그리고 우리의 팔은 원숭이처럼 길지는 않지만 간부학교幹校[69]에서 생활하는 동안 손에서 호미를 놓은 적이 없었기에 원숭이와 마찬가지로 팔도 길어졌다. 이는 분명히 '원숭이와 유사한類猿' 특징 아닌가? 그러므로 『사해』의 이 조목은 이렇게 설명했어야 한다. 사람과 원숭이는 비록 둘 다 복잡한 두뇌를 갖고 있지만 사람의 두뇌에는 사상과 영혼이 있는 반면 원숭이의 두뇌에는 없다는 것이 가장

---

68 '악취 나는 지식인'이라는 뜻으로 문화대혁명 당시에 지식인을 경멸하여 부르던 호칭이다.
69 문화대혁명 당시 노동개조를 위해 머물던 곳을 간부학교라 불렀다. 지식인은 국가의 편제에서 간부로 분류되었기 때문이다.

큰 특징이라고 말이다. 하지만 구별하지 않아도 그만이다. 왜냐하면 정치운동과 노동개조를 거치는 동안 이 차이는 이미 사라졌기 때문이다. 이 조목을 쓴 사람이 선견지명을 갖고 있어서 노동개조를 거친 사람과 원숭이는 더 이상 본질적 차이가 없을 것임을 알고 있었던 게 아닐까? 사람의 두뇌에 사상과 영혼이 있다고 했다면 오히려 과학적이지 않았을 것이다.

내가 간부학교에서 몸소 체험한 것은 신뢰할 만한 것이다. 그때 나는 확실히 사람 같기보다는 원숭이에 더 가까웠다. 단련을 거친 팔은 상당히 발달되고 민첩하여 언제든지 몸을 날려 트럭에 훌쩍 뛰어올라서 식량을 운반하고 화학비료를 운반할 수 있었다. 그 민첩함은 결코 원숭이에 뒤지지 않았다. 다만 사상이 질식되고 정체되어 멍청해졌기 때문에 '노동자선전대工宣隊'[70]의 지휘를 받아야만 마오쩌둥의 어록을 중얼거릴 수 있었으니, 지능 수준이 원숭이와 별 차이가 없었을 것이다. 그때의 나는 당연히 원숭이의 유類가 아닌 인류에 속했으므로 '유인원'이라고는 할 수는 없었지만, '유원인'이라고 할 수는 있었다. 말하자면 원숭이와 유사한 인류라고 하는 것이 적절하다. 자신을 이렇게 정의하는 것은 결코 자학이 아니다.

'유원인'은 유인원이 진화하여 사람이 된 다음에 일어난 일종의 퇴화 현상이다. 이 현상은 아직 인류학자들의 관심을 끌지는 못할 것이다. 그들이 관심을 가진다면 이런 '유원인'을 여러 면에서 연구하고 정의할 수 있으리라. 그들은 어쩌면 문외한인 내가 내린 이 정의를 인정하지 않을지도

---

70 문화대혁명 당시 지식인이 대다수를 차지한 대학, 신문사, 출판사 등지에 파견되어 직접 운영에 참가하고 지식인의 사상개조를 수행하던 노동자들로 구성된 선전대.

모른다. 가령 그들은 이미 '유인원'을 '고대 원숭이'라고 불렀으니 '유원인'을 '오늘날의 원숭이'라고 부를지도 모른다. 좀더 관용을 베푼다면, '오늘날의 원인今猿人' 혹은 '혁명원인革命猿人'이라고 이름 붙일 수도 있겠다.

내가 '유원인'이었던 시대는 이미 지나갔다. 내가 자신의 주체성을 상실했음을 의식하고 주체성 회복을 부르짖었을 때 이미 '유원인'과는 작별을 고했다. 그 후에 일어난 강렬한 비판을 나는 이해할 수 있다. 왜냐하면 영혼도 없고 사상도 없이 부렸던 원숭이 재주는 그야말로 즐거운 놀이였기 때문이다. 게다가 '혁명원인'이었던 것도 확실히 진정한 인간이 되는 것보다는 안전하고 부담이 없었기 때문이다.

열 가지 기억

얼마 전에 나는 중국 대륙에서 온 친구 몇 분과 함께 20세기 후반에 경험한 일들에 관해 이야기를 나누었다. 게임 규칙에 따라 각자에게 가장 인상 깊었고 또 기억에서 지우기 어려운 이야기를 열 가지씩 말했다. 나도 '강압에 의해' 열 가지를 말했는데, 그것은 다음과 같다.

하나, 1951년 초등학교에 다니던 어느 날 선생님은 우리 전교 어린이들을 데리고 반혁명 분자 15명에 대한 공개재판에 참가했다. 총살이 집행된 뒤의 현장도 참관시켰다. 나는 처음으로 사형 팻말을 꽂은 채 단상에 꿇어앉은 죄인들을 보았고 일렬로 나란히 늘어놓은 시체와 흐르는 뇌수, 모래와 풀잎에 뿌려진 피를 보았으며 또 피비린내를 맡았다. 당시 내 나이는 만 열 살을 갓 넘겼다.

둘, 1952년 '네 가지 해악을 제거하자'라는 운동에서 나는 쥐 일흔여덟 마리를 잡았고, 학교는 내게 '쥐잡이 영웅'이라는 칭호를 수여했다. 이는 전적으로 어머니의 도움이 있었기 때문이다. 그러나 성미 급하신 우리 어머니는 어느 날 쥐를 잡아, 학교에 케이크와 과자를 팔러 오는 지인을 통해 내게 쥐꼬리를 보냈다. 이 때문에 상을 받은 뒤 한 급우가 이렇게 폭로했다. '영웅'의 쥐꼬리는 케이크 장사꾼한테 산 것이다. 내 눈으로 직접 보았다!

셋, 1960년 우리 반(샤먼廈門대 중문학부)은 샤먼 교외지역에 있는 하이창 공사海滄公社에 가서 3개월 동안 노동을 했는데 나는 굶주린 나머지 온몸이 퉁퉁 부어올랐다. 어느 날 페이야菲亞(나의 아내)는 샤먼 사범대학에서 배급받은 성냥갑 크기의 개떡 다섯 개를 먹지 않고 아끼며 배를 타고 바다를 건너와서 내게 주었다. 바닷가 큰 나무 아래에서 나는 그걸 몇 입에 다 먹어버렸다. 뱃속에 적은 자본이나마 들어가니 머리도 얼마간 맑아져 페이야에게 물었다. 이 개떡은 원래 돼지가 먹는 거지? 그녀는 이렇게 말했다. 아니야, 네가 방금 개떡 먹는 모습이 마치 저팔계가 인삼과를 먹는 것 같았어.

넷, 1964년 가을, 나는 전국에서 대학을 졸업하고 갓 사회과학원에 온 80여 명의 청년과 함께 산둥 성 황 현黃縣(현재는 룽커우 시)으로 노동실습을 갔다. 첫 번째 과목은 계급투쟁 교육이었다. 억고사첨憶苦思甜, 곧 과거의 고난을 회상하며 현재의 행복을 소중히 하는 발언을 하던 할머니 마츠馬遲 씨는 집안내력을 말하며 통곡했다. 우리는 산둥 말을 알아듣지는 못했지만 '계급의 고통을 잊지 말고 피눈물의 원수를 기억하자'라는 구호를 계속 외쳤다. 잠시 후 공사 서기가 우리 앞에 와서 말했다. 노인네가 어리벙벙하군. 고통스러웠던 일을 기억하라고 했더니 틀린 기억을 말하지 않았나. 저 할멈이 말한 것들은 죄다 2년 전 어려웠던 때 먹지 못하고 고생한 일이야.

다섯, 1966년 6월 나는 장시江西 성의 '사청四淸'[71] 전선에서 베이징으로 돌아와 문화대혁명에 참가했다. 그 후 류사오치, 덩샤오핑鄧小平, 허룽賀龍, 뤄루이칭羅瑞卿, 루딩이陸定一, 저우양周揚, 그리고 사회과학원의 허우와이루侯外廬, 쑨예팡, 첸중수 등 하나같이 멀쩡하던 혁명가와 학자들이 어느새 하나같이 소의 머리에 뱀의 꼬리를 한 잡귀, 괴상망측한 도깨비, 해충, 벌레, 구더기, 그리고 마오쩌둥 주석 곁에 있는 시한폭탄 등으로 변한 것을 나는 아연실색하며 멍하니 바라보았다. 그 며칠 내 마음속에는 언제나 마오쩌둥의 '풍운이 돌변하더니 부저우산 아래 붉은 깃발 어지러이 나부끼네風雲突變, 不周天下紅旗亂'라는 시구가 머물렀다.

여섯, 문학 연구소에서 개최한 위핑보兪平伯 비판대회에서 한 연구원이 화장실로 달려가 휴지가 담긴 휴지통을 갖다가 위 선생의 머리에 씌웠다.

일곱, 린뱌오가 몽골에서 죽은 뒤, 사회과학원은 나라 전체가 그러했듯 린뱌오 반혁명 집단에 대한 철저조사 운동을 시작했다. 사회과학원에서 조사해야 할 핵심 인물은 중앙군사위원회로 가서 예췬葉群[72]의 교사를 맡았던 두 사람이었다. 한 사람은 역사연구소의 양楊 선생이고 다른 한 사람은 철학연구소의 싱번쓰邢賁思 선생이었다. 양 선생은 "예췬은 돼먹지 못하게도 어느 날 내게 추파를 던졌다"고 폭로했다. 싱 선생은 또 이렇게 폭로했다. "예췬은 어찌나 게으른지 레닌의 『철학노트』조차 읽기 싫어서 나한테 미리 빨간 펜으로 요점에 밑줄을 그어달라고 요구했다."

---

71 1963~1966년 중국 공산당 중앙에서 도시와 농촌 전체를 대상으로 진행한 사회주의 교육 운동.

72 린뱌오의 부인이다. 중화인민공화국 수립 후 중남국 부녀연합회 주임, 중앙군사위원회 판공청 주임을 지냈고 1969년 중공9전대회에서 중앙정치국위원에 선출되었다. 1970년 8기 2중전대회에서 마오쩌둥에게 비판을 받았다. 린뱌오 등과 함께 쿠데타를 계획했으나 발각되어 소련으로 도주하던 중 비행기 추락으로 사망했다.

여덟, 1976년 11월 당 중앙에서 '4인방' 체포를 선포하자 나는 절친한 친구 진추펑金秋鵬과 함께 몹시 기뻐서 거리로 나가 마구 뛰어다니다가 채소시장 상인들이 승리를 경축하려고 오랫동안 냉동해둔 게를 파는 것을 보았다. 우리는 즉시 게를 네 마리 사서 집에 돌아와 삶았다. 하지만 솥을 열어보니 빨갛게 변한 빈 게 껍질 네 개를 빼고는 전부 혼탁한 국물뿐이었다. 상점 창고에 여러 해 보관해두다보니 진작에 썩어 악취가 풍겼다.

아홉, 1977년 나는 '4인방'을 비판하는 글을 쓰려고 공산당 중앙조직부에 가서 타오주陶鑄의 부인 쩡즈曾志(당시 중앙조직부 부부장)를 방문했다. 그녀는 다음과 같은 사실을 알려주었다. 타오주가 감금당해 취조를 받을 때 고열로 침대에 누워 있는데 감시원이 강렬한 전등 불빛으로 얼굴을 직접 비추었고, 보초는 입구에 서서 지키지는 않고 침대 옆에서 지키고 있었다. 억지로 그를 죽으라고 압박한 것이었다. 타오주는 몸이 아주 튼튼한 사람이었지만 죽을 때 몸무게는 30킬로그램도 되지 않았다. 마지막에는 대변도 볼 수 없어 쩡즈가 대신 긁어내야만 했다.

열, 1990년 1월 워싱턴에 가서 제퍼슨 기념관을 처음 관람했을 때 나는 온몸을 뒤흔드는 구절을 보았다. '나는 하나님께 선서하노니, 인류의 영혼에 대한 그 어떠한 형식의 독재도 증오하고 반대한다!'라는 글귀였다.

최후의 우상

인생은 끊임없이 도망가는 과정인 것 같다. 어느 때는 육체가 도망가고 어느 때는 정신이 도망간다. 혹은 죽음을 도피하고 혹은 지옥을 도피하고 혹은 암흑을 도피한다. 심지어 표창表彰과 포상褒賞에서 도피해야 하는 경우도 있다. 가령 망나니에게 표창과 포상을 받는다면 그 부상副賞은 피비린내를 풍기는 것이기 십상일 테니 도피하지 않으면 안 될 터이다. 그렇기에 체호프가, 망할 놈에게 표창을 받느니 차라리 전쟁터에서 전사하는 게 낫다고 말했나보다.

이렇게 볼 때, 지식인에 관해 말하자면 정신적 도피가 끊임없이 일어나는 것이 실은 정상이다. 죽는 날까지 도피해야 할 것이다. 나 역시 황급히 도망치는 사람들 중 한 명이다. 이는 어쩌면 내 성품이 나약해서 그런 것인지도 모르지만 이상하게 지옥의 어둠에 대해 나는 언제나 특히 민감하다. 지옥에서 어둠의 동물들과 한패가 될까봐 두렵고, 지옥에서 들려오는 귀신의 허풍과 허튼소리를 듣는 게 끔찍이도 싫다. 지옥의 그 어떤 언어에도 인간의 온기가 결핍되어 있다.

그러나 최근 나는 내 친구들을 실망시킬지도 모를 발견을 한 가지 했다. 바로 나 자신도 나의 지옥임을 발견한 것이다. 이 발견으로 인해 지금 나 자신으로부터 도피하는 중이다. 나는 지금까지의 자신도 실상 아주 엉터리임을 발견했다. 세상에 태어나 유아 때는 자연스레 어머니의 품에 안겨서 놀았고 그 후에는 자연스레 침대 위나 바닥을 기어다녔다. 그러나 내 인생은 엎드려 기어다닌 시간이 무척 길었고 내 영혼은 항상 허리를 곧게 펴고 일어서지 못했다. 요 몇 년 사이에야 비로소 원숭이처럼 직립을 배우기 시작했다. 물론 이는 영혼의 직립을 말한다. 그러나 직립을 한 뒤에는 또 '기氣'가 온몸에 충만했다. 혁명의 기, 전사의 기, 삼국지의 기, 수호지의 기, 소牛의 기, 온갖 기가 내 몸에 충만했다. 그러나 지금은 '기'의 명목도 가지각색이다. 혹은 과격한 정서라고도 하고, 혹은 호탕한 정서라고도 하니 참 어여쁘고 미묘하다. 온몸에 충만했던 기는 물론 고국의 늠름하고 전투적인 기에 감염된 것이지만 자신에게도 책임은 있다. '기'가 많아지면 이성과 지혜가 부족해지고 냉정함과 태연함도 모자라게 된다. 외국에 온 뒤로는 스스로 '기'가 좀 줄었다고 느끼기는 했지만 그래도 여전히 아주 육중한 느낌이었다. 항상 달팽이처럼 중국 전체의 고뇌를 짊어지고 있었고, 그래서 달팽이처럼 기어다녔다. 갓난아이 때의 어머니 품속, 바로 그것과 같은 원시 상태로 돌아가 어머니의 젖을 찾는 것 외에는 아무것도 모르고 멀리 내다볼 줄도 모르며 마음의 부담을 내려놓을 줄도 모르는 것처럼 말이다. 한바탕 고초를 겪은 뒤에야 이 달팽이 껍질이 바로 자신의 지옥임을 알게 됐으니 이것은 최후의 지옥이자 가장 도망치기 어려운 지옥이다.

동물계를 벗어난 뒤로 인류는 험난한 여정을 걸었다. 언제나 광대한 그늘과 무형의 지옥이 인류를 따라다녔다. 인류는 이 그늘과 지옥에서 벗어나기를 진정으로 바랐고, 그래서 온갖 무형의 지옥과 괴물들을 연구했다. 수많은 천재적 작가와 사상가 및 철학자들이 인류의 후손으로 출현했다. 그들은 이미 고대 그리스에서 이 광대한 그늘은 곧 운명이며 인간은 언제나 운명의 굴레에서 벗어날 수 없음을 발견했다. 운명은 어디에 가더라도 벗어날 수 없는 지옥이며, 설령 제왕의 자리에 있다 하더라도 운명이라는 지옥의 손아귀에서 벗어날 수 없다는 것, 바로 그것이 『오이디푸스 왕』의 이야기다. 20세기에 이르러 사르트르는 이 그늘과 지옥은 바로 우리 곁에 있으며 그것은 곧 '타인'임을 발견했다. 타인은 나와 동일한 행성에서 생활하는 내 동류이며 우리는 언제나 이 지옥에서 도망칠 수 없다. '타인은 자신의 지옥'이라는 명제는 중국의 젊은이들에게 확실히 충격이었다. 그래서 1970~1980년대 중국에서는 타인의 통제를 벗어나 도망치려는 흐름이 눈에 띄게 나타났고, 이런 정신적 도피 현상이 대규모로 발생했다. 그것은 우상으로부터의 도피, 권위로부터의 도피, 주의主義로부터의 도피, 대일통大一統으로부터의 도피, 교조 바이러스로부터의 도피를 말한다. 나도 그런 도망자들 가운데 한 사람이었기에 자아를 긍정하고자 노력했고, 주체성을 긍정하려고 노력했다. 지금 생각해보면 이런 대규모의 도피 역시 필요한 것이었다. 그렇지 않았다면 우리는 여전히 타인의 구호와 지시 아래서 숨 쉬며 살아가야 하고 타인의 지시가 없으면 정말 어떻게 살아야 할지 알지 못했을 것이며 상부의 지시를 바라거나 보고를 하지 않으면 어떻게 살아가야 좋을지 몰랐을 것이다.

그러나 지금 나는 또 하나의 그늘과 지옥을 발견했다. 바로 나 자신이다. 도망치기 가장 어려운 지옥이 바로 자신의 지옥이라 느낀다. 이상하게도 사람은 어려서부터 자신을 거울에 비춰보기를 좋아한다. 거울 속의 자신은 점차 자신의 우상이 된다. 이 우상이 바로 최후의 우상이다. 이 우상은 지금 저작이 있고 월계관과 명성이 있고 논적들이 '체계'라고 부르는 이론의 건축물도 갖고 있다. 그러나 이런 건축물이 바로 자신의 높은 벽이다. 어떤 친구는 내게 말했다. 자네는 자신의 체계를 깨부숴야만 해. 그리고 자신의 총기聰氣가 더 자유롭게 쏟아져 나오도록 해야 해. 하지만 나는 그러기가 아까웠다. 그 '체계'는 나 자신의 기념비라는 생각이 들었다. 그러나 이 기념비가 장벽이 될 줄은, 아름다우면서도 정지된 병풍처럼 자신을 가로막고 있을 줄은 예상치 못했다. 이 벽은 나를 만족시켰고 나를 단단히 봉쇄했다. 이 높은 장벽은 바로 자신이 가진 지옥의 벽이었다. 인류는 사자나 호랑이보다 총명해서 쇠 우리를 만들어 맹수들을 꼼짝 못하게 가둘 수 있다. 그러나 인류는 아주 우둔할 때도 있어 자신을 쇠 우리 안에 가두어놓고도 스스로 알지 못하고, 사람들이 쇠 우리를 통해 자신을 구경할 때 스스로 자신이 바로 우상이라고 생각한다.

그러나 친구의 조언도 효력을 발휘하고 나도 장벽과 병풍을 의식하기에 이르렀다. 그리하여 나는 이 최후의 장벽을 뛰어넘고 최후의 우상과 작별하기로 결심했다. 이렇게 마음을 먹으니 갑자기 깨달음이 생기고 기도 적잖이 줄어들며 정서도 많이 태연해지고 냉정도 되찾게 되었다. 아울러 타인은 지옥이라는 명제를 여러 해 반성했으니 그다음에는 자신이라는 지옥에 대해 반성해야 한다고 느꼈다. 이것이 바로 '내 생각을 반성하는 것思我思'이다. 즉 나 자신을 냉철한 관찰의 대상으로 삼아 자신의 건축물을 비판하고, 자신의 우상을 깨부수는 것이다. 그런 다음에는 쓸모 있는 조각들을 주워서 다시 새로운 진로를 모색하는 것이다. 이로부터 『루쉰 연구의 자아비판』도 나오게 되었다. 그 책은 어쩌면 자아의 지옥에서 벗어 나는 내 첫걸음인지도 모른다.

내 생각을 반성한다

조국을 떠난 지 벌써 2년이 지났다. 친구들이 그동안 뭘 하고 지냈어, 하고 물으면 나는 늘 창피해서 마지못해 대답한다. '내 생각을 반성하는' 중이라고. 지난 몇 년간 나는 일부 사회 현상과 문학 현상에 대해 '반성反思'을 했고, 지금은 또 이 '반성'을 다시 생각해보는 중이다. 이것이 바로 내 생각을 반성하는 것이다.

'나는 생각한다. 그러므로 나는 존재한다.' 내 학생 시절, 수업시간에 데카르트의 이 명제는 언제나 유심론이라는 비난을 받았다. 그러나 나는 이 명제를 좋아한다. '나는 생각한다'를 없애버린다면 나는 정말 존재하지 않는 것 같고, 고작해야 육체적 존재라는 생각이 들기 때문이다. 내 생명의 존재는 '나는 생각한다'와 밀접하게 연관되어 있다. 쾌락, 고통, 창조, 재난 이 모든 것이 바로 '나는 생각한다'라는 지독한 명제에서 비롯된다.

외국 교정에 몸담고 있다보니 좀더 조용하고 자유롭게 사고할 수 있게 되었다. 조용하다는 말은 별로 방해를 받지 않는다는 뜻이다. 내가 가장 참을 수 없는 것이 사고할 때 방해를 받는 것이다. 중국에 있을 때 나는 정부에 한 가지 의견을 보낸 적이 있다. '백성을 좀 귀찮게 하지 마시오少擾民.' 실상 이 '백성'은 바로 나 자신이다. 민중은 신성한 존재이고 개인은 값어치가 없으므로 나는 '백성'이라는 명목을 내걸 수밖에 없었다. 그렇지만 백성을 가장 귀찮게 한 것은 정치운동이었다. 내가 정치운동을 혐오하는 것은 정치적 원인 때문이라기보다 미학적 원인 때문이다. 정치운동이 한창 벌어지던 당시의 천편일률적 고함소리, 충성무용忠字舞, 그리고 종이를 붙여 만든 고깔모자는 음악을 듣는 내 귀와 아름다움을 찾는 내 눈을 완전히 망쳐버렸다.

좀더 자유롭다는 것은 결코 자유화를 갈망한다는 뜻이 아니다. 글을 쓴 뒤 그 글이 어떤 비판을 받지나 않을까 하는 생각에 늘 얽매여 지내지 않고, 좀더 마음이 가는 대로 할 수 있다는 뜻이다. 고통스러운 '사고'를 통해 나온 글이 남들의 입방아에 오르면서 지저분해지면 영감靈感은 순식간에 소멸되고 만다. 2~3년 전에 나는 위로부터 아래까지 모두가 하는 말들이 아주 틀에 박혀 있고 유머감각도 없으며 자신만의 언어를 갖고 있지 못하다고 느꼈다. 이처럼 혀도 경직되고 펜도 경직되는 공통된 문제점에 착안해 「80년대 문학비평을 논함─문체혁명」이라는 글을 썼다. 제목은 꽤 거창하고 게다가 '혁명'까지 언급했지만 실은 혀와 펜이 좀더 활기차게 되고 자유로워졌으면 하는 바람에서, 또 그렇게 무겁고 딱딱하지 않았으면 하는 바람에서 쓴 글이다. 악의는 없었다.

좀더 조용해지고 자유로운 가운데 나는 지난날 '내가 생각한 것'을 계속 깊이 사고할 수 있고, 더욱이 그 심층을 계속 파고들어갈 수 있으리라는 생각이 들었다. 이를테면 '너 죽고 나 살자' '너 지고 나 이기자' '너는

내 생각을 반성한다

빵점, 나는 백점'과 같은 양자 대립 방식을 현대 문학사와 문화사로 확장해보면 이런 사유 방식이 20세기 중국에 어떤 피해를 끼쳤는지 더 절실히 느낄 수 있으리라는 생각이 들었다. '내 생각을 반성하는' 것도 예전의 '내 생각' 속에서는 미치지 못한 '거짓 명제'들에까지 생각이 미쳤다. 예컨대 '예술의 진화'라는 명제, '철저한 유물론과 철저한 혁명'이라는 명제, '사회주의적 리얼리즘'이라는 명제 같은 것들이다. 그리고 나 자신이 일찍이 '혼란을 바로잡아 올바른 상태로 되돌리고자' 노력한 것도 지금 생각해보면 그 '올바름'은 실상 완전한 '올바름'이 아니었고, '바름' 속에 지나치게 격렬하고 잔인한 면이 있었다. 1920년대 말에서 1930년대를 풍미한 혁명 문학 전통을 보더라도 그 '바른' 전통의 글에 화약 냄새가 무척 짙게 배어 있어 다 읽고 나면 입에서 폭약 연기 맛이 난다.

'내 생각에 대한 반성'은 좀더 조용해지고 자유로워지기는 했지만, 속은 후련하지 않았다. 오히려 자주 곤경에 빠지곤 했다. 예컨대 몇 년 전에 나는 이런 선동을 했다. '계급투쟁을 강령으로 삼는다'라는 방침을 이미 포기한 이상, 모두가 마음속에서 서로를 경계하고 서로를 방비하던 보루堡壘를 이제는 허물어버려야 한다고 말이다. 최근 수십 년간 사람들은 서로 경계하고 서로 방비하느라 중화 민족의 생명의 역량과 지혜의 역량은 거의 바닥날 지경이 되었다. 우리는 모두가 심한 피로감을 느끼고 있었다. 나의 선동으로 말미암아 확실히 일부 친구들은 마음속 보루를 허물어버렸지만, 자신을 보호할 줄은 몰랐고, 하고 싶은 말을 직설적으로 했다. 긴장의 끈을 동여매지 않고 발언하다보니 말이 빗나가서 큰 손해를 입는 경우가 있었다. 그 일을 생각하면 나 자신에게 책임이 있음을 느끼게 되고, 그래서 지금 사람들이 내 선동을 비판하고 질책하는 것도 당연하다고 생각한다. 그러나 곰곰이 생각해보면 또 납득이 잘 되지 않는다. 만약 애당초 내가 마음의 보루를 허물어야 한다는 선동을 하지 말았어야 한다면, 그것은 자신을 보호하기 위해 남을 경계하고 진심어린 말을 보루 안에 쌓아두고 있다가 분출할 시기를 기다려야 한다고 하는 것과 다를 바없다. 이렇게 되면 몹시 피곤할 뿐 아니라 두 가지 위험성이 따른다. 루쉰선생의 말처럼, 침묵 속에서 죽거나 침묵 속에서 폭발하는 것이다. 이는사회에 두 가지 출로만이 남아 있다고 말하는 것과 같다. 하나는 아무 소리도 내지 않고 죽는 것이고, 또 하나는 목소리를 내고 비참해지는 것이다. 하지만 두 가지 다 무미건조하다. 이리저리 생각해봐도 마음속의 보루를 허물어야 한다고 또다시 느끼게 된다. 그러나 이렇게 되면 '나의 생각을 반성하는' 일은 헛수고나 다름없으며 진전이 전혀 없는 것이 된다.

이 층위까지 생각이 미치면 아무런 희망도 없게 느껴지고 그래서 절망하고 그런 뒤에는 절망에 굴복하든지 절망에 반항하든지 두 가지 선택을놓고 몸부림치게 된다. 다행히도 '내 생각에 대한 반성'은 거기에만 머물지 않았다. 지난 2년 내 생각의 방향을 열어준 것은, 혹은 여러 생각의방향을 바꾸도록 나를 강제한 것은 외려 내가 눈앞에서 직접 느낀 대륙, 즉 서양에 자리를 잡고 있는, 낯설면서도 물질적으로나 정신적으로나 풍부한 대륙이다. 이 대륙은 내가 원래 예상한 것과 크게 다르다. 이것은사람을 설레게도 하고 곤혹스럽게도 한다. 이 대륙은 두 갈래의 해안선이있고 겨우 200년 역사를 가진 토지 위에 세계 각국의 각종 문화를 아우르고 있다. 그리고 중심문화와 주변 문화의 충돌, 인쇄문화와 영상문화의 충돌, 물질문화와 정신 문화의 충돌, 나아가 자유를 추구하는 문화정신과 자유로부터 도피하는 문화정신의 충돌을 펼쳐 보인다. 여기에 인류생존의 미래와 인류 생존의 곤경이 함께 내 눈앞에 드러나 있다. 이 모든것은 '내 생각'을 동방에 있는 자신의 대륙만을 마주볼 것이 아니라 망망

대해 이쪽에 있는, 내 눈앞의 대륙도 마주보아야 한다는 의식을 내게 갖게 했다. 아울러 내 생각의 방향을 동서양 모든 문화의 들판과 산맥으로 확장해야 한다는 의식을 갖게 했다. 어제의 '내 생각'은 매우 한정되어 있었던 것이 사실이다. 절대 그것이 나 자신을 에워싸는 담장이 되게 해서는 안 된다.

생각이 여기에 이르러서야 비로소 나는 어제의 '내 생각'과 지금의 '내 존재' 사이에 상당한 거리가 있음을 발견했다. 아울러 새로운 '내 생각'이 있어야 한다고 느꼈으며, 어제의 내 생각에 대해 새로운 비판과 새로운 해설을 해야 한다고 느꼈다. 그리하여 '내 생각에 대한 반성'은 진정 자아를 초월하는 길이 될 수 있어야 한다. 나는 이 길이 결코 죽음의 길이 아니라고 믿는다.

제5부 중생의 모습

진부한 논조

『홍루몽』에는 가보옥이라는 인물이 있고 또 견보옥이라는 인물도 있다. 견보옥의 아버지 견응가甄應嘉는 가 씨 가문과 오랜 친분이 있는 금릉金陵 지방의 관료다. 견보옥과 가보옥은 이름만 같은 것이 아니라 생김새까지 똑같았다. 견보옥이 가 씨 댁에 나타나자 그 집안사람들은 누구나 두 사람의 체격과 생김새가 어쩌면 그렇게도 같을 수 있을까 하고 경탄을 금치 못한다. 다행히 가보옥이 그때 상복喪服을 입고 있었기에 망정이지 똑같은 옷을 입고 있었더라면 누가 누구인지 분간할 수 없었을 것이다. 이 두 보옥을 보자 자견紫鵑은 그만 망상이 발동해 임대옥 생각을 하며 속으로 말한다. '돌아가신 대옥 아가씨가 가엾구나. 죽지 않았다면 저 견보옥 도련님과 혼인해도 좋았을 것을. 아가씨도 싫어하지 않으셨을 거야.'

견보옥과 가보옥은 생김새는 같았지만 서로의 마음은 전혀 통하지 않았다. 견보옥이 가 씨 댁에 오기 전에 가보옥은 자신과 똑같게 생긴 견보옥이 있다는 말을 이미 들어서 알고 있었고 또 늘 염두에 두고 있었다. 그래서 그날 서로 대면하자 가보옥은 마치 구면인 것처럼 느껴졌다. 이름과 생김새가 똑같은 이 소년은 틀림없이 나와 마음이 잘 통하고 어울릴 만한 친구일 거다, 어쩌면 둘도 없는 친구 사이가 될 수도 있겠다, 생각한다. 그러나 정작 말을 나눠보니 자신과 취향이 맞지 않는다는 것을 금방 알게 되었다. 『홍루몽』은 두 사람이 나눈 대화에서 중요한 대목을 이렇게 묘사한다. 견보옥은 말한다. "……세형世兄[73]께서는 비단옷을 입고 귀한 음식을 먹고 어느 것 하나 뜻대로 되지 않는 것이 없을 것이며, 틀림없이 문장과 경륜의 재능도 남보다 훨씬 더 뛰어나시리라 믿습니다. 그래서 숙부님의 총애를 받는 것이고, 장차 높은 지위에 오르시겠지요. 그래서 이 동생은 존귀한 이름이 세형에게 아주 잘 맞는다고 말씀드린 것입니다." 그 말을 듣고 가보옥은 그건 아니라고 생각했다.

가보옥은 견보옥의 말이 국록을 좀먹는 자들의 구태의연한 말투와 비슷하다고 느끼며 뭐라고 대꾸해야 좋을지 생각하고 있었다. 가환賈環은 견보옥이 자신과 말을 섞지 않는 것이 진작부터 불쾌했다. 그렇지만 가란賈蘭은 견보옥의 말이 자신의 뜻과 잘 맞는다고 느끼며 말했다. "아저씨世叔의 말씀은 물론 지나친 겸손이시지만, 문장과 경륜을 말할 것 같으면 확실히 실제 경험에서 나온 것이라야 참된 재능이며 실사구시의 학문이지요." 견보옥이 대답도 하기 전에 가보옥은 가란의 말을 듣고 마음이 더 언짢아져 속으로 말했다. '얘는 언제부터 이따위 진부한 말을 배웠담!'

---

73 옛날에 대대로 친교를 맺은 가문 사이에 남자들이 동년배를 높여 부르던 말이다.

견보옥과 가란이 나눈 '문장과 경륜'이라는 말을 가보옥이 '진부한 논조酸論'라고 지칭한 것은 정말 지극히 오묘하다. 그는 젊디젊은 견보옥과 가란마저도 '진부한 논조'에 붙들려 있다고는 믿을 수 없었고, 견보옥이 접대를 위해서 한 말이라 여겼다. 그래서 견보옥에게 체면치레할 것 없는 친구 사이에 '진부한 논조'가 아닌 성정性情에서 우러나오는 말을 나누는 게 좋지 않겠냐고 제안했다. 그러나 견보옥은 도리어 다급하게, 자신의 생각은 바로 '문장과 경륜'에 있다고 말한다. "저도 어릴 적에는 그런 오래되고 낡은 격식의 말을 아주 싫어했고, 그럭저럭 한 해 또 한 해 성장해갔지요. 그런데 부친께서 관직에서 물러나 집 안에 계시면서 사람들과 교제하기를 좋아하지 않으셔서 저에게 손님 접대를 맡기셨습니다. 그 후 여러 훌륭한 어르신을 만나보니, 모두가 부모의 이름을 알리고 자신의 명성을 드날리는 분들이었습니다. 책을 저술하고 주장을 세우는 데 있어서도 반드시 충과 효를 말하여 덕을 쌓고 훌륭한 말을 후세에 남기는 큰일을 이루었으니, 그래야만 비로소 성대聖代에 태어난 보람이 있고, 또 길러주시고 가르쳐주신 부친과 스승의 은혜를 저버리지 않는 것이 아니겠습니까? 저는 그래서 어릴 때 가졌던 그런 어리석은 생각과 미련한 감정을 점점 더 떨쳐버리게 되었지요." 이 말을 듣고서야 가보옥은 철저히 실망했고, 견보옥을 둘도 없는 친구로 삼으려고 했던 그의 꿈도 마침내 산산조각이 났다.

견보옥과 가보옥이 만나 실망한 이 이야기는 단지 벗과 사귀는 도리가 얼굴에 있지 않고 마음에 있다는 지극히 상식적인 이치를 설명하는 데서 그치지 않는다. 그 시대의 가치관에 확실히 심각한 변동이 발생했음을 보여준다는 데 더욱 중요한 의미가 있다. 원래는 올바른 길, 더 나아가 신성

265   진부한 논조

한 길로 여겨지던 '덕을 쌓고 훌륭한 말을 한다立德立言'는 통념이 가보옥에게는 신선한 느낌이라고는 조금도 없는 '진부한 논조'가 된 것이다. 가보옥이 진부한 느낌을 받았다는 것은 그가 이 케케묵은 상투적 설교를 더없이 혐오스럽게 생각했다는 것을 의미한다. 가보옥은 어디까지나 재기 있는 인물이었기 때문에 '진부한 논조'를 의미하는 '산론酸論'이라는 두 글자를 생각해낼 수 있었으니 매우 뛰어나고도 딱 들어맞는 말이다. 낡고 상투적인 설교도 처음에는 결코 진부하지 않았다. 오랜 세월 한자리에 머무르며 변화하기를 거부하면 부패하여 악취를 풍긴다. 세상에 저명한 학문은 많고 많지만 일단 낡은 격식으로 떨어지면 속된 학문으로 바뀐다. 허나 속된 학문이 속된 학문인 이유를 알지 못하고 "참된 재능이며 실사구시의 학문"이라며 그럴듯하게 꾸미고, 게다가 추켜세우기까지 하니 진부한 학문이 되는 것이다. 견보옥의 말은 이미 속됨俗으로 떨어진 뒤인데 또 정색을 하고 연설을 늘어놓았으니 가보옥은 자연스레 '진부한' 느낌을 받은 것이다.

가보옥과 견보옥의 마음에 생긴 '서먹서먹함'은 이 '진부한 논조'를 대하는 태도에서 유래한다. 가보옥은 자신의 성정에 충실한 인물이고, 그의 마음은 이미 '진부한 논조'를 거부했다. 이미 부패한 상투적인 말, 쓸데없는 말, 얼빠진 말들을 그는 모두 혐오한다. 이런 말들이 누구에게서 나온 것이든 상관없다. 설령 아름답고 단정한 설보차의 입에서 나왔다 하더라도 그는 역시 받아들이지 않았을 것이다. 그의 마음은 진부한 논조에 부식되지 않았기 때문에 인간다운 참된 성정과 영혼의 신선한 활력을 간직하고 있었다. 반면에 견보옥은 신이 나서 떠들었지만 진부한 논조에 의해 타고난 총기를 빼앗기고서도 스스로 깨닫지 못하고 더욱이 '진부한 논조'를 영예로 여겼다. 그의 초라한 학자 티와 보배처럼 귀한 용모는 그야말로 부조화의 극치를 이룬다.

　그러나 세심하게 생각해보면 나 자신도 지난날 오랜 시간을 견보옥으로 살았음을 느낀다. 책을 쓰고 학설을 주장하는 것과 무관하게 항상 충과 효를 말했고 다툼과 싸움을 말했으며 철저함과 도저함을 말했다. 언제나 마음속으로 내 비석에 전기를 새겨넣고 싶었고, 팻말과 간판을 달고 싶었으며, 더없이 화끈하고 새빨간 사업을 이루고 싶었다. 입과 펜으로 쏟아낸 것 역시 산성酸性의 진부한 논조였다. 그때도 '아집'을 깨야 한다는 선종禪宗의 주장을 알고는 있었지만 사람마다 지닌 참된 자아와 거짓된 자아 중에 깨야 할 것은 거짓된 자아이며 참된 자아가 아님을 알지 못했다. 그때는 『홍루몽』을 읽으면서 자신의 마음속에도 견보옥과 가보옥의 투쟁이 있고, 거짓이 참이 되면 참은 거짓이 되며, 깨야 할 것은 견보옥이라는 거짓된 자아임을 미처 생각하지 못했다. 나 자신이 바로 견보옥이었기에, 본래의 참된 자아(가보옥)를 보고도 알아보지 못했고, 오히려 가보옥이 잘못된 길로 갔다고 생각했다. 설사 알아볼 수 있었다 해도, 말하자면 '참된 자아'가 꿈에 나타났거나 우연히 불쑥 튀어나왔거나 '불현듯 뇌리에 스쳤'더라도 나는 즉시 '이기심과 투쟁하고 수정주의를 비판해야 한다'고 했을 것이다. 최소한 참된 자아에 대해 '투쟁의 철학을 견지해야 한다'거나 '철저한 철학을 망각해서는 안 된다'는 진부한 산성 논조로 응수했을 것이다.

초라한 춤

「진부한 논조」와 「산성 인간을 논함」을 쓴 뒤에도 늘 아직 내 뜻을 다 말하지 못한 느낌이 있었다.

20세기 중국은 산성酸性 현상[74]이 실로 아주 많았다. 메스꺼운 시, 역 겨운 글, 역겨운 소설, 진부한 논조 외에도 눈꼴사나운 그림, 메스꺼운 만담相聲, 메스꺼운 쾌판快板,[75] 메스꺼운 노래도 있었다. 특히 내게 잊히 지 않는 것은 초라한 춤이다.

이 초라한 춤은 바로 문화대혁명 기간에 추던 충성무용이다. 충성무용 도 춤으로 볼 수 있다면 아마 유사 이래 규모가 가장 크고 가장 위풍당

---

74 이 책에 수록된 「산성 인간」과 「진부한 논조」 참조.
75 '박판拍板', 곧 나무쪽 세 개로 만든 리듬 악기와 '죽판竹板', 즉 대쪽 두 개로 만든 리듬 악기 를 빠른 박자로 치면서 일곱 자구의 압운된 구어 가사에 대사를 섞어 노래하는 중국 민간 예능의 일종이다.

당하고 참여 인원이 가장 많은 춤일 것이다. '위대한 영도자'에게 충성심을 표현하는 형식의 하나인 이상(나중에야 이를 '신체 언어'라고 부른다는 걸 알았다) 누가 추지 않을 수 있었겠는가? 또 누가 감히 추지 않았겠는가? 게다가 이 춤의 의의는 충성심을 확실히 드러내는 데 있고 기교를 표현하는 데 있지 않았다. 중요한 것은 춤 그 자체였으며 춤을 출 줄만 알면 됐지 보기 좋고 나쁨을 따지는 사람은 없었다. 보기 좋고 나쁨을 따지는 것은 '반동'이나 다름없었다. 때문에 당시 베이징에서는 '최고 지시'가 내려오기만 하면 도시 전체가 들썩였고 도시 전체가 춤을 추었다. 기관, 학교, 병원, 신문사, 부대, 인민 단체부터 직업 없이 떠돌아다니는 인민까지 전부 마귀에 홀린 것처럼 거리로 쏟아져나갔다. 반란파인 '혁명 군중조직'으로부터 충성심 없다는 말을 들을까봐 두려웠던 것이다. 그런 까닭에 사람들마다 충성무용으로 자신의 무한한 충성심을 증명하고자 했다. 무한하다는 생각을 하면 기분이 특히 흥분되어 항상 정신없이 이리 뛰고 저리 뛰면서 전체가 난리 법석을 떨었다.

충성무용은 아주 단순한 춤으로, 실제로는 '모내기 춤扭秧歌'[76]을 단순화한 것이다. 우리에게 충성무용을 가르쳐준 여교사는, 이 춤은 널리 보급하는 춤이고 대중적이며 정치적인 춤이니 배우기가 쉬워요. 빛바래지 않는 붉은 마음, 그리고 절뚝거리지 않는 두 발만 있으면 누구나 배울 수 있어요, 라고 말했다. 구체적인 지도에 들어가서는, 두 발로 사각형의 꼭짓점을 찍으며 움직이면 몸이 자연히 따라서 비틀어져요. 그럼 되는 거예요. 마음, 손, 발, 몸 네 가지를 하나로 결합하는 게 핵심이고, 붉은 마음

---

76 앙가무秧歌舞라고도 부른다. 중국 북방 농촌에서 널리 유행하는 모내기 춤으로, 대표적 민간 가무다.

이 여기서 제일 중요합니다, 라고 말했다. 교사가 하는 말은 간단한 것처럼 들렸지만 실상 잘 '비틀기'란 그렇게 쉬운 일이 결코 아니었다. 1950년대 초에 내가 봤던 모내기 춤은 날씬한 여자들이 추었기 때문에 당연히 비트는 동작이 부담 없고 보기 좋았다. 그러나 1960년대의 충성무용은 남녀노소가 모두 추었는데 뚱보 늙은이가 많고 날씬한 사람은 적었다. 우리 과학원에는 특히 노약자가 많아서 비틀라치면 손과 발을 전혀 민첩하게 움직이지 못했다. 몸을 비틀 엄두는 아예 못 내고 손동작과 발동작만 하는 사람이 많았다. 그 늙은 학자들은 그야말로 수족을 둘 곳이 없었으며 모두 불쌍한 멍청이들이었다.

좀 멍청해 보이는 건 그런대로 괜찮았다. 일부 노부인, 아마 큰길가에 있던 위원회 소속의 마르크스·레닌주의자들이었을 텐데, 충성무용이 있는 날이면 좋아들 했고 또 엄청나게 비틀어대면서도 짐짓 경건하고 엄숙한 모습을 내보였다. 마치 지금부터 천만년 동안 자자손손의 운명이 모두 충성무용에 달려 있기라도 하다는 듯이 말이다. 노파들 눈에는 격정적인 눈물이 맺혔고 몸에는 뜨거운 피가 끓어 넘쳤으니 충성심은 갸륵했다. 그렇지만 배가 너무들 불룩하게 나와서 몸을 비트는 모습이 정말로 보기 안 좋았다. 특히 그 노파들이 두 손을 천천히 들어올리면서 '붉은 태양'을 떠받드는 시늉을 할 때의 모습은 더더욱 눈에 거슬렸다. 이런 광경을 보고서야 이 춤의 궁상맞은 느낌을 실감할 수 있었다.

충성무용은 어록가語錄歌[77]를 부르는 것과는 큰 차이가 있다. 노래는 잘하든 못 하든 '함께 부르는 시늉'을 하면 되지만 충성무용은 전부 고스란히 보이기 때문에 대충 섞여서 넘어갈 수가 없었다. 그래서 누구든지

---

77 마오쩌둥의 어록 가운데 중요한 의미가 있는 글에 곡을 붙여 만든 노래를 말한다.

춤을 안 출 수 없었고 나처럼 정말로 춤을 못 추는 사람도 충성심을 보이기 위해서는 팔짱 끼고 구경해서는 안 되었다. 크나큰 학자도 소매를 털고 일어나 춤을 춰야 했으니 나 같은 젊은이는 말할 필요도 없었다. 불가능한 줄 알면서도 한다고 생각하고, 숭고한 목표를 위해 대담하게 춤을 춘다고 생각하니 마음속에서 의외로 물불 가리지 않는 비장한 느낌이 일어났다. 허나 모내기 춤과 비장한 느낌을 한데 결합해서 춤을 추자니 또 다른 맛이 돌았다. 대략 시큼하면서도 매콤한 맛이었다고 할까. '자본주의로 가는 당권파走資派'라는 모자를 벗어버리고 '해방'을 얻는 데 절박했던 간부들은 충성무용을 할 때 끝없는 시름에 잠기고 어지러운 상념에 젖은 탓인지 두 눈에 뜨거운 눈물이 그렁그렁 맺혔다. 그렇게 비장한 느낌과 시큼매콤한 맛을 함께 느끼며 충성무용을 했다.

가장 잊을 수 없는 것은 마오쩌둥의 생신날이다. 우리는 그날 문화부 혁명위원회가 조직한 톈안먼 광장의 대규모 충성무용에 참가했다. 춤이 시작되기 전에 톈안먼 광장에는 어마어마하게 큰 충忠 자가 그려져 있었다. 군무에 참가하는 단체들은 각기 위치를 배정받았는데 그때 우리 사회과학원의 지식 분자들에게 배정된 곳은 마침 충忠이라는 글자 속의 심心, 게다가 심의 마지막 점이 찍힌 곳이었다. 노동자선전대와 해방군선전대가 이 소식을 공개하자 우리는 크게 감격했다. 그 점 위에 선다는 것은 그야말로 아주 행복한 일이라고 생각했다. 우리는 정신노동자勞心者로서 충성심을 잘 바쳤기에 어쩌면 마오쩌둥 주석 어르신의 마음에 들었는지도 모른다. 그런데 몹시 감격했기 때문인지, 아니면 너무 진지했던 탓인지 그날 우리의 춤은 스텝과 손 흔들기는 물론이고 허리 비틀기까지 모두 유난히 부자연스러웠다. 특히 마지막에 두 손을 들어 '붉은 태양'을 떠받드는 동작에서는 모두들 짐짓 갓난아기 같은 표정을 연출했다. 저마다 한 줄기 궁상스러운 느낌을 억제하면서, 저마다 한 줄기 초라한 눈물을 그렁그렁 맺은 채 말이다.

1980년대가 되면서 충성무용은 거의 흔적도 없이 사라졌다. 그 자리를 차지한 것은 '디스코'였다. 나는 정년퇴직한 수많은 노부인이 디스코 추는 광경을 보았다. 그런데 뜻밖에도 노파들의 동작이 문화대혁명 당시에 추던 충성무용과 아주 비슷하다는 것을 발견했다. 어쩌면 당시의 충성무용이 남긴 낙인이 아주 깊이 찍혀 있어서 현대의 춤사위에까지 혁명의 유풍이 배어 있었는지도 모른다. 게다가 그 시대가 남긴 초라한 맛도 그대로였다. 이렇게 보건대, 단언하기는 어렵지만, 초라한 춤은 중국 민간 무용사에서 중요한 한자리를 차지하게 될지도 모른다. 또 어쩌면 역사책에도 기록되어 영원히 사라지지 않고 후세에 전해질 수도 있다.

국장을 위해 쓴 반성문

문화대혁명 후기에 중국 대륙은 한창 '간부 정책을 실행'하느라 바빴다. 상당수 간부를 해방시켜 일을 하게 하려는 것이었다. 언제나 계급투쟁 타령만 하고 일을 하지 않으면 안 된다는 것은 분명했고, 더욱이 원로 간부들은 일을 놓은 지 벌써 10년 가까이 되었으니(인생이 몇십 년이나 되랴!) 더 이상 일을 안 하다가는 '나이가 이미 늙어壽已老矣' 그 또한 큰 문제가 되기 때문에 몹시들 조급해져 있었다. 공무원에게 할 일이 계속 없는 것은 운동선수가 공을 계속 놓고 있는 것처럼, 아편쟁이가 아편을 계속 못 피우는 것처럼 아주 갑갑한 노릇이다.

내 친구, 원래는 사회과학원 행정국장을 지내던 톈田 씨는 38식 혁명원로[78]로서, 역시 아주 갑갑한 상황에 처해 있었다. 그는 앞에 나서서 자신

---

78 중일전쟁 초기인 1938년을 전후로 혁명에 참가한 원로들.

을 호되게 비판한 뒤 '일'을 얻고 싶은 생각이 간절했지만 이미 여러 차례 반성을 했는데도 아직 '관문'을 통과하지 못했다.

나는 '직원'에 속하고 '간부'가 아니었기에 '정책 실현政策落實[79]의 범위에 들지 않았다. 때문에 간부들이 정책 실현을 하는 과정에서, 말하자면 끊임없이 반성하고, 비판받고, 다시 반성하고, 다시 비판받으며 모두가 만족하는 데 이르는 과정에서 나는 무관한 사람이었다. 나는 그때를 문화대혁명 기간 중에 가장 좋았던 세월로 기억한다.

어느 날 아침 내가 아직 늦잠을 자고 있는데 갑자기 톈 국장이 찾아왔다. 선배 동지께서 홀아비가 사는 어지럽고 비좁은 기숙사에 찾아온다는 것은 정말 드문 일이었다. 나와 톈 국장은 허난 5·7 간부학교 시절에 친하게 지냈기 때문에 그는 내 오랜 전우이자 오랜 친구라고 할 수 있었다. 그러나 그는 친구인 것은 인정했지만 전우는 인정하지 않았다. 같은 팔로군八路軍이었어야 전우이지 노동개조를 함께 한 걸 가지고 무슨 전우냐고 했다. 국장은 물건이 담긴 자그마한 광주리를 들고 들어와서 내 침대 곁에 놓았다. 광주리 안을 보니 땅콩과 계란과 사과 몇 알이 담겨 있었다. 당시에는 아주 귀한 물건들이었다. 내가 베이징에 온 지 거의 10년이 다 된 그때까지도 사과 열 개를 채 못 먹어봤던 것 같다. 그리고 땅콩은 내가 아주 좋아하는 음식이었다. 먹고 싶을 때도 고작 한 냥밖에는 살 수 없었는데 국장이 가지고 온 땅콩은 족히 2근은 되었다. 계란이 귀한 것은 더 말할 필요도 없었다. 내 한 달 봉급으로는 겨우 계란 30근밖에 살 수 없었다. 그 광주리는 물론 내게 주는 선물이었다. 선배 국장이자 선배 전

---

79   문화대혁명 때 공산당 간부에서 숙청되었거나 일선에서 밀려나 재심사를 받던 사람들을 대상으로 직위를 회복시키고 직무를 다시 맡긴 것을 말한다.

우가 그런 선물을 들고 오다니, 나는 감동해서 침대에서 벌떡 일어났다.

텐 국장은 성격이 시원시원한 분이었고 나를 무척 신임했다. 그는 단도직입적으로 말했다. "이건 영양 보충하라고 가져온 거야. 오늘 자네한테 도움을 청하려고 왔는데, 나는 벌써 세 번이나 반성을 했는데도 통과를 못 했네. 그들 말로는, 네 번째도 통과를 못 하면 '어중간한 간부'로 처리돼서 '3결합'[80] 지도자 집단에 낄 수 없고, 게다가 '아직도 자본주의로 가고 있는 무리還在走的走資派로 취급될 위험이 있다고 하네. 지금이 아주 절체절명의 시점이야. 자네는 서생이니까 이번에 나를 좀 도와줘야겠어."

그 말을 듣자마자 나는 조바심이 나서 상급자이자 선배 전우를 위해 용감하게 위험을 무릅쓸 생각이 간절해졌다. 당에게, 국가에게, 인민에게, 그에게, 나에게 다 좋은 일이었다.

"그렇다면 그 사람들은 왜 국장님의 반성에 만족하지 않나요?" 나는 물었다.

"아아, 모두를 만족시키려면 무엇보다도 큰 소리로 한바탕 통곡을 해야 돼. 그날 정鄭 부국장이 통과됐는데 한바탕 울고불고하지 않겠나. 죽기 살기로 통곡을 하니 다들 그러더군. 저 사람 참 반성이 깊다고. 내가 정 부국장보다 앞서서 반성을 했는데, 거기까지는 생각을 못 했어. 다음번에는 꼭 통곡을 해야겠어. 그러면 괜찮을 거야. 그런데 그들은 나더러 자신의 착오에 대해 호된 비판을 못 한다고 하더군. 체면이 깎이고 아플까봐 두려워한다는 거야. 사실 나는 아무리 체면이 깎이고 아파도 두렵지 않네. 그냥 내 반성의 수준이 부족하고 통곡을 안 해서 그런 거야." 그가 말했다.

---

80 문화대혁명 때 해방군 대표, 노동자 대표, 간부 대표로 구성되었던 지도자 그룹.

국장을 위해 쓴 반성문

"그러면 국장님의 주된 과오는 뭔가요?" 내가 물었다.

"그들 말로는, 내가 권세와 이득에 빌붙었다나. 상관이나 고위직한테는 알랑대며 비위를 맞추고, 부하나 대중에게는 냉담하고 무관심하다는 거야. 내가 두 얼굴이라고 그러더군. 상급자에게는 헤헤거리며 웃는 보살의 얼굴이고, 하급자에게는 쌀쌀맞은 악마의 얼굴, 염라대왕의 얼굴이라고 말이지!"

"그 정도면 이미 호된 비판이잖아요." 내가 말했다.

"그들은 호되지 않다고 하네. 호되게 비판하려면 계급의 근원까지 파헤쳐야 한대. 그런데 정 부국장은 지주 출신이라 일단 파고들어가자면 뿌리까지 파고들어갈 수 있고, 내걸자면 나뭇가지 위까지 내걸 수 있으니 지주 계급 사상의 영향을 받은 것도 당연하다 할 테고, 반성이 깊은 것도 당연하지. 그렇지만 나는 도시 빈민 출신에 빈털터리 아닌가. 돈도 없고 권세도 없는 빈털터리가 어떻게 권세와 이득에 빌붙는 사람일 수 있겠나." 그는 억울한 듯 말했다.

"피압박 계급 출신이라 해도 착취 계급 사상의 영향을 받을 수는 있지요. 한번 잘 생각해보세요. 친속관계나 그 밖의 사회관계 중에 착취 계급은 없나요?" 나는 국장을 부추겼다.

"그렇지! 마누라 출신에 문제가 좀 있어. 친정이 작은 토지를 임대 주던 집이었는데, 토지를 임대 줬다면 착취지. 하지만 마누라는 내게 영향을 준 게 없었을걸. 외려 내가 항상 마누라에게 영향을 주었지. 게다가 때린 적도 있는걸." 국장은 좀 부담스러워했다.

"부인은 무슨 일을 하고 있나요?"

"마누라는 동네 골목에 있는 주민위원회에서 쭉 일했지."

"주민위원회에서 일했으면 직업이 없는 거나 마찬가지예요. 일개 가정주부가 어떻게 국장님 같은 혁명원로에게 영향을 줄 수가 있겠습니까? 이 경우는 말로는 확실히 표현을 할 수가 없으니 통과되기가 어려울 거예요. 다른 관계를 또 생각해보세요. 조금 먼 관계까지 포함해서요. 가령 부친의 이종사촌 동생, 모친의 이종사촌 형제, 부친의 이종사촌 자매, 모친의 이종사촌 자매, 심지어 본인의 이종사촌 형제나 자매, 그들의 자녀 등등, 조금만 걸칠 수 있으면 돼요. 좀더 높은 곳에 서서 멀리 내다봐야지요." 나는 다시 국장을 독려했다.

"맞아, 외할머니의 이종사촌이 경찰을 1년 했어. 작은 골목 두 개와 작은 점포 하나를 관할했지만 역시 구정권 시절의 직원이었고 원칙적으로 따지자면 괴뢰 관료였지. 경찰은 권세와 이득에 빌붙지 않나. 그렇지, 그냥 그의 계급적 영향을 받은 걸로 함세!" 국장은 흥분한 어조로 말했다.

"뿌리를 찾은 셈이네요." 나도 상기되어 말했다.

"하지만 그이가 어떤 말을 했는지 내 기억에 없어. 나한테 그러지 않았나 싶어. 우리 같이 가난한 경찰은 지위라 할 것도 없고, 상급자 눈치를 보며 일을 처리하는 수밖에 없다고."

"그 말이 문제를 잘 설명할 수 있죠. 원칙적 강령과 노선을 가지고 비판할 수 있어요." 나는 더욱 흥분되었다.

"그래. 내 생각을 그가 말한 것이라고 꾸며댈 수 있지. 이를테면 나는 항상 이런 생각을 했다, 상급자의 눈치를 봐가며 일을 하면 고소한 것이든 매운 것이든 뭐든지 다 생긴다." 그가 말했다.

우리는 계급의 뿌리를 찾아냈기에 몹시 흥분했다. 톈 국장은 감격한 나머지 땅콩을 한 움큼 붙잡아 내 손에 쥐여주며 말했다. "어서 적게. 내일까지 반성문을 다 써서 나에게 주게. 자네는 안심해. 내가 외할머니의 이종사촌의 계급적 근원을 말할 때는 틀림없이 큰 소리로 통곡할 테니!"

국장을 위해 쓴 반성문

다음 날 나는 마침내 국장에게 반성문을 써주었다. 사실 우리 세대 사람들은 반성문 쓰고 눈물 흘리는 것에 능숙하다. 더구나 우리는 이미 함께 급소를 찾아냈고, 분석도 투철히 했으니 성공은 따놓은 당상이었다. 과연 국장은 내가 쓴 반성문 한 벌을 베껴서는 노동자선전대에게 시간을 잡아달라고 해서 네 번째로 반성을 했다. 보고에 따르면, 그의 반성은 '질적 비약'을 해서 매우 깊이가 있었다. 게다가 그는 외할머니의 이종사촌을 호되게 욕할 때 큰 소리로 엉엉 울어서 그 자리에 있던 노동자선전대, 해방군선전대 사람들도 손수건을 꺼내 눈물을 닦았다고 한다. 톈 국장은 마침내 '관문을 통과'했다. 한 달쯤 뒤 그에게 '해방'이 선언되었고, 아울러 그는 사회과학원 임시지도자 소그룹 행정소조의 부조장이 되었다. 사회과학원에서 행정국을 복원한 뒤에는 자연스레 국장이 되었다.

그 일로 나는 내내 속으로 가책을 느꼈다. 첫째 이유는, 톈 국장이 가져온 땅콩, 계란, 사과를 받고 일을 해주었으니 수뢰의 성질을 띠었기 때문이다. 솔직히 말해 그런 뇌물을 받은 것은 처음이었다. 둘째 이유는, 나 자신이 노동자선전대와 해방군선전대에게 면목 없는 일을 했으니 노동자 계급과 인민해방군에게 죄송스러웠다. 그들을 기만했을 뿐 아니라 그들로 하여금 귀중한 눈물을 흘리게 했으니 말이다. 셋째 이유는, 일면식도 없는 톈 국장 외할머니의 이종사촌에게 죄송스러웠다. 톈 국장을 위해 쓴 반성문에서 나는 까닭도 없이 그 노인에게 그야말로 잔인한 욕설을 호되게 퍼부었고, 갖가지 반동의 모자를 씌웠던 것이다.

시대를 착각한 억고사첨

1963년 가을 나는 대학을 갓 졸업한 중국사회과학원 동료 80여 명과 함께 산둥山東 성 황黃 현의 백마공사白馬公社에 가서 1년간 '노동실습'을 했다.

우리가 고른 마을은 오랜 해방구老解放區[81]로, 가난하기는 했지만 사람들의 각오가 높아서 우리처럼 아직 계급투쟁 교육을 받지 못한 청년 학생들에게는 그야말로 더할 나위 없이 좋은 학습의 장이었다. 마을 당 지부 서기인 '루陸 서기'는 선량한 노인으로, 나이가 많고 좋은 사람이라고 할 만했다. 그는 미래의 혁명 후계자인 우리가 세계관을 개조하여 수정주의에 물들지 않고 투쟁하도록 잘 도와주라는 상급의 지시를 이미 받고 있었다. 그래서 우리가 마을에 도착한 지 며칠 안 되었을 때 그는 우리에

---

81 중국 공산당이 국민당과 내전을 벌이던 당시에 이미 점령한 지역.

게 과거의 고난을 기억하고 현재의 행복을 생각하는億苦思甜[82] 계급투쟁 수업을 배정했다.

이 소식을 듣고 모두 감동을 받았다. 우리처럼 '달콤한 생활 속에서 성장한' 청년들은 늘 행복을 누리고 살면서도 그것이 행복인 줄 모르기 때문에 그 수업을 잘 듣는 것은 아주 중요했다. 낡은 사회의 고난과 새로운 사회의 행복을 알지 못한다면 입장이 불온해지기 쉽고 자산 계급 편으로 넘어갈 수 있다. 그러나 산둥에 방금 온 우리는 시골 사투리 발음을 도무지 제대로 알아들을 수 없었다. 그렇지만 빈하중농貧下中農[83]을 존경해 마지않는 우리였기에 누구도 감히 못 알아듣겠다는 말을 할 수 없었다. 그리고 설사 알아듣지 못한다 하더라도 심한 고생으로 원한에 사무친 빈하중농의 뺨에 흐르는 눈물과 감정의 변화를 지켜보면서 크나큰 교육을 받을 수 있다고 생각했다. 그리하여 우리는 경건한 심정으로 대학 졸업 이후 첫 번째 수업에 들어갔다.

억고사첨에 나선 그 할머니는 바로 내가 살던 집 주인이었다. 그이는 이름도 없고 사람들은 모두 마츠馬遲 씨라고 불렀다. 남편이 마馬 씨, 할머니가 츠遲 씨이기 때문이었다. 루 서기는 소개하길, 마츠 씨는 고생을 많이 해서 원한이 깊은 빈농으로서 해방 전에는 끼니를 잇기 위해 어느 지주의 민며느리로 들어가 살다가 나중에는 가난한 총각에게 시집을 갔는데 남편이 팔로군에 참가했고 혁명이 성공한 뒤 베이징의 관리가 되었으며 마츠 씨를 고향집에 버려둔 채 다른 아내를 얻었다고 했다. 루 서기의

---

82 해방 전 지주 계급의 억압 속에서 고생하며 가난하게 살던 기억과 해방 후의 행복한 생활을 대비하는 내용의 교육.

83 중국 사회주의 초기의 계급 구분법에 따라 빈농과 하중농을 아울러 부르던 용어로, 중국공산당이 혁명의 중심 세력으로 파악했다. 그 밖에도 중농, 상중농, 부농, 지주 등으로 분류되었다.

소개는 뭔가 석연찮은 구석이 있었지만 우리는 더 이상 물어볼 수 없었다. 우리는 그저 마츠 할머니를 존경할 뿐으로 그이의 이야기를 듣는 데 급했다. 그러나 마츠 씨의 산둥 발음이 아주 심해서 알아들을 수 없는 것이 정말 유감이었다.

그날 마츠 씨는 수도 베이징에서 온 수많은 대학생을 마주하고 몹시도 감격해서 가슴속에 가득 들어찬 그간의 설움을 모두 쏟아내고 싶었다. 그이는 말을 할수록 평정심을 잃었고 마지막에 가서는 결국 목이 메어 통곡했다. 그이가 통곡하는 것을 보고서야 나는 그이의 말을 알아듣지 못했다는 것을 깨달았다. 하지만 그토록 서럽게 우는 것을 보면서 지나치게 가혹한 압박을 받았으니 그럴 만하다고 느꼈다. 그것은 내게 영화 속에서 본 적이 있는, 지주가 잔혹하게 농민을 억압하는 장면을 떠올리게 했고, 그래서 동정심과 함께 계급적 원한이 순식간에 솟구쳤다. 나와 동료들은 혁명 구호를 외치기 시작했고, 구호 소리는 마을 전체를 진동시켰다. 구호가 끝나자 마 씨 할머니는 다시 울기 시작했고 사람들도 따라서 깊은 슬픔에 빠졌다. 노동실습을 하러 온 동료들 모두 눈물을 흘리고 있었고, 특히 여성 동료들은 손수건으로 눈물을 닦고 또 닦았다. 나는 마츠 씨의 말을 알아듣지 못해 안달이 나 있었는데 그때 내가 생각한 것은 나 자신의 신세였다. 대학을 졸업하자마자 자애로운 어머니와 헤어져 눈 내리는 북방에 온 자신이었고, 또 사람도 땅도 모두 낯선 이곳에서 잘 넘어가지 않는 워워터우窩窩頭[84]를 먹을 뿐만 아니라 이렇게 장엄한 사회주의 교육을 알아듣지도 못하는 자신이었다. 그런 생각을 하니 문득 외로움을 느꼈으며 마침내 눈물이 흘렀다.

---

84 옥수수나 수수 등 잡곡의 가루를 원뿔 모양으로 빚어서 찐 음식.

마 씨 할머니는 억고사첨이 끝난 뒤에도 슬픔에서 벗어나지 못해 여자아이 둘이 부축을 해서 집으로 갔다. 그리고 우리는 그 자리에 남아 깊이 깨달은 점들을 발언해야 했다. 나는 내 절절한 느낌을 잘 말하지 못할까봐 두려웠다. 그래서 나는 남쪽 사람이라 제대로 알아들을 수 없는 말이 많았다는 이야기부터 꺼냈다. 의외로, 그렇게 말하니 적잖은 실습 동료들도 동감을 표시했다. 하지만 그들이 왜 눈물을 흘렸는지는 나도 알 수 없었다. 바로 그때 선량한 노인 루 서기가 오더니 우리에게 오늘 마 씨 할머니의 억고사첨은 문제가 있으니 토론할 필요가 없다고 말했다. 그 말을 듣고 우리는 몹시 놀랐다. 루 서기는 계속해서 말했다. "저 마 씨 할머니는 늘 제정신이 아냐. 저이가 회상한 건 낡은 사회에서 겪었던 고생이 아니라 1959년에 겪은 고생이라고. 그때는 자연재해를 입기도 했고 소련의 수정주의에 대항하던 시기니까 물론 고생은 했지. 우리 마을에서도 대대大隊[85]에서 증명서를 떼가지고 동냥하러 나간 사람이 많았어. 마 씨 할머니도 고생을 진탕 했으니 참 불쌍한 사람이지. 그런데 또 혁명이 성공한 뒤에는 남편에게 버림을 받았으니 의지할 데 없이 외롭게 살았고 당연히 고생이 더욱 심했어. 그렇지만 지금 우리가 하는 억고사첨이 이런 식이어서는 안 되지 않나. 낡은 사회의 고난을 회상하지 않고 새 사회의 고난을 회상해서야 어찌 혁명 후계자들을 교육할 수 있겠나? 저이는 정말 늘 정신이 나가 있다니까. 나중에 다시 한번 요청해서 회상을 들어보세." 당 지부 서기의 말은 정말 우리 모두를 어안이 벙벙하게 만들었다. 늙은 서기는 그 말을 하고서는 가버렸고, 그 자리에 남은 우리 실습생들은 산둥 사

---

85 당시 농촌의 행정 단위를 가리키던 말이다. 공사 밑에 여러 대대가 있었고, 대대 밑에 여러 소대가 있었다. 작은 마을이 소대에 해당되었다.

투리를 알아듣지 못한 우리 자신이 한스러웠다. 무슨 이유로 모두가 눈물을 흘렸는지는 저마다 각각 다른 이유가 있었을 테니 자세히 따질 필요는 없었다. 하지만 나중에 우리가 확실히 느낀 점은, 빈하중농은 따라 배울만한 사람들이고, 마츠 할머니는 성실한 사람이라는 것이다. 낡은 사회에서도 물론 고생하며 살았지만 1959년, 1960년, 1961년에도 고생이 심했다. 훗날 사람들은 굶주림에 허덕이던 당시의 경험을 다들 한 번씩은 말했다. 그러나 그날 그 자리에서 우리 모두는 빈하중농보다 성실하지 못했다. 누구도 자신이 굶주렸던 이야기를 꺼낼 용기를 내지 못한 것이다. 하지만 마츠 씨는 솔직담백하게 모두 말했다. 이것이 바로 고귀한 품성인 것이다. 그 일로 말미암아 모두가 깊이 느낀 점이 있었다. 대학을 졸업하고 사회라는 큰 배움터에 나와서 받은 그 첫 번째 수업은 결코 헛된 것이 아니었고 눈물도 헛되이 흘리지 않았다는 것이다.

20년이 지나 마츠 씨가 세상을 떠났다는 소식을 베이징에서 들었을 때 나는 몹시 슬펐다. 이 세상에서 성실한 사람이 또 한 명 줄었구나, 하는 생각이 들었다. 불성실로 가득한 세상에서 성실한 사람은 얼마나 귀중한가. 성실한 사람이 되기란 또 얼마나 어려운가.

시대를 착각한 억고사첩

똥大糞과 '대동大同'의 이상

내가 대학을 졸업한 뒤 농촌과 공장(간부학교를 포함해서)에 가서 노동한 시간이, 즉 사상개조를 수행한 시간이 6년 가까이 된다. 나는 줄곧 '개조'라는 명제를 지지했다. 나이가 많은 지식인이든 젊은 지식인이든 누구나 반드시 개조를 해야 한다. 우리처럼 '붉은 깃발 아래 성장한' 젊은 지식인들은 자산 계급에 속하지는 않았지만 소자산 계급에 속했다. 소자산 계급과 자산 계급 사이에는 크고 작음의 구별은 있어도 본질적인 차이는 없다. 소자산 계급은 자산 계급의 범주에 들고, 자산 계급은 개조를 하지 않으면 안 되었다.

내가 나 자신을 개조할 필요가 있다고 진심으로 승복한 이유는, 내게는 확실히 '개인주의'가 남아 있었기 때문이다. 공부를 했으니 국가를 위해 봉사해야겠다는 생각도 있었지만 개인적인 일에서 성공하고 싶은 마음도 있었다. 그래서 나는 개조과정에서 겪은 자아비판의 체험을 글로 적잖이 썼다. 나중에 가서는 확실히 한순간 품었던 그 사적인 마음을 거의 박멸시켰다. 그러니 개조가 효과를 본 셈이라고 할 수 있다.

필사적으로 자아반성을 하고 죽어라 일도 했지만, 언제나 개조의 앞서 나가는 속도를 따라가기에 힘이 부쳤다. 그중에서도 제일 부담스러웠던 것이 있다. 개조의 모범이 된 일부 사람들이 개조를 통해 몸소 깨달은 바를 이야기할 때, 자신들은 입장만 개조한 것이 아니라 심리와 정감까지도 개조했다고 말했고, 나도 거기까지는 따라갈 수 있었다. 하지만 더 나아가 그들은 생리적 감각까지도 개조했다고 말했다. 그건 내가 정말 하기 어렵다는 생각이 들었다. 예를 들면 철학사를 연구하는 어떤 유명한 교수가 이런 말을 했다. 갓 간부학교에 왔을 때는 똥이 아주 구리다고 느꼈지만 1년 넘는 개조를 거치면서 감각이 완전히 변해서 갖가지 똥들(돼지 똥, 소똥, 개똥 그리고 인분까지 포함해서)이 한결같이 구리지 않게 되었을 뿐 아니라, 똥을 보면 구수한 느낌까지 든다는 것이었다. 나아가 그는, 구수한 느낌이 들게 된 '사상적 과정'을 설명했다. 똥은 곡식을 자양할 수 있고, 그래서 곡식이 풍작이 들면 국가 건설을 지원할 수 있고, 국가 건설이 잘 되면 세계 혁명을 지원할 수 있고, 혁명이 성공하면 인류는 대동大同의 이상을 실현할 수 있다는 말이었다. 이렇게 똥과 '대동'을 연계하면 '대동'은 아름다운 것이니까 똥도 자연스레 구수해진다는 것이다. 그 말을 듣고 나는 감동을 받기는 했지만 '똥이 구수해질 정도로' 개조하기란 정말 어렵다고 생각했다. 나는 간부학교에서 3년 남짓 개조를 했고, 마지막에는 개조를 하며 체득한 바를 글로 쓰는 때가 되었다. 똥에 친근감을 느꼈고 세계 혁명을 지원할 수 있다는 생각도 들었으며 '대동'의 이상과 연결시킬 수도 있었지만 똥이 구수하다는 느낌은 시종일관 들지 않았다. 그 점에서 나의 개조는 '깊이'가 부족했다.

똥이 구수하게 느껴질 정도로 개조한다는 것은 후각의 혁명화라는 문제를 해결할 수 있을 뿐이다. 그것으로 청각, 시각, 촉각의 혁명화라는 문제를 대체할 수는 없다. 가령 허풍과 거짓말과 쓸데없는 말을 듣고도 화를 내지 않을 수 있게 개조하는 것은 청각의 혁명화에 속한다. 사람을 붙잡고 사람을 때리고 사람을 죽이는 것을 보고도 눈도 깜짝하지 않도록 개조하는 것은 시각의 혁명화에 속한다. 그리고 스스로 거짓말을 하고도 얼굴이 붉어지지 않도록 개조하는 것은 촉각의 혁명화에 속한다. 거짓말을 하고 얼굴이 붉어지지 않기도 쉬운 것이 아니다. 예를 들면 형세가 아주 나빠졌고 혁명이 경제를 붕괴시키는 지경에 이르렀으며 사회가 혼란에 빠졌다는 것을 잘 알면서, 심지어 로켓포와 탱크까지 동원해 살인을 자행하고 있는데도 형세가 아주 좋다, 여간 좋은 게 아니라 가면 갈수록 더 좋아지고 있다고 말하기란 아주 어렵다. 처음 그 말을 할 때 나는 도무지 말이 나오지 않았다. 그래도 조금은 얼굴이 붉어졌던 것으로 기억한다. 그러나 단련을 거치고 나자 총알이 거리를 날아다니고 식당에는 사먹을 음식이 없고 멀쩡하던 학교 선생님이 맞아 죽어도, 한껏 자신감 있는 태도로 형세가 아주 좋다, 여간 좋은 것이 아니다, 라고 말했다. 게다가 얼굴도 붉히지 않았다.

몇 년 전에 바이셴융白先勇의『진 팀장의 마지막 밤金大班的最後一夜』을 읽었다. 수십 년 화려한 사교계 생활을 해온 여자 무용수 팀장 진자오리金兆麗는 무도장에서의 마지막 날 밤 쾌락을 맛보러 처음 무도장을 찾은 대학생과 춤을 춘다. 그녀는 이 젊은이의 얼굴이 살짝 붉어진 것을 보았고, 그래서 마음이 움직인다. 이 낯짝 두꺼운 세상에서 얼굴이 붉어지는 사람은 실로 드물기 때문이다. 이 소설을 읽고서 나는, 나 자신의 얼굴이 붉어지지 않도록 고생스럽게 단련한 것이 좋은 일인지 나쁜 일인지 의심을 품게 되었다. 그리고 고국에는 거짓말을 하고 허풍을 떨면서도 안색이 변하지 않는 사람이 무척 많다고 느꼈으며, 허풍을 떨고 거짓말을 하고 얼굴이 붉어지는 사람이 있다면 아주 드문 경우에 속할 거라는 생각이 들었다.

생리에 변화가 올 정도로 개조하는 것은 물론 깊이가 있다. 그렇지만 이렇게 되면 '개조'라는 명제의 철학적 의미가 크게 약화된다. 우리가 원래 품었던 '세계를 개조한다'라는 포부와 거리가 멀어지는 것이다. 그러나 '개조'의 표준이 구체적으로 마련되지 않고, 똥이나 혹은 얼굴을 붉히는 것과 같은 세부 사항과도 연관을 갖지 못한다면 '개조를 수행하는 사람'은 '얼렁뚱땅 관문을 넘어가기' 쉽다. 그러니 생리적 표준을 제정하는 것도 나쁘지는 않겠다. 여하튼 이럴 수도 저럴 수도 없는 난처한 문제다. 최근 몇 년 사이에 대규모 '개조' 운동은 이미 사라졌으나 여전히 지식인들 가운데는 지식인의 개조 문제를 다시금 제기하려고 목소리를 높이는 사람들이 있다. 그렇다면 그들은 목소리를 높이는 것과 동시에 개조의 척도를 고려하면서 생리적 표준이 필요한지 여부에도 생각이 미칠 것인가? 그렇다면 그것은 한번 진지하게 연구해볼 필요가 있다.

똥大糞과 '대동大同'의 이상

다섯 종류의 괴물

『세상 끝에서 홀로 말하다』에 수록된 「20세기에 써 보내는 저주」에서 나는 20세기의 정치 괴물들을 저주했다. 히틀러, 스탈린, 폴 포트, 아우슈비츠 수용소, 만인갱萬人坑,[86] 수용소 군도 같은 것들이 그것이다. 그 외에도 문화 괴물들이 있지만 나는 차마 저주할 수 없어서 그 책에는 써넣지 않았다. 그러나 괴물은 확실히 해괴망측한 것인지라 항상 내 마음을 어지럽혔다. 그래서 어쩔 수 없이 그것들을 밖으로 끄집어 내놓아 잊고자 한다. 이들 세기적 괴물은 주로 다섯 가지다.

하나, 건달 장사壯士.
미국의 복싱선수, 헤비급 통합 챔피언 마이크 타이슨은 여성을 강간했

---

86 1937~1945년 일본 제국주의 군대가 수많은 중국인을 살해하여 집단으로 암매장한 구덩이.

을 뿐만 아니라 복싱 경기를 하다가 분위기가 한창 고조되었을 때 상대 선수의 귀를 물어뜯었다. 그것이 '세기적인 물어뜯기'라고 일컬어진다. 최근에 그는 또 경기 종료를 알리는 종이 울린 뒤에 느닷없이 적수를 때려 눕혔다. 타이슨은 세계에서 가장 힘이 센 사람이다. 팔뚝에는 두 거인을 새겼으니 마오쩌둥과 체 게바라다. 20세기에는 확실히 타이슨 유類의 장사들이 있었다. 그러나 그들은 또 야수의 이빨을 가진 건달이기도 했다. 이런 사람들을 건달 장사라고 부를 수 있다.

둘, 속 빈 꼬마 니체들.

니체의 생각 가운데 일부는 받아들이기 힘들지만 그래도 나는 니체를 존중한다. 그는 시종일관 동심과 인간에 관심을 가졌고, 어린이 나라를 마음의 고향으로 여겼다. 1889년 그는 토리노 거리에서 말이 마부에게 얻어맞는 것을 보고 통곡하며 달려가서 그 말의 목을 끌어안았다. 그 사건 이후 그는 중풍과 정신분열증을 앓았다. 그러나 그를 모방하는 '꼬마 니체'들은 니체의 초인철학超人哲學과 권력의지에만 관심을 갖는다. 그들은 자신들을 초인으로 여기고, '이 몸이 천하제일'의 '천재'라며 과대망상에 젖어 산다. 잘난 척하고, 자기애에 빠지고, 자화자찬하고, 자신을 팔면서 앞 세대 사람들과 타인의 성과를 제멋대로 짓밟는다. 폭력적 언어를 일삼고, 머리끝에서 발끝까지 정신적 조급증에 불타는 그들이다. 우두머리가 되고 싶어하는 그들의 욕망, 그리고 권력을 향한 그들의 욕망은 평상심과 갓난아이의 마음赤子之心을 모두 먹어치웠고, 결국은 미쳐버린, 속 빈 꼬마 니체가 되었다.

셋, 예술을 전복시키는 미치광이들.

피카소 이후 서구에서는 한 무리, 그리고 또 한 무리 괴상한 전위 예술가들이 나타났다. 선봉에 섰던 그들은 앞 세대 사람들과 앞 세대 예술을 전복시키는 것을 유일한 미학 원칙으로 삼는다. 철학적 관념으로 예술의 창조를 대체하면서 낡은 예술의 죽음과 새로운 예술의 탄생을 끊임없이 선언한다. 지름길을 타는 데 능숙한 이 예술가들은 어쩌나 총명한지 변기나 똥이나 머리칼로 '예술의 신기원'을 개척했으며 자신들이 으뜸가는 창조주라는 환상에 빠져 있다. 모나리자에 수염을 덧칠하거나, 맨 엉덩이로 얼음 위를 뒹굴어(그들은 이를 '행위예술'이라고 부른다) 몇 초 만에 '당대에 둘도 없는 걸작'을 완성한다. 또 최근에 뉴욕에서는 코끼리 똥으로 제작한 성모 마리아를 제작 출품하여 다시 한번 새로운 예술혁명을 진행하고 있다. 예술을 전복시키는 미치광이들의 이런 작품들은 아무것도 아닌 '쓰레기'를 제조한 데 그치지 않았다. 더 나아가 가련한 '눈먼 대중'과 무책임한 평론가를 수없이 만들어냈다.

넷, 지식인 '남단男旦'.[87]

천인커陳寅恪 선생은 1950년대 초에 중국 지식인들이 사상개조운동 속에서 자신들을 보호하기 위해 필사적으로 자신을 학대하고, 자신들을 죽이고, 자신들에게 각종 반동反動의 모자를 씌워 존엄성을 떨어뜨리는 것을 지켜보았다. 그것을 슬프게 탄식하던 그는 「남단男旦」이라는 칠언절구를 지었다.

남자가 여자로 분장한 모습 완전히 새로워라 改男造女態全新

극단의 보배로 그 옛날엔 인기 최고였다지 鞠部精華舊絕倫

이 풍류 시들고 뒤를 잇지 못함에 탄식했더니 太息風流衰歇後

---

87 경극을 비롯한 중국의 여러 전통 극에서 여자로 분장하고 여자 목소리를 흉내 내며 노래하는 남자 배우.

불씨 살린 장작이 뜻밖에도 지식인들이로군 傳薪翻是讀書人

이런 남단들이 1950년대 초에도 벌써 적잖았는데 문화대혁명 기간과 1990년대에는 대량으로 번식했다. 나는 『인간론 25종』에서 '남단'을 '거세된 인간閹人'의 범위에 포함시켰다. 내시太監와 유사한 사람들이었기 때문이다. 다만 중국 지식계의 남단은 정신과 인격과 지조를 거세당한 사람들로, 아랫도리를 거세당했던 내시와 차이가 있다. 그러나 거세당한 뒤 척추를 꼿꼿이 못 세우고 오로지 권세를 좇아 받들고 시세에 영합하는 모습만은 동일하다.

다섯, 지식인 사회의 구양봉歐陽鋒.

진용金庸의 소설 『사조영웅전射雕英雄傳』에 나오는 '서독西毒' 구양봉은 무공 연마에만 몰두하다가 마침내 자신이 누구인지도 모르게 된다. 더욱이 물구나무서서 걸어다니기 때문에 그에게는 세상이 거꾸로 보인다. 20세기의 일부 지식인도 힘줄과 핏줄이 거꾸로 돌아 책을 거꾸로 읽고 세상을 거꾸로 보았다. 그래서 그들은 '분서갱유'에서 '법치'와 인류 해방을 읽어냈고, 5·7 간부학교에서 즐거움과 행복을 읽어냈고, 두보杜甫의 시에서 지주 계급의 정서를 읽어냈고, 『홍루몽』에서 무산 계급 정치를 읽어냈고, 굶주림에 몸이 퉁퉁 부은 것에서 형세가 아주 좋음[88]을 읽어냈고, 지식인을 잡아 가둔 외양간에서 꾀꼬리 노래하고 제비 춤추는 태평성세를 읽어냈고······.

---

88 이 책에 수록된 「아Q는 왜 허풍을 잘 떠는가?」의 본문과 주석 참조.

부유한 인간의 희극

　미국은 문화적으로만 희극의 시대로 들어선 게 아니라 생활도 희극으로 충만하다. 미국인들의 일상생활에서 희극을 구경하는 것도 아주 재미있다. 이를테면 미국인들이 부유해진 뒤에 무엇을 해야 좋을지 몰라 하는 광경을 구경하는 것이 아주 재미있다.

　중국이 현재 안고 있는 문제는 일부 사람을 먼저 부유하게 한 것이다. 이 점을 두고 약 20년 동안 논쟁이 벌어졌지만 결국은 일부가 먼저 부유해지는 것을 허용했다. 그러나 그 밖의 일부 사람, 곧 대다수 사람이 어떻게 부자가 될 것인가는 여전히 큰 문제로 남는다. 반면 미국에서 부자가 되고자 하는 것은 아주 당연한 이치이고, 누구나 부자가 될 수 있으며 또 부자가 되어야 한다는 생각을 사람들은 일찍부터 갖고 있었다. 더욱이 저마다 부자가 되기를 간절히 바란다. 비록 일부분은 아직 부유하지 못하지만 이미 부유해진 사람들은 큰 자산 계급을 이루었을 뿐 아니라 더 거대한 중산층을 형성했다. 부유해진 이들은 의식주가 풍족해진 뒤에는 무엇을 해야 할지 몰라서 생활의 목표를 잃어버리고 근심에 빠져 있었다. 그러자 똑똑한 지식인들이 그들에게 조언을 해주었다. 생활을 즐기고 부를 향유하라고. 이 귀띔은 그들에게 생명은 귀중한 것이라는 의식을 불어넣었고, 건강이 제일이고 예쁜 것이 제일이며 오래 사는 것이 제일이라는 의식을 갖도록 만들었다. 그리하여 뚱뚱한 사람은 즉시 다이어트를 하러 간다. 그렇게 다이어트 행렬에 들어서면 그들은 이전에 우리 중국인들이 혁명 대오에 들어섰던 것과 같이 아주 비장해지고 목표가 분명해진다. 게다가 가장 먼저 '누가 우리의 적이고, 누가 우리의 벗인가'를 명확히 한다. 이는 다이어트의 최우선 과제다. 몸의 지방이 바로 적이며 타도하지 않으면 안 되는 대상이다. 혁명이란 바로 지방의 명命을 혁革하는 것이다. 나는 텔레비전을 통해 다이어트 센터에서 이루어지는 집단 훈련 장면을 보았는데, 사람들 모두 저마다 단단히 벼르며 의분에 가득 차서 지방과 비계를 불구대천의 원수로 삼고 죽음을 무릅쓴 전투를 벌이는 모습이었다. 그렇게 다이어트에 성공하면 그 여인네들은 기뻐 날뛰며 뚱뚱했던 과거 사진을 보여주었고, 자신의 과거와 현재 모습이 확연히 달라진 것을 보며 마침내 감격해서 눈물을 흘렸다. 우리 중국인들의 억고사첨을 완전히 빼다 박은 모습이었다. 다이어트 회사는 이를 광고하고 다이어트에 성공한 부인들로부터 천만번이나 감사하다는 말을 들을 뿐 아니라 큰돈을 벌어들인다. 언젠가 나는 어떤 백만장자 부인이 소개하는 다이어트 경험담을 자세히 들은 적이 있다. 관건은 결심을 하고 자신감을 가지며 인내심이 있어야 한다는 것이다. 그리고 굶주림, 현기증, 마비, 심지어 온몸이 부들부들 떨리는 것 등등의 갖은 시련을 이겨내야 한다고 했다. 이것은 우리 중국의 전통인 '고생도 된 고생을 해야 남 위에 설 수 있다'는 철학과 상통한다. 또한 '고생도 두렵지 않고 죽음도 두렵지 않다'라는 '우공이 산愚公移山'의 현대적 혁명정신과도 꼭 들어맞는다.

뚱뚱한 부자들이 생활의 목표를 찾은 셈이다. 그러면 뚱뚱하지 않은 부자들은 어찌 해야 좋을까? 그들 부유한 남녀가 가장 관심을 갖는 것은 뚱뚱하지 않은 상태를 어떻게 그대로 유지할 것인가이다. 유지하는 것이 곧 승리하는 것이다. 그 상태를 잘 유지하는 관건은 음식에 주의하면서 '건강식품'을 먹는 것이다. 건강식품이란 저지방 식품과 무지방 식품으로, 콜레스테롤이 높아지지 않도록 하는 음식물이다. 사람들의 다이어트를 돕기 위해 미국 연방정부 농무부는 수년 전에 직접 건강식품 피라미드를 설계했다. 그것은 지방을 철저히 피라미드 밖으로 몰아내고 사회 도처에 건강식품 레스토랑을 여는 것이다. 미국은 전 국민적 반反지방 운동을 이미 20년 가까이 펼치고 있다. 부유한 사람들은 지방에 대해 일찍부터 경계심을 높였고 시시각각으로 '줄을 팽팽하게 당겨緊繃一條弦'[89] 식사 때마다 항상 다이어트 투쟁을 잊지 않고, 또 무엇이 주로 위험한 것인지 잊지 않는다. 아직 뚱뚱해지지 않은 이 부자들은 갓 혁명 대오에 들어선 사람들처럼 우선 '누가 우리의 적이고 누가 우리의 벗인가'를 분명히 가린다. '설탕'은 으뜸가는 적이며 또 가장 일찍 발견된 적이다. 모든 원한은 우선 '설탕'에 집중돼야 한다. '계란 노른자'는 그에 버금가는 적이며 발견된 것도 나중이다. 이에 대해서도 자비를 베풀거나 경계를 늦춰서는 안 된다. '동물성 기름'은 세 번째 적이며 역시 나중에 발견되었다. 마지막으로 흰 쌀밥과 흰 밀가루도 적이라는 것이 발견되었다. 지금은 적의 종류가 수십

---

89 문화대혁명 당시 자주 사용된 말로, 항상 계급투쟁의 긴장감을 팽팽하게 유지한다는 뜻으로 쓰였다.

종에 이른다. 그래서 식료품 시장에 들어서면 그야말로 '사면초가'라는 느낌이 든다. 근년에 미국에서는 새로운 영양 관념을 가진 책들이 출판되면서 어떤 적들에 대해서는 부정을 하기 시작했다. 책의 취지는 지난 몇 년간 공격 대상을 지나치게 광범위하게 잡은 탓에 건강의 적으로 열거되지 말아야 할 것들까지 적대시해서 적을 너무 많이 만들었다는 것이다. 예전에 중국에서 계급투쟁이 '확대되는 쪽으로 가는 것擴大化'에 반대하고, '정책의 오류를 시정하고政策落實' '억울함을 풀어주고 잘못된 판결을 바로잡았던申冤平反' 것과 의미상 별 차이가 없다.

나는 미국에서 여러 해 살면서 부자들이 가진 이런 고뇌를 갖지 않고 전과 다름없이 설탕을 먹고 계란 노른자를 먹고 흰 쌀밥을 먹고 있다. 언젠가 호기심에 건강식품 레스토랑에 들어간 적이 있는데, 결국 수이라오멘水撈麵[90] 한 사발과 채소 한 접시 말고는 아무것도 먹을 수 없었다. 그리고 그 '건강 채소'들은 1960년대 초반 고난의 시기困難時期[91]에 먹었던 산나물과 아주 비슷했다. 거칠고 소박한 국수를 보자 나는 과거 고생스럽던 시절이 떠올라 결국 눈시울을 적시고 말았다. 그때부터 나는 건강에 대한 염려를 뒷전으로 하고 평소 먹던 대로 돼지고기를 먹고 소갈비를 먹고 계란을 먹었다. 그러나 매년 건강검진을 해봐도 콜레스테롤은 늘 정상이었다. 이웃의 미국인이 무척 부러워하며 비결을 알아보러 와서 내게 물었다. 이거 어떻게 된 겁니까? 나는 말했다. 당신네 미국인들은 너무 이성적이에요. 그러나 이성도 도가 지나치면 반反이성으로 향하게 됩니다. 나

---

90 끓는 물에 삶아 건진 소면을 냉수에 식혀 몇 가지 양념을 넣고 비벼 먹거나 국물에 말아 먹는 단출한 국수.

91 1950년대 말에 생산력을 비약적으로 끌어올리기 위해 벌인 대약진大躍進 및 인민공사人民公社가 실패한 뒤 경제적 손실과 흉년이 겹치면서 많은 사람이 굶어 죽거나 어렵게 살아가던 시기를 말한다.

는 생명의 자연스러움을 존중하고, 혁명과 작별하고, 그리 많은 적을 두지 않고, 많은 경계를 하지 않을 뿐입니다. 그래서 잘 먹고 잘 자고 비극도 없고 희극도 없이 지낸답니다.

세기적인 물어뜯기[92]

　　100일 전에 CNN에서 홍콩 반환에 관한 중요한 소식을 방송한 뒤에 내보낸 또 하나의 중요한 뉴스가 미국을 놀라게 했다. 복싱 챔피언 마이크 타이슨이 경기 도중 이길 방법이 없자, 뜻밖에도 주먹 대신 이빨로 상대방의 귀를 물어뜯은 것이다. 이 장면을 본 관중은 일시에 모두 깜짝 놀라며 입을 다물지 못했다. 이 '물어뜯기'는 예사로운 '물어뜯기'가 아니다. 이것은 인류 중 가장 힘센 사람의 '물어뜯기'이며, 수억 명의 인류가 두 눈 크게 뜨고 지켜보는 가운데 '공공연하고 대담하게' 저지른 '물어뜯기'다. 미국 평론계에서 이것을 '세기적인 물어뜯기'라고 부르는 것도 이상한 일이 아니다.

92　원제목은 '세기지교世紀之咬'다. 이 글의 시대적 배경이 되는 '세기지교世紀之交(세기가 교체되는 때)'와 압운을 이루며 익살맞은 효과를 낸다.

복싱 챔피언 타이슨의 행위를 '세기적인 물어뜯기'라고 부르는 것은 아주 재미있는 일이다. 왜냐하면 이 행위는 20세기 인류의 성공과 불행을 반영한 것이기 때문이다. 타이슨은 헤비급 챔피언으로, 사람들이 보고 느끼기로는 바로 힘을 상징한다. 20세기에는 '돈'과 '힘'이 모든 것을 지배했다. '돈이 있으면 힘이 생긴다'라는 말과 '힘이 있으면 돈이 생긴다'라는 말은 병행시켜도 모순되지 않는 '진리'다. 타이슨은 힘을 가졌기 때문에 미국에서 최고 연봉(7000만 달러)을 받는 챔피언이다. 가장 뛰어난 농구선수인 마이클 조던보다도 정확히 두 배를 더 받는다. 타이슨의 몸은 20세기 인간세계의 힘의 양과 돈의 양을 충분히 구현하고 있는 것이다. 그러나 이번 그의 '물어뜯기'는 이 세계가 드러낸 허점을, 바로 유혈이 낭자하도록 물어뜯은 것이다. 곧 20세기에서 인류는 '챔피언'(정치 챔피언, 경제 챔피언, 문화 챔피언을 포함하여)이라는 옥좌를 얻기 위해서라면, 그리고 권력과 금력을 얻기 위해서라면 수단을 가리지 않는 지경에 이르렀다는 말이다. 확실히 도덕은 쇠퇴하고 있고, 인류의 품격은 무너지고 있다. 타이슨의 주먹과 물어뜯기는 때마침 세기말의 인류에게 적신호를 보내고 있다.

　　나는 복싱 경기를 즐겨 보지 않는다. 어쩌다 몇 장면을 보게 되면 복싱선수가 '육체적 인간'이 아닐까 하는 걱정이 든다. 지난해 미국 애틀랜타주에서 열린 올림픽 경기에서는 옛 복싱 챔피언 무하마드 알리가 성화에 점화를 했다. 그가 육체만이 아니라 영혼을 가진 복싱 선수라는 말을 듣고, 그때서야 안심할 수 있었다. 그러나 이번에 벌어진 타이슨의 세기적 물어뜯기는 또다시 내게 '육체적 인간'을 떠올리게 했다. 『인간론 25종』에 수록된 '육체적 인간을 논함肉人論'[93]에서 나는 이런 예측을 했다. 이 세계

93　이 책에도 수록되어 있는 글이다.

는 하루하루 육인화肉人化 곧 육체적 인간의 세계로 변하는 것 같고, 영혼도 없고, 감정도 없고, 도덕도 없는 육체적 인간이 세상의 주인공이 될 것이며 암스테르담 등지의 홍등가가 세계 최후의 종착역이 될 것이라고 말이다. 이번에 힘의 챔피언이 보여준 쇼를 접한 뒤로는 20세기의 인류는 그야말로 현대화로 나아가는 동시에 육인화로 나아가고 있다는 생각이 더욱 강하게 들었다. 말하자면, 발달한 과학기술과 뛰어난 식품은 시간이 갈수록 인간의 근육을 발달시키는 한편, 시간이 갈수록 인간의 영혼을 축소시킨다. 그렇게 영혼이 축소되어가다가 제로에 도달할 때 세계의 육인화가 실현되는 것이다. 마르쿠제는 공업화의 결과 인류는 '일면적 인간'으로 변화해간다고 했는데 그의 말은 과연 틀리지 않는다. 나는 중국이 네 가지 현대화四個現代化[94]를 성취한 뒤에 맞게 될 다섯 번째 현대화는 '육인화'가 아닐까 하고 걱정이 된다.

'세기적인 물어뜯기'를 보고 근심스럽기만 했던 것은 아니다. 개인적으로는 어쩌면 다른 사람들은 느끼지 못했을 은밀한 기쁨도 맛보았다. 다행스럽게도 나는 중국 대륙에서 펼쳐지는 이론理論의 복싱 경기장에서 이미 물러났다는 것이다. 이 경기장에서 상대방은 항상 펜 대신 이빨을 사용했고, 경기를 수행하는 방식도 '물어뜯기'였다. 나는 비록 귀를 물린 적은 없으나 마음과 영혼을 여러 차례 물리고 뜯겼다. 내가 저술한 책들은 진지하면서도 이론적 설득력을 갖춘 학술적 비판과 마주하기를 기대했으나 정작 내 책이 맞이한 것은 이빨로 물어뜯는 비판이었다. 이번 세계 챔피

---

94 공업, 농업, 국방, 과학기술의 현대화. 1964년 제3차 전인대회에서 국무원총리 저우언라이가 중국공산당 중앙위 주석 마오쩌둥의 건의에 근거하여 전인대회를 위해 작성한 「정부공작보고」에서 20세기 안으로 중국을 공업, 농업, 국방, 과학기술이 현대화된 강국으로 만들겠다고 처음 제시했다.

언의 몸서리치는 행동을 보고 나서야 나는 이빨로 행하는 비판이야말로 20세기 인류 역사의 산물이라는 것을 깨닫게 되었다. 나아가 그것은 중국만이 가진 특색中國特色[95]은 아님을 분명히 알게 되었다.

---

95 '중국 특색의 사회주의'를 암시한다. 덩샤오핑이 1982년 중국공산당 제12차 전국대표대회 개막사를 통해 마르크스주의의 보편적 진리를 중국의 구체적 실제와 결합시켜 중국 특색을 갖춘 사회주의를 건설한다고 선언한 이후 이는 오늘날까지 정치·경제·사회·문화 전반에서 중국공산당의 국가 운영을 요약하는 말이다.

학자, 파리, 썩은 고기

몇 해 전 '첸중수 붐錢鍾書熱'이 중국 대륙을 휩쓸 때 나는 이런 병적 열기를 첸 선생이 어떻게 감당할 수 있을지 걱정스러웠다. 최근 어떤 소식을 들으니, 정말로 첸 선생은 감당하기 힘든 무거운 짐으로 여겼음이 사실로 입증된다.

사태의 발단은 작년에 리시판李希凡 등이 연명으로 보낸 호소 편지였다. 내가 듣기로는, 장쑤江蘇 성 우시無錫 시 당국에서 첸 선생의 조상이 살던 옛집을 허물고 쇼핑몰을 세우려고 했는데, 그 편지는 이것을 제지하여 '국보급 문물'을 보호하자는 요구를 담고 있었다. 이런 정황을 알고 외국에 사는 어떤 친구 분이 양장楊絳[96] 선생에게 서신을 보내 이 요구를 '성

[96] 첸중수의 부인이다. 1930년대 후반에 영국으로 유학을 다녀와 칭화대 등에서 강의했고, 1949년 이후 중국사회과학원 문학 연구소 및 외국문학 연구소에서 연구했다. 작가, 번역가, 외국문학 연구자로 알려져 있다.

원'해도 괜찮은지 여부를 물었다. 양 선생이 보낸 답장은 이렇다. 첸 선생은 자주, 아내인 나에게, 자신은 썩은 고깃덩어리이며, 파리라는 파리들은 죄다 빨아먹으려고 덤벼든다고 말했다.

친구가 내게 그 이야기를 했을 때 나는 즉시 이는 첸 선생의 말씀이 맞다고 확신했다. 의심할 필요도 없이 그것은 첸 선생의 날카롭고도 정확한 비유였다. 그래도 나는 무척이나 놀랐다. 첸 선생이 그런 냉엄한 비유를 써서 자신을 성원하는 사람들에 대해 분노를 표현하리라고는 예상치 못했기 때문이다. 첸 선생은 이미 말을 안 한 지 오래되었지만, 정신이 아직 멀쩡할 때 이 비유를 남긴 것이다. 아마도 그는 이런 일이 생길 것을 예견한 듯하다. 그가 막 침묵에 들어갔을 때, 급기야 완전히 침묵에 빠졌을 때 사람들은 온갖 방식을 동원해 그의 이름을 이용하려 들 것이라는 것을. 그래서 그는 자신의 태도를 분명히 드러내야만 했고, 인생 경지人生境界에 대하여 자신을 한 차례 수호해야만 했던 것이다.

만약 첸 선생이 일반적으로 통용되는 비유를 그대로 썼다면, 그래서 예컨대 자신을 수많은 요괴가 잡아먹고 싶어하는 '삼장법사의 고기唐僧肉'에 비유했다면, 뜻은 통했겠지만 이 비유는 사람들에게 비유의 주체가 자화자찬한다는 오해를 사기 십상이다. 첸 선생이 그런 자아도취식의 비유 대신 '썩은 고기'라는 자학적 비유를 사용한 것은 자신의 이름이 여러 해 '지져지고' '볶인' 것을 진작부터 뼈에 사무치게 아파했음을 설명한다. 그런 통절함을 느꼈기에 그가 사용한 것도 '투철한 고통痛徹'의 비유였다. 그는 뼈에 사무치는 그런 투철한 고통을 맛보았기 때문에 타인에 지배되지 않고 외부의 유혹을 받지 않는 날카로운 인격을 자연스럽고 통쾌하게 표현했다.

나는 시기와 장소가 잘 맞아떨어졌기에 다행히 첸 선생을 여러 번 만났고, '치켜세워 죽이는 자'들이나 '지지고 볶는 자'들에 대한 선생의 증오가 온전히 진실한 뜻이었음을 잘 알고 있다. 1988년의 일로 기억하는데, 베이징 문화예술출판사에서 『첸중수 연구錢鍾書研究』라는 간행물을 출판하려고 했다. 그 일을 열심히 하던 친구가 나에게도 고문(또는 편집위원이었는지 기억이 확실치 않다)을 맡으라고 했고, 그와 동시에 나의 스승 정차오쭝鄭朝宗(첸 선생의 친한 벗) 선생님도 초청받았다. 나와 정 선생님 모두 얼떨떨한 상태로 승낙을 했다. 첸 선생이 이 일을 아시고는 나를 집으로 불러 크게 화를 내며 말씀하셨다. "어쩌자고 자네까지 이 일에 뛰어들었나! 즉시 물러나게. 남들에게 이용당하지 말고!" 이것이 첸 선생이 나를 처음이자 마지막으로 무섭게 야단치셨던 일이다. 나는 즉석에서 그것이 절대적 명령임을 알 수 있었고, 곧장 출판물에서 손을 뗐다. 그해 가을 푸젠福建 성으로 돌아온 나는, 지나는 길에 정 선생님을 찾아뵈었다. 정 선생님은 내게 "우리 두 사람 다 지나치게 경솔했네. 첸 선생이 내게 편지를 보내 이야기를 하더구먼. 이번 일로 그 사람 단단히 화가 났어"라고 말씀하셨다. 베이징으로 돌아온 뒤에 첸 선생을 뵈러 가서 제가 늘 멍청합니다, 라고 말을 꺼내자 첸 선생은 엷게 웃으면서 나를 위로하셨다. "나는 본디 가만히 지내는데 그 사람들이 간행물을 내려고 하니 가만히 앉아 있을 수가 없었네." 그 일을 겪은 뒤로 나는 내 마음이 자라난 것을 느꼈다.

1950년대에서 1970년대까지 중국 대륙은 나이 든 지식인들을 전혀 존중하지 않았고, 문화대혁명 때는 더욱이 필사적으로 '때려죽이려고打殺' 들었다. 첸 선생과 양 선생은 당연히 재앙을 피할 수 없었다. 1970년대 이후 일부 나이 든 지식인들, 특히 그중 걸출한 사람들은 국가의 '예우'를 받았지만, 또 그들은 되레 다른 운명을 맞는 일이 흔했으니, 이것이 바로 '치켜세워 죽이기捧殺'였다. 갖가지 치켜세우는 방식이 모두 그들을 다시금 편안히 지낼 수 없게 했다. 유명 인사의 옛 집터를 보호해달라는 요구는 원래 별일이 아니고, 그중에는 좋은 뜻을 가진 사람들도 있다. 그러나 오랫동안 혁명의 타격을 받았던 중국인지라 이 기회를 빌려서 소란을 피우거나 예상치 못한 연극을 하는 이도 있을 수 있기에, 이에 대해 경계심을 갖는 것도 이해할 수 있는 일이다. 만약 후스를 응징하고 위핑보俞平伯를 혼내주던 1950년대 당시 누군가가 직접 나서서 후스와 위핑보의 선조가 살던 옛집을 보호해달라고 요구했다면 이는 의외로 탄복할 만한 일이다. 그러나 첸 선생은 지금 잘 지내고 있는 분인데 정말 '옛집 보호 운동'을 벌였다면 첸 선생은 도리어 편히 지낼 수 없게 된다. 거의 50년 동안 중국의 학자들은 '때려죽이기'와 '치켜세워 죽이기'의 양극단 속에서 동요해왔다. 정상적 학술의 본보기와 학술의 기풍은 이미 손상될 대로 손상되었다. 이제는 그들에게 안식을 취하면서 원기를 회복하게 해주고, 북치고 고함지르는 짓은 좀 안 했으면 좋겠다.

집중적 형벌

장타이옌章太炎 선생의 『병행진화론俱分進化論』은 사람들에게 문명의 진보가 반드시 행복과 즐거움과 도덕을 가져다주는 것은 아니라고 말한다. 그 이유는 이렇다. "즐거움이 진화하면 괴로움도 진화하고, 선이 진화하면 악도 진화한다! 도덕으로 말할 것 같으면 선도 진화하고 악도 진화한다. 생활生計로 말할 것 같으면 즐거움도 진화하고 괴로움도 진화한다."(『병행진화론』을 보라.) 그는 이를 다음과 같이 논증한다. 호랑이와 표범은 사람을 잡아먹지만 스스로 같은 무리를 해치지는 않는다. 그런데 인류는 진화한 뒤 무기를 발명했으니 한 번 전쟁을 벌이면 수없이 많은 시체가 땅 위에 널브러지고 흥건한 피가 천 리를 적신다. 인류의 야수성은 금수보다 훨씬 더하다.

장타이옌 선생은 윤리주의자다. 그는 언제나 도덕이라는 척도를 가지고 인류의 물질적 진보를 부정했으니 분명히 편파적인 면이 있다. 그러나 그가 물질문명의 진보는 흔히 도덕의 퇴화를 가져온다고 말한 것은 맞는 말이다. 그 외에도 문명의 진보는 결코 선善이라는 단선 궤도를 따라 전진하는 것이 아니며, 역사의 다른 궤도 위에서는 악도 진화한다고 했다. 이 또한 매우 일리 있는 말인 듯하다.

내가 목격한 갖가지 사회 현상들로 보건대 악惡은 정말 갈수록 더 정교해진다는 느낌이 든다. 형벌을 보더라도, 중국에서는 아주 일찍부터 온전히 갖추어진 형벌의 체계가 형성되었다. 법으로 규정된 다섯 가지 형벌五刑을 보면, 수나라·당나라 시대 이전에는 묵형墨刑,[97] 의형劓刑,[98] 비형剕刑,[99] 궁형宮刑,[100] 대벽大辟[101]이 있었고, 수·당 시대 이후에는 태형笞刑,[102] 장형杖刑,[103] 도형徒刑,[104] 유형流刑,[105] 사형死刑이 있었다. 또 사형에는 목을 베고斬, 목을 졸라매고絞, 허리를 베고腰斬, 목을 베어 높은 곳에 내걸고梟首, 저잣거리에서 목을 베어 시체를 버려두고棄市, 팔과 다리와 머리를 마차 다섯 대에 묶어 찢어 죽이고車裂, 살을 갈라 뼈를 발라내고 팔과 다리를 벤 뒤 목을 베고磔, 시체를 저잣거리에 갖다놓고戮, 시체를 불로 태우고焚, 팔다리부터 머리까지 하나씩 베는凌遲 것과 같은 여러 방법이 있었다. 이들 각각의 하부에도 또 구분이 있었다. '참형斬'만 보더라도, 들은 바에 의하면, 송나라 시대 포증包拯은 용머리, 호랑이 머리, 개머리라는

---

97 죄인의 이마를 찔러 글씨를 새긴 뒤에 먹칠하는 형벌.
98 죄인의 코를 베는 형벌.
99 죄인의 발을 베는 형벌.
100 죄인의 생식기를 거세하는 형벌.
101 죄인을 사형에 처하는 것을 말한다.
102 가시나무의 가지 또는 대나무로 만든 곤장으로 죄인의 허벅지, 볼기, 등짝을 때리는 형벌.
103 가시나무의 가지 또는 대나무로 만든 곤장으로 죄인을 때리는 형벌.
104 죄인을 일정한 장소에 가두어 자유를 박탈하고 강제노동을 시키는 형벌.
105 죄인을 변방으로 유배 보내어 강제노동을 시키는 형벌.

세 짐승의 머리 모양을 한 작두를 제작하여 죄인의 신분에 따라 가려 썼다고 한다. 작두를 쓰지 않고 큰 칼을 쓰는 경우에는 예리한 칼과 무딘 칼을 구분했고, 칼을 내리치는 방법도 빠름과 느림의 구분이 있었다. 자희慈禧 태후는 담사동譚嗣同 등 여섯 군자六君子의 목을 벨 때 무딘 칼을 사용하여 사형수들의 고통을 연장시켰다. 고대의 사형 방법과 비교하면 현대사회에서 쓰는 총살 방법은 빨리 죽고 깔끔하게 죽으니 분명 훨씬 더 문명적이다. 루쉰의 작품 『아Q정전』에서도 사형을 집행할 때 총살의 방법을 쓴다. 그래서 주위에서 지켜보던 중국인들은 실망해서 '목을 잘라 죽이는 것殺頭'보다 재미없다고 생각한다. 목을 잘라 죽이거나, 마차에 묶어 찢어죽이거나, 사지와 머리를 하나씩 베어 죽이던 것에서 총살형으로 바뀐 것, 바로 그것이 문명의 진화인데, 장 선생은 이 점에 소홀한 듯하다. 그러나 그가 진보 속에 악이 발전함을 본 것은 정확하다. 내가 말한 바 악도 갈수록 더 정교해진다는 것은 바로 진보의 배후에서 일어나는 것이다.

　문화대혁명 시기의 중국으로 말하자면, 당시의 정책은 '한 사람도 죽이지 않고, 집단을 움켜쥐지도 않는다一個不殺, 大部不抓'라는 것이었다. 겉보기에는 참수나 총살형이 없지만 당시 광활한 중원 땅에 두루 성행하던 형벌이 하나 있었으니 그것은 체벌體罰에 심벌心罰을 더한 적발해서 비판·투쟁하기揪鬪와 비판·투쟁집회批鬪였다. 적발되어 끌려나온 무고한 지식인들의 머리에는 종이를 다닥다닥 붙여 만든 높은 고깔모자가 씌워졌고, 몸에는 모욕적인 팻말 또는 흑판이 걸렸다. 쑨예팡의 목에 걸려 있던 흑판은 무게가 자그마치 일고여덟 근은 되었다. 단상 위에 서서 비판·투쟁을 당한다면 그래도 괜찮았다. 쑨예팡은 경제연구소 장원톈張聞天(이전 공산당 총서기), 구준, 뤄겅모駱耕漠 등과 함께 흑판을 목에 걸고 사람들이 지켜보는 가운데 싼리허三裏河 거리를 따라 톈안먼까지 10리 길을 걸어서 왕복해야만 했다. 그리고 저우양周揚의 부인 쑤링양蘇靈揚은 '저우양의 마누라'라는 이유만으로 중국음악대학의 조반파造反派에게 톈진에서 붙잡혀 베이징까지 끌려왔다. "조반파는 그녀를 땅에 눌러 자빠뜨리고 (…) 대학 입구에 이르자 집중적 형벌이 시작되었다. 가위로 머리칼을 잘라버린 뒤 인공적으로 만든 흙탕물 속을 기어 지나가도록 강제했다. 다시 그녀를 책상 위에 올라가게 해 꿇어앉히고는 철사를 동여맨 돌덩이를 목에 걸어놓고 혁대로 후려치고 나무 몽둥이로 때리고, 다시 더러운 하수도에서 길어온 악취 나는 하수 한 통을 그녀의 정수리부터 끼얹어 내렸다. 단 하루만에 그녀는 온몸이 상처투성이가 되었고 얼마나 시달렸는지 사람의 모습 같지 않았다."(루페이露菲, 『저우양: 문단이 겪은 혹독한 시련을 평함周揚: 文壇風雨任評說』)

저우양의 비서 루페이가 기록한 이런 집중적 형벌은 그야말로 옛날 조상들은 따라올 수 없는 것이다. 옛사람들의 형벌이 잔혹하기는 했지만 '마음의 형벌心罰'에 소홀한 경우가 많았다. 그러나 지식을 갖고 있고 더욱 총명한 현대인은 '살인'이라는 악명을 뒤집어쓰지 않으려고 사람을 살려놓는 반면, 사람을 생리적, 심리적으로 전부 심각하게 손상시킨다. 얼굴, 살갗, 근육과 뼈, 마음을 모두 함께 갈아 부서뜨린다. 이러한 집중적 형벌과 전면적 파괴가 바로 악의 정교함이며 악의 진화다.

나는 「저우양의 비애周揚的傷感」라는 글에서, 쑤링양은 만년에 머리가 유달리 맑게 깨어 있었다고 말했다. 이는 아마 그녀가 체험한 현대의 진화된 악과 관련이 있을 것이다. '정도正道가 한 자 높아지면 마도魔道는 한 길이 높아진다'라는 속담의 의미를 그녀는 틀림없이 철저히 깨달았으리라.

사람을 잡아먹은 천 년의 모습

1986년의 어느 날, 정이鄭義가 중국사회과학원 빌딩으로 나를 찾아와 서 말했다. 광시廣西로 현지 조사를 갔다가 문화대혁명 때 사람을 잡아먹 는 무서운 현상이 벌어졌다는 것을 발견했다고 말이다. 그 말을 듣고도 나는 별로 놀라지 않았고, 더구나 그의 말은 지어낸 말이 아님을 확신했 다. 올해 그는 출국한 뒤에 당시 조사한 비참한 그 식인 현상을 글로 발 표했고 나도 그것을 읽었다. 읽으면서 든 느낌은 그가 원고를 좀 다급하 게 썼다는 것이지만, 그가 말한 것은 진실한 것이다.

1. 내가 중국 일부 지역에서 특수한 시기에 사람을 잡아먹는 현상이 발 생했을 거라고 믿는 데는 이유가 있다. 그것은 중국 수천 년 역사에서 사 람을 잡아먹는 현상이 아주 많고 심각했으며, 1920년대에 이르러서는 중 국의 선진적 지식인들이 '반식인反吃人' 운동을 전개하지 않을 수 없었기

때문이다. 그것이 유명한 5·4신문화운동이다. 위대한 작가 루쉰이 쓴 중국 최초의 현대 백화문 소설 『광인일기』의 마지막 부분에 다음과 같은 말이 나온다. "내가 역사를 뒤져보니 역사의 페이지마다 '인의도덕仁義道德'이라는 글자가 적혀 있었다. 나는 밤새 한참을 자세히 들여다본 뒤에야 글자 틈새에 있는 글자를 발견해낼 수 있었다. 책에는 온통 이 두 글자로 가득했으니 바로 '식인吃人'이었다." 루쉰의 이런 말과 이런 글은 일시적 격분에서 나온 것이 아니라 중국 역사를 깊이 연구한 결과였다. 이 소설을 발표하고 얼마 후에 그는 친구 쉬서우상許壽裳 선생에게 편지를 보내 이렇게 말했다. "훗날 우연히 『통감通鑑』을 읽고서야 중국인은 아직도 사람을 잡아먹는 민족이며, 그 책이 식인으로 이루어졌다는 걸 깨달았네. 이런 발견은 심대한 의미가 있지만 아는 사람이 아직 드물지."

루쉰이 "중국인은 아직도 사람을 잡아먹는 민족"임을 설파한 뒤, 이 사실을 아는 사람이 많지는 않았지만 후스가 "중국 사상계의 청소부"(『우위문록吳虞文錄』 서序)라고 불렀던 우위라는 지식인이 이에 즉시 호응하여 중요한 글을 한 편 썼다. 그것이 「식인과 예교吃人與禮教」로, 천두슈가 편집장으로 있던 『신청년新靑年』 제6권 제6호에 발표되었다.(1919년 11월 1일 출판) 우위는 이 글에서 루쉰의 관점을 지지했을 뿐 아니라 더욱이 중국 역사서에 기록되어 있고 의심할 바 없이 분명한 식인의 사실들을 열거했다. 그는 다음과 같은 몇 가지 사실을 들었다.

첫째, 한漢나라의 개국 황제인 한 고조와 그의 제후들은 반역한 장수의 고기를 먹었다. 『사기』의 「경포열전黥布列傳」에는 "한漢은 양왕梁王 팽월彭越을 죽인 뒤 소금에 절여 젓갈을 만들었다. 그 젓갈을 그릇에 담아 두루 제후들에게 내려주었다"고 기록되어 있다. 한나라 왕은 자신이 양나라 왕 팽월의 고기를 먹었을 뿐만 아니라 더 나아가 수하인 제후들에게도 인육의 맛을 보게 했다.

우위가 말한, 사람을 잡아 다진 고기로 젓갈을 만든 뒤 제후들에게 하사하여 함께 먹은 것은 실상 상商나라 주왕紂王에게서 시작되었다. 『사기』 「은본기殷本紀」 제3에 이런 기록이 있다. "구후九侯에게 어여쁜 딸이 있었는데 주왕이 그녀를 들였다. 구후의 딸이 음란한 행위를 좋아하지 않자 주왕은 노하여 그녀를 죽이고, 이어서 구후를 죽여 고기를 다져 젓갈을 만들었다."

둘째, 한나라 장수 장홍臧洪은 병사들에게 자신의 아내의 고기를 먹게 했다. 『후한서後漢書』 「장홍전臧洪傳」을 보면, 삼국 시기 옹구성雍丘城의 태수 장초張超 밑에서 공조功曹를 지내던 장홍은 조조曹操가 옹구성을 포위하고 공격할 때 죽을 위기에 처한 자신을 원소袁紹가 구해주지 않아서 원소와 원수지간이 되었다. 그리하여 "원소의 군사가 장홍을 포위하여 성안에 식량이 떨어지자, 장홍은 자신의 애첩을 죽여 장병들에게 먹였고, 장병들은 모두 눈물을 흘리며 올려다보지 못했다."

셋째, 장홍과 같은 사람이 당나라 때도 있었으니 바로 장순이다. 당나라 때 안녹산이 반란을 일으킨 뒤 대군을 보내 수양성睢陽城(현재는 허난성 상추 시 쑤이양 구)을 포위했다. 그때 성을 지키던 고급 군관將領 장순은 당나라 황제에게 충성을 다하기 위해 죽음을 맹세하고 수성을 해냈으며, 이로 말미암아 애첩을 죽이는 유명한 이야기와 더불어 2~3만 명을 잡아 먹는 처참한 현상도 함께 발생했다. 『신당서新唐書』 「충의전忠義傳」의 기록에 따르면, "장순이 휴양성을 지키는데 윤자기尹子奇가 성을 포위하고 공격한 지 이미 오래되어 성안에 식량이 떨어졌다." 이처럼 위급한 때가 되자 "장순이 애첩을 불러내서 말했다. '장병들이 오랫동안 먹지 못하면서도 충성과 의리는 쇠약해지지 않았다. 나는 살이라도 도려내 그들을 먹이지 못하는 것이 한스러운데, 내 어찌 첩 하나를 아껴 병사들이 굶주리는 것을 보고 있겠느냐?' 그러고는 첩을 죽여 장병들에게 먹게 하자 자리에 있던 사람들 모두가 눈물을 흘렸다." 장순의 행동에 감화된 데다 극도의 굶주림이 겹쳐 수양성에는 대규모의 식인 현상이 발생했다. 『신당서』에는 "포위당한 지 오래되자 처음에는 말을 잡아먹었고, 그것도 다 먹고는 부녀자와 노약자에게로 미쳐서 모두 3만 명을 잡아먹었다"고 기록하고 있다.

우위 선생이 열거한 위의 몇 가지 사례는 중국에서 사람을 잡아먹은 수많은 사실 가운데서 일부분일 뿐이다. 중국 역사는 장구하므로 이런 사례를 들자면 끝이 없다. 우위 선생이 그 글에서 말하던 김에 마저 언급한, 중국 농민봉기 과정에서 사람을 잡아먹은 사실만 이야기하더라도 족히 두꺼운 책 한 권은 써낼 수 있다. 우위는 다음과 같은 『증국번 일기曾國藩日記』의 기록을 인용하고 있다. "홍(홍수전洪秀全)양(양수청楊秀淸)의 난[106]이 일어났을 때 강소江蘇에서는 인육 한 근을 90문전文錢[107]에 팔았고, 130문전까지 가격이 올랐다."

태평천국혁명 시기에는 도처에 기근이 들어 인육을 은밀히 먹은 것이 아니라 공개적으로 시장에서 파는 지경에 이르렀고, 기근이 심할수록 가격도 뛰었다. 인육을 매매한 사실은 소설 『수호전』에도 반영되어 있다. 중국 농민들의 처지는 그야말로 형편이 아주 어려워서 살길이 막막한 경우가 많았다. 인육 매매는 중국의 기형적 빈곤의 환경에서 생긴 기형적 영업이었다. 증국번이 목격한 인육 매매는 청나라 때 일어난 일이고 『수호전』이 지어진 시기는 송나라 때다. 더 위로 올라가면 1000년 전인 당唐 왕

---

106 홍수전과 양수청은 태평천국太平天國 봉기군의 수령이었다.
107 옛날에 사용되던 돈을 말한다. 동전 위에 글자가 새겨져 있던 데서 유래한 이름이다.

조 때 왕선지王仙芝와 황소黃巢가 주도한 농민봉기가 있는데, 그때도 인육을 많이 먹었다. 『구당서舊唐書』「황소전」에는 다음과 같은 기록이 보인다. "도적(황소의 군대를 말함)들은 진군陳郡을 300일 동안 포위하고 있었다. 관동關東에서는 몇 년간 농사를 짓지 못해 사람들이 굶주려서 담장에 기대고 있었다. 도적들은 사람들을 꾀어내서 잡아먹었고 하루에도 수천 명을 죽였다. 도적들은 용마채舂磨砦가 있었는데, 사람 수백 명을 찧을 수 있는 거대한 방아로, 사람을 산 채로 절구에 넣고 찧어 뼈까지 함께 먹었으니 그로 인해 생긴 해악이 이와 같은 지경이었다."

황소의 봉기군은 사람을 잡아먹을 때 '용마채'라는 거대한 도구를 사용했고 "뼈까지 함께 먹었으니" 먹는 기백이 더욱 대단했다. 역사서의 저자가 농민봉기에 반대하는 입장에 서 있기는 하다. 그렇지만 사람을 잡아먹는 방법을 이렇게 제대로 갖추어 꾸며대기는 어렵다. 농민봉기가 휩쓸던 시기에 사람이 사람을 잡아먹은 원인은 주로 빈곤과 기아 때문이었다. 극단적인 암흑의 환경이 극도로 잔인한 인성을 만들어낸 것이다. 사람은 살아남을 수 없는 지경에 이르면 무슨 일이든 다 해낼 수 있다. 그러나 또 다른 시기에 중국에서는 우매함으로 인해 사람을 잡아먹은 일이 있으니 인육과 인혈人血로 병을 치료할 수 있다고 여겼던 것이다. 루쉰의 소설 『약藥』에서 화라오솬華老栓은 '인혈만두'가 아들의 폐병을 치료할 수 있다고 믿었고, 그래서 망나니에게 인혈만두를 산다. 루쉰은 중국 역사서를 굉장히 많이 읽어서 중국 역사에 대해 잘 알고 있었던 듯하다. 그렇기에 "중국은 아직도 사람을 잡아먹는 민족"이라고 깊이 개탄한 것이며, 또 그래서 토로했으리라. "이른바 중국의 문명이라는 것은 실상 부자들이 향유하는 인육의 연회를 차려주는 것에 지나지 않는다. 소위 중국이라는 나라는 이 인육의 연회를 차리는 주방에 불과하다"고.

2. 5·4운동의 선각자들이 '식인'을 폭로하고 비판했을 때, 그 비판은 두 가지 의미를 갖는다. 하나는 소전통小傳統,[108] 즉 고대 중국의 특정 시기와 특정 지역에서 벌어진 야만적 풍습을 비판한 것이다. 다른 하나는 대전통大傳統, 즉 고대 중국의 종법제도가 인간의 존엄성과 가치를 말살한 것을 비판한 것이다. 전자는 사실을 지적한 것이라 상징적 의미를 띠지 않지만, 후자는 일반적 지적이라 상징성을 띤다. 루쉰이 폭로하고 비판한 '식인'은 후자에 속하며 주로 상징적 의미를 지닌다. 그러나 우위의 폭로와 비판에는 두 가지 함의가 모두 들어 있다. 일반적 지적이면서 사실적 지적인 것이다. 중국의 대전통이 인간의 정신, 영혼, 개성을 말살한 것을 비판한 것이면서 또 중국 역사에 명명백백하게 존재한 식인이라는 야만적 현상을 지적한 것이다. 우위의 폭로는 상징적 의미를 지닐 뿐만 아니라, 더 나아가 역사학자, 사회학자들에게 회피해서는 안 될 엄중한 사실을 제공했다.

우위가 열거한, 『신당서』에 기록된 장순이 애첩을 죽인 사실과, 『증국번 일기』에 기록된 인육 매매 사실에 대하여 나는 의심하지 않을뿐더러 중국의 많은 학자도 의심하지 않을 거라 믿는다. 왜냐하면 이것은 '기본적인 사실'이기 때문이다. 중국의 언어로, 이것은 '세인이 다 알고 있는有目共睹' 사실이다. 이런 사실은 제2차 세계대전 당시에 일본 군대가 난징南京에

---

108 '대전통great tradition'과 '소전통little tradition'은 20세기 중엽 미국 시카고대학교 문화인류학자 로버트 레드필드Robert Redfield가 『농촌 사회와 문화Peasant Society and Culture』(1956)에서 제기한 문화 분석의 틀이다. 이에 따르면, 인류사회의 전통은 상이한 두 층위의 문화로 구성되어왔다. 도시를 중심으로 소수 상류층 및 지식인의 문화를 대표하는 대전통과, 농촌을 중심으로 다수 농민의 문화를 대표하는 소전통이 그것이다. 레드필드는 양자의 차이와 대립을 강조하고, 소전통은 피동적 위치에 있으므로 문명이 발달함에 따라 농촌은 불가피하게 도시에 동화될 수밖에 없다고 보았다.

서 수많은 중국인을 학살했다는 사실, 그리고 히틀러의 군대가 수많은 유대인을 학살했다는 사실처럼 누구나 다 알고 있는, 변론을 불허하는, 또 고고학자들의 증명이 필요치 않은 기본적 사실이다. 만일 누군가가 문제를 제기하며 자신은 히틀러 군대가 유대인을 죽이는 것을 직접 보지 못했으니 살해된 사람의 해골을 가져다 고증해본 뒤에 다시 이야기하자고 한다면 사람들은 황당무계함을 느낄 것이다. 중국인들이 『중국번 일기』에 기록되어 있는, 인육을 팔고 먹은 현상에 대해 의심하지 않는 이유는 태평천국혁명 당시 이런 현상이 대규모로 일어났기 때문이다. 기아와 추위가 동시에 닥치면서 사람이 살 수 없었기에 혁명이 일어난 것이다. 때문에 우리는 결코 증국번을 문책하지 않는다. "당신, 그 당시에 인육을 팔고 인육을 먹었다고 했는데, 그건 당신과 당신 병사들이 본 것일 뿐 나는 보지 못했어. 또 아직 인류학적 고증 방법을 거치지 않았으니 나는 믿지 못하겠어"라고 증국번을 힐책한다면 이것도 황당무계한 일에 속한다.

장순이 첩을 죽인 것과 더불어 발생한 수양성의 식인 현상은 당나라 시대에 성을 지킨 모든 장병과 장순에 의해 저질러진 예사롭지 않은 행위이며 역사서에도 이미 기록되었다. 장순이 전사한 뒤 당나라 숙종 황제는 조서를 내려 장순을 '양주揚州 대도독'에 추봉하고, 장순의 아들 장아부張亞夫 역시 '금오대장군金吾大將軍'에 봉했다. 게다가 장순을 위해 특별히 "사당을 짓고" 사람들에게 "해마다 제사를 지내게" 했다.

장순이 첩을 죽인 일에 대해 중국에서 논쟁이 벌어지는 것은 그 사실이 있었나, 없었나를 따지는 것이 아니라 그 사건을 어떻게 평가할 것인가를 논쟁하는 것이다. 성을 지키기 위해서라면 그렇게 첩을 죽이고 사람을 잡아먹어도 되는지 따지는 것이다. 『신당서』의 저자가 장순을 '충의전忠義傳' 속에 열거한 것은 당연히 그의 행위를 '충성스럽고 의로운' 행위로 보

사람을 잡아먹은 천 년의 모습

았기 때문이고, 황제가 장순을 위해 '사당을 지은' 것도 그의 행위가 천년에 다시없을 큰 충성이요 큰 대의라고 보았기 때문이다. 그러나 우위의 견해는 정반대다. 장순이 충의라는 명분 아래 이렇게 잔인하고 야만적인 행위를 한 것은 잘못이라는 것이다.

3. 상징적 의미로 보든 역사(사실)적 의미로 보든 간에 '사람을 잡아먹는 것'은 모두 야만적인 일이며 지극히 영예롭지 못한 일이다. 그렇다면 왜 5·4운동 시기에 중국의 뛰어난 애국자들이 나서서 자기 조상들의 전통 속에 존재한 식인 현상을 들춰냈을까?

그 이유는 다음과 같은 맥락에서 찾을 수 있다. 19세기에 중국이 아편전쟁과 갑오해전에서 실패한 뒤 중국의 지식인들과 국민은 심각한 반성을 했고, 더욱이 '어떻게 애국할 것인가'에 관해 심각한 자기비판을 했다. 그때 '애국자'의 의미와 관념에 큰 변화가 생겼다. 가장 중요한 변화 한 가지는 이런 생각이었다. 우리가 오늘날 하려는 애국은 더 이상 이전처럼 자신의 '국토가 넓고 물산이 풍부하다地大博物'라는 식의 말잔치를 하는 것이어서는 안 된다. 그리고 다시는 '동방문명'에 심취되어서는 안 된다. 자신의 결함을 정면으로 봐야 하고 자신의 '낙후성'과 함께 전통 속의 문명적이지 못하고 영예롭지 않은 모든 현상을 정면으로 응시해야 한다. 또 자신의 낙후성과 비문명성을 깊이 근심해야 한다. 이렇게 성실한 자세로 자신의 결함을 정면으로 볼 수 있는 '애국자'만이 진정한 애국자다, 하는 생각이다. 이 점을 가장 먼저 명확히 말한 이가 량치차오다. 그는 애국자를 두 부류로 구분했다. 하나는 전통적 의미의 '애국자', 곧 '국민의 훌륭한 점을 말하는 자'이고, 다른 하나는 현대적 의미의 애국자, 곧 '국민의 부족한 점을 말하'고 '나라를 위해 근심하는 자'다. 더불어 그는 이렇게 생각했다. "나라를 위해 근심하는 자의 말은 사람들에게 분한 기운이 일어나게 한다."

　5·4 시기에 이르면 루쉰과 같은 문화 선구자들은 더욱 격렬한 어조로 변해 자기 민족성의 약점을 정면으로 보지 않는 '국수주의자'들은 결코 '나라를 사랑하는 자'가 아니며 "나라 망하는 것을 사랑하는 자愛亡國者"라고 비판했다. 나아가 중국의 개혁을 바라지 않는 해외의 일부 사람에 대해서도 비판했다. 그들은 중국이 영원히 자신들이 감상할 수 있는, 활기 없는 골동품으로 남았으면 하고 바랄 뿐이라고 말이다. 중국의 정직한 학자들이 기형적 시대에 발생한 비극적 현상을 정면으로 바라보고 비판한 것은 이런 비극이 다시는 발생하지 않도록 하기 위함이었다. 고난을 겪을 대로 겪은 중국인들은 그런 역사의 비극이 다시 일어나는 것을 더 이상 견디지 못할 것이다.

사람을 잡아먹은 천 년의 모습

가환, 권력을 잡다

조 서모趙姨娘에게서 태어난 가환賈環은 아마 가 씨 가문의 여러 공자公
子 가운데 제일 변변치 못하고 혐오스러운 인간일 것이다. 이 사람은 생김
새가 꾀죄죄하고 귀족의 티라고는 조금도 없을 뿐만 아니라 천성은 우둔
한 데다 교활하고 완고하며 속까지 좁았으니 완전히 '불량배'였다. 황제 친
척의 집안에도 이처럼 어린 '망나니'가 나서 자라니 인류사회는 정말 골치
가 아프다. 조 서모는 『홍루몽』에서 유일하게 장점이 없는 여성이라고 할
수 있다. 조설근이 묘사하는 인성은 '겹친 성격複性'의 특징을 고루 보여준
다. 이는 말하자면 '인물 성격의 이중 조합'인데, 유독 조 서모에게만 이런
특징이 없다. 왕 부인王夫人은 가환을 욕할 때 "조 서모 같은 화냥년은 남
긴 씨도 개자식이야!"라고 말했다. 비록 '혈통론'에 가까운 말이었지만 가
환은 확실히 개 같은 인간이었다.

나는 전에 가 씨 가문의 후계자로 만약 가환을 선택했다면, 그러니까

가 씨 가문에서 만약 가환과 같은 비열한 인간이 권력을 잡았다면 장차 어떻게 되었을까, 하고 생각한 적이 있다. 이리저리 생각해봐도 좋지 않을 것 같았다.

실상 『홍루몽』은 이미 가환이 권력을 잡는 광경을 한 차례 예행 연습한 바 있다. 그것은 가 씨 가문이 수색을 받고 재산을 몰수당한 뒤였다. 가 씨 가문은 그 일을 당하자 본래 원기가 크게 상한 데다 가모賈母와 왕희봉이 죽자 더욱더 혼란에 빠졌다. 영국부榮國府에서 가사賈赦는 감옥에 갇히고 가정賈政은 어머니의 영구를 모시고 남쪽으로 갔으며 가련賈璉은 유배지 옥중에서 병에 걸린 아버지를 보러 갔다. 또 가보옥과 가란은 시험을 보러 떠났으니 이때 그리도 큰 영국부에서 가환은 남자 상전들 가운데 으뜸이 되었다. 그야말로 '산속에 호랑이가 없으니 원숭이가 왕이라고 부르는' 격이다. 가환은 정말 가문의 왕 노릇을 하기 시작했다. 『홍루몽』 제119회에는 가환이 당시에 득의만만하던 모습이 다음과 같이 묘사되어 있다.

……보옥이와 가란이 시험 보러 멀리 떠난 일은 말하지 않겠다. 시험 보러 가는 보옥과 가란을 보며 가환은 화나고 원통했다. 이제는 자신이 왕이 됐다고 생각하며 말했다. "내가 엄마의 원수를 갚아줘야지. 집 안에 남자는 한 사람도 없으니 윗자리 큰마나님도 나한테 의지하게 생겼거늘 또 뭐가 두려워!"

인용문은 가환이 권력을 잡을 때의 심경을 분명히 드러내준다. 가환이 "자신은 왕이 됐다고 생각한" 뒤 처음으로 든 생각은 "원수를 갚아" 원한을 풀겠다는 것이다. 그는 신세가 펴자 바로 안면을 바꾸고 왕이 되자마

가환, 권력을 잡다

자 머릿속이 부풀었다. 자신과 자신의 어머니가 저지른 잘못은 인정하지 않고 남에게 멸시받던 일만 기억하다가 기회가 오자 결판을 내려는 것이다. 가환처럼 악랄하고 교활하며 완고한 깡패가 복수를 하려고 들면 절대 장난이 아닐 것이며 틀림없이 반동파를 진압할 것이다. 그의 안중에서 으뜸가는 반동파와 억압자는 왕희봉이고 버금가는 반동파는 가보옥이다. 보옥은 좀 가볍게 처벌할 수도 있겠지만 왕희봉은 반드시 엄하게 처리할 것이니 목을 베지 않으면 아마 감옥에라도 처 넣었을 것이다. 하지만 그때 왕희봉은 이미 죽었으니 가환은 복수하고 싶은 집착을 시원히 풀 수가 없었다.

가환은 개자식에 속하기도 했지만 또한 교활했다. 그는 가 씨 가문의 걸출한 인물들 가운데 죽을 자는 죽고 감옥에 갈 자는 가고 멀리 떠날 자는 떠났으니 "집안에 남자는 한 사람도 없"음을 알았다. 호랑이가 다 사라졌으니 가환과 같은 원숭이가 자연스레 왕이 되었다. 위로 큰마나님이 계시기는 하지만 가문에 남자가 없으니 역시 그에게 의지하지 않을 수 없게 되었다. 이는 정말 시대가 영웅을 만든다는 말처럼, 변동하는 시대의 추세가 쥐 같은 머리통에 생각까지 쥐 같고 아직 인간으로 진화도 못한 가환을 갑자기 위대한 인물이 되게 했다. 게다가 기세는 소처럼 웅장해져서 "뭐가 두려워?"라는 말이 나오게 했다.

"뭐가 두려워?" 이는 가환의 이데올로기다. 일단 권력을 잡으면, 이런 이데올로기가 권력과 결합되어 정말 큰일이 벌어진다. 누구도 두렵지 않게 된 이상, 당연히 법도 없고 하늘도 없다는 듯이 함부로 비위를 저지르고 "두려워하는 바 없이" "함부로 나대며" 물건이면 물건, 사람이면 사람, 원하는 것은 다 차지할 것이다. 물론 죽이고 싶은 사람도 마음대로 죽일 것이다. 공경하는 마음, 두려워하는 마음이라곤 털끝만큼도 없고, 마음속에 원칙과 도덕의 한계도 결코 없다. 이는 동서고금의 모든 건달이 가진 특징이다.

『홍루몽』은 가환이 "스스로 왕이 됐다고 우쭐하던" 때 품은 생각을 폭로한 것 외에, 그의 행동도 묘사했다. 소설에서는, 가정과 가련이 집을 떠난 뒤 가환이 집안 관리가 통제되지 않는 기회를 틈타서 몰래 집안의 물건을 팔아먹고 심지어 "기생을 데려다 자고 도박을 하며 못 하는 짓이 없었다"고 서술했다. 더 심각한 일은, 보옥과 가란이 시험을 보러 간 뒤 가환이 그 기회를 틈타 형 부인邢夫人을 충동질해서 겨우 열서너 살밖에 안 되는 자신의 친조카딸 교저巧姐를 외번外藩[109] 왕에게 첩으로 주게 한 것이다. 더욱이 마음을 악랄하기 짝이 없게 쓴 것이, 사흘 안에 교저를 떠나보내게 해서 가련이 돌아오기 전에 되돌릴 수 없는 일로 만들었다는 점이다. 교저를 팔아먹으면 돈과 재물도 생기지만 시원치는 않더라도 왕희봉에게 맺힌 원한을 얼마간 풀 수 있었다. 가환의 이런 행동은 사람을 경악하게 만든다. 원래는 사람들 눈에 차지도 않던 불량배가 일단 왕이 되자 뜻밖에도 이처럼 기민하고 노련하며 계략적일 수 있다니. 마음속에 원칙이 없는 건달이라 나쁜 일을 하기 시작하면 어떤 심리적 장애도 없으니 오히려 '효율'이 높다. 정말 이런 깡패를 얕잡아봐서는 안 된다.

이렇게 보건대, 가환이 일단 집권하자 조상 때부터 내려오던 가 씨 가문의 귀족 유풍은 완전히 자취를 감추고 원래부터 남아 있던 늠름한 기풍과 귀족적 기품, 그리고 가보옥과 여인들의 천하에서 볼 수 있던 재주와 인간미는 일거에 사라져버렸다. 남은 것은 소인배, 불량배의 더러운 공기뿐이었다. 다행스럽게도 가 씨 가문이 몰락할 무렵에 아직 가란賈蘭이

---

109 봉건시대에 봉지封地를 가진 제후를 가리키던 말이다.

라는 뿌리가 남아 있어서 가정賈政은 아마 손자뻘 되는 가란을 후계자로
선정할 것이다. 그렇지 않으면 가 씨 가문의 미래는 상상할 수가 없다.

가환, 까닭 없이 묘옥을 증오하다

가환賈環은 평소 묘옥妙玉과 왕래가 없었다. 그러나 묘옥이 납치당해 어디론가 끌려갔다는 소식을 듣자 그는 뜻밖에도 기뻐 날뛰었다. 남의 재앙을 보고 기뻐할 뿐 아니라 잔인하게 묘옥을 '헐뜯어' 이렇게 말한다. "묘옥이보다 미운 년은 없어. 종일 집에서 잘난 체하다가 보옥이만 보면 좋아서 눈웃음을 친단 말이야. 나를 똑바로 바라본 적은 이제껏 한 번도 없어. 정말 그년이라면 내 소원대로 됐구나!"

가환이 이와 같이 묘옥을 증오한 것은 묘옥이 보옥과 자신에게 '상이한 두 태도'를 취해 질투심을 불러일으킨 것 외에도 더 중요한 원인이 있다. 바로 가환과 묘옥의 정신적 기질 차이가 아주 컸기 때문이다. 한쪽은 속세를 초탈하는 기질에 속하고, 한쪽은 이기적이며 탐욕스러운 기질에 속한다. 이런 차이를 두고 정말 '하늘과 깊은 연못의 격차' '하늘과 땅의 격차' 같은 말을 쓸 수 있다. 사람과 사람의 차이가 사람과 동물의 차이보다 더 크다는 말의 예증이 아닌가 싶다. 니체의 개념을 빌려 서술한다면, 묘옥은 일반인의 정신 수준을 초월한 '초인超人'인 반면 가환은 일반인의 정신 수준보다 낮은, 인간으로 진화가 덜된 인간인 듯하니 니체가 말한 '인간말종末人'에 가까울 것이다.

묘옥은 자신을 '우리 바깥의 사람檻外人'이라고 부른다. 그녀가 속세를 초탈할 수 있는 까닭은 머리칼을 기른 채 암자에서 수행을 했기 때문만은 아니다. 더 중요한 것은 그녀의 정신적 기질이 유달리 고귀하고 뛰어나기 때문이다. 조설근은 그녀를 "기질의 아름다움은 난초와 같고 뛰어난 재능이 내뿜는 향기는 신선에 견줄 만하다"고 찬미했다. 확실히 그녀의 기질과 재능은 특별해서 세속인들과는 큰 차이가 있었고 상식을 뛰어넘는 특성을 지닌 인물이었다. 이처럼 상식을 뛰어넘는 면은 그녀의 '결벽증'과 같은 외적 행위 방식으로도 나타나지만, 동시에(더 중요하게는) 그녀의 내면세계에도 반영된다. 대관원大觀園에서 가장 아름다우며 뛰어난 재능을 가진 임대옥과 설보차조차도 그녀의 특이한 광채 아래서는 몸 둘 바를 몰랐다. 대옥은 다른 사람 앞에서는 재능을 숨기지 않았지만 묘옥 앞에서는 조심스러워했고, 또 보차와 함께 암자에 갔을 때는 바로 한마디를 묻자마자 묘옥에게 "아주 속된 사람大俗人"이라는 조롱을 받고 더는 말할 엄두도 못 내고 잠시 앉았다가 금방 일어나 작별을 고했다. 묘옥의 뛰어난 재능은 그녀의 기질과 마찬가지로 뭇 처녀를 압도하는 힘을 지니고 있었다. 『홍루몽』 제76회에서 묘옥은 추석날 밤에 시를 담론하고 시를 지었는데, 모두 평범한 소리와는 달랐다. 임대옥과 사상운史湘雲의 장편 연구聯句에 시를 지을 때는 즉석에서 열세 개의 운을 단숨에 써내려가서 임대옥과 사상운이 경탄을 금치 못하고 '시선詩仙'이라는 칭찬을 연발하게 했다. 중국 소설에서 범속한 인간을 뛰어넘는 비범한 여자의 형상을 이토록 멋지게 묘사한 것은, 그러니까 신선이 아니면서도 일반인을 크게 뛰어넘는 여자의 형상을 묘사한 작품은 거의 둘도 없는 것이다.

묘옥은 속세를 벗어나고 속세를 초월한 사람이지만, 가환은 속인들보다 더 속된 사람이다. 인류는 원숭이가 진화하여 나온 존재이지만 가환은 원숭이의 기질이 넘치고 인류의 기질이 모자란 혼탁한 생물이다. 『홍루몽』에는 가정이 본 자기 아들의 형상이 이렇게 묘사되어 있다. "앞에 서 있는 보옥을 보면 늠름한 기품과 빼어난 용모가 눈길을 빼앗는데, 가환을 보면 사람이 꾀죄죄하고 행동거지가 초라하다." 꾀죄죄한 것과 초라한 것은 모두 사람으로서의 모습이 부족한 것이다. 가장 재미나는 점은, 그에 대한 많은 사람의 인상이 뜻밖에도 한 마리 원숭이라는 점이다. 제110회에서는 여러 사람이 이환李紈에게 가환에 대한 인상을 다음과 같이 하소연한다.

여러 사람이 말했다. "이자는 더욱 꼴사납지요. 두 눈이 원숭이처럼 생긴 녀석이 이리저리 되록되록 눈알을 굴리며 보는데, 저기에서 울부짖고는 있지만 젊은 부인들이나 처녀들이 오면 관棺에 드리운 휘장揮帳 뒤에 숨어서 몰래 사람을 보던걸요."

여러 사람의 안목과 논평이 아주 재미있을 뿐만 아니라 더욱이 가환의 급소를 단번에 집어냈으니, 바로 눈이다. 눈은 사람의 정신적 기질을 가장 잘 반영한다. 그리고 여러 사람이 "두 눈이 원숭이처럼 생긴 녀석이 이리저리 되록되록 눈알을 굴리며 보는" 그의 눈을 집어낸 것이다. 많은 사람의 눈에, 즉 보통 사람의 눈에 가환은 역시 원숭이였으니 그는 결코 보통 사람의 수준에 미치지 못한다는 것을 알 수 있다. 정신적 기질 면에서 아직 인간으로의 진화가 완성되지 못한 것이다.

이 때문에 그가 곡哭하는 것을 사람들은 "울부짖는다"고 부른다. 그러나 그는 어디까지나 원숭이가 아닌 인간으로서 식욕과 성욕을 갖고 있었기에 울부짖으면서도 다른 한편으로는 휘장 너머로 몰래 여인들을 훔쳐보는 것이다. 정신적 기질 면에서 아직 원숭이의 세계를 벗어나지 못한 이런 인물은 묘옥과 마침 양극을 이룬다. 만약 묘옥이라는 이 한쪽 극단의 비교 대상이 없었다면 가환이라는 한쪽 극단은 여전히 사람들 속에 섞여 살아갈 수 있었을 것이다. 묘옥이라는 비교 대상이 있기 때문에 그는 더 누추해 보이고 더 멀리 내던져진다. 가환은 잠재의식 속에서 어쩌면 본능적으로 이 점을 느꼈기 때문에 묘옥을 증오했는지도 모른다. 이러고 보면 그의 증오는 까닭이 없는 것이면서도 까닭이 있다.

묘옥과 가환은 비록 극단적 우월함과 극단적 열등함이라는 양쪽 극단에 처한 인물이지만 역시 그들은 한 사회에서 공존하며 살아야 한다. 사회 관리가 얼마나 어려운 일인지 알 수 있다. 나는 늘 이런 생각을 한다. 만약 가환에게 묘옥, 대옥, 보옥들을 영도하게 한다면 세상은 장차 어떻게 될 것인가? 아마도 그는 자신의 원숭이 본성과 고양이 본성을 사용해서 모든 것을 개조할 것이다. 묘옥과 대관원에서 살아가는 여인들의 천하를 개조하는 것까지 포함해서 말이다.

가우촌의 심리 상태

『홍루몽』의 가우촌賈雨村은 음미해볼 가치가 있는 관료사회의 인물이다. 그의 심리 상태는 이른바 '전형典型'의 요건에 들어맞는다. 말하자면 이런 심리 상태는 개성적이면서도 보편성이 있다.

『홍루몽』을 읽은 사람이라면 다들 잘 알겠지만, 가우촌은 견사은甄士隱의 추천을 받았고 또 가정의 마음에 들면서 가 씨 가문과 한 가족처럼 지낸다. 세도가인 가 씨 가문에서 밀어주는 데다 그 자신 또한 관료사회의 기교와 생존 전략에 익숙했기 때문에 금방 지부知府에서 어사로 진급한다. 그 뒤로 또 이부시랑吏部侍郎, 병부상서兵部尚書로 올라갔다가 나중에 사건이 생겨 세 급이 떨어지지만, 얼마 후에 다시 가 씨 가문의 도움으로 경조부윤京兆府尹이란 벼슬을 보충 임명 받고 세무에 대한 관리까지 겸하게 된다. 가우촌은 가 씨 가문 때문에 출세해서 앞길이 창창하게 열린다. 그는 견사은의 추천서를 가지고 가정을 만나는데 이 만남이 그의 운명의 전환점이 된다. 그때부터 그는 벼락출세를 하게 된다. 그러나 영국부寧國府와 영국부榮國府 두 가문이 관아의 수사를 받고 재산을 몰수당했을 때, 그는 자신과 가 씨 가문이 보통 관계가 아니기에 가능한 한 신속하게 관계를 청산하지 않는다면 벼슬을 잃어버리게 될 뿐만 아니라 심지어 크나큰 재앙을 당하리라는 것을 잘 알고 있었다. 때문에 '창끝을 돌려'가 씨 가문을 사정없이 "차버린다." 그의 이 행위를 『홍루몽』 107회는 가 씨 가문의 노복 포용包勇의 입을 통해서 폭로한다. 포용은 분을 참지 못하고 말한다.

다른 사람은 괜찮지만 그 가대인(가우촌을 말함—저자)은 정말 해도 너무해! 그가 두 가문을 드나드는 걸 나는 자주 봐왔고, 그저께 어사가 고발은 했지만 그래도 그 상전은 부윤더러 사실을 조사한 뒤에 다시 처리하라고 했거든. 그런데 가우촌이 어떻게 했는지 알아? 그는 원래 두 가문의 은혜를 많이 입은 사람이라 남들이 같은 가문이라서 감싸고돈다고 말할까봐 두려워서 사정없이 차버렸어. 그래서 두 가문은 결국 수색당하고 재산을 몰수당하게 됐어. 세상인심이 이래서야 되겠어?

욕을 하던 포용은 마침 가우촌이 가마를 타고 오는 것을 보고는 술기운에 계속 욕을 해댔다. "양심 없는 연놈! 어찌 우리 가 씨 댁의 은혜를 잊을 수 있단 말이냐!" 가마 안에 있던 가우촌은 "가 씨"라는 말에 유심히 살펴보았지만 주정뱅이가 지껄이는 말이기에 상대하지 않고 그냥 지나가버린다.

포용은 주정뱅이이기는 하지만 가우촌의 심리 상태를 그대로 폭로했다. 그는 이 말에서 동사 세 개를 아주 정확히 사용했다. 첫 번째는 '입었다沾'로, 두 가문의 은혜를 입었다는 것이고, 두 번째는 '두려워서怕'로, 남들이 가 씨 댁을 감싸고돈다고 말할까봐 두려워했다는 것이며, 세 번째는 '찼다踢'로, 우물에 빠진 사람에게 돌을 던지는 격으로 사정없이 차버렸다는 이야기다. 이 세 개의 동사 가운데서 관건은 '두려워서'다. 가우촌은 "남들이 (…) 말할까봐 두려워"한 것이다. 이 "남들의 말"이 그의 길을 막을 수도 있고 그의 목숨을 앗아갈 수도 있고 그의 전도를 망쳐버릴 수도 있다. 그리고 가우촌이 확실히 은혜를 "입었고" 그 은혜가 보통 은혜가 아니라 높은 관리가 될 수 있었던 근본적 은혜였기 때문에 그처럼 "두려워한" 것이다. 그러니 남들의 입에서 그런 말이 나오지 않게 하고 연루당하지 않으려면 "차버리는" 방법을 택하는 수밖에 없었다. 게다가 그냥 차버린 것이 아니라 "사정없이" 차버린 것이다. "사정없이"라는 단어는 정말 적절하다. 사정을 봐줬다면 관계를 깨끗이 청산할 수 없고, 또 사정을 봐줬다면 자신을 충분히 보호할 수 없기 때문이다. 오로지 사정을 봐주지 말고 차버려야만 머리에 쓴 오사모烏紗帽를 굳게 지킬 수 있다는 생각, 이것이 가우촌의 심리 상태다.

포용이 가우촌을 "양심 없는 연놈"이라고 욕했을 때, 책에서 가우촌이 "가 씨"라는 말만 들었다고 묘사한 것은 아주 절묘하다. 만일 그가 욕설을 다 듣고도 화를 내지 않았다면 적절하지 않고, 듣고도 전혀 못 들은 척하며 잠깐 주정뱅이가 멋대로 지껄인 말로 간주했다고 한다면 이는 가우촌의 심리 상태의 또 다른 면이 된다. 그가 감히 화를 내지 못한 것은 양심에 찔리기 때문이지만, 체면은 어디까지나 양심보다 더 중요하고 벼슬은 게다가 양심보다 더 유용하다. 또 남에게 "양심이 없다"는 욕을 들어 괴롭기는 하지만 벼슬을 잃고 체면이 깎이는 것은 더 괴로운 일이다. 때문에 노비에게 욕을 좀 먹더라도 꾹 참을 수밖에 없다. 체면은 양심보

가우촌의 심리 상태

다 크고 벼슬은 양심보다 무거운 중국 관원들의 이런 심리 상태 속에는 적잖은 고충이 들어 있다.

『홍루몽』에 묘사된 가우촌의 이런 걷어차기는 정면으로 대놓고 묘사되지 않으며 우회적으로 다른 이의 입을 빌려 나왔다. 조설근은 가우촌을 그저 단순히 배은망덕한 무리로 묘사한 것이 결코 아니다. 그의 걷어차는 행위 역시 몰래 한 짓이어서 포용의 욕설을 듣고도 귀머거리인 척, 벙어리인 척하는 수밖에 없었는데 이는 요즘 세상처럼 공개적으로 '창끝을 돌려' 성명을 발표하는 영리한 인간보다 낯짝이 더 얇은 듯하고 심리 상태도 더 복잡한 듯하다. 현대인이 만약 어떤 고관의 은혜를 입었는데 그 고관이 갑자기 실각했다면 현대인은 자신의 확고한 입장과 청결한 심신을 표시하기 위해 비분강개한 모습을 보이며 이를 앙다물고 걷어차버릴 뿐만 아니라 더욱이 두발로 밟고 심지어 만 번을 짓밟아 '영원히 일어나지 못하게' 할 것이다. 이것은 현대인의 낯짝은 갈수록 두꺼워지고 양심은 갈수록 얇아지는 경향을 반영하는 것인지 어떤지 확실히는 잘 모르겠다. 만일 이런 추세가 사실이라면 수십 년이 흐른 뒤에는 겨우 한 번만 "걷어차"고 걷어찬 뒤 약간의 측은지심을 갖는 가우촌 같은 인물 형상은 오히려 아주 귀여울 것이다.

누가 가장 불쌍한 사람인가?

중국 역사의 풍파와 변천을 생각하면서 큰 인물들의 흥망과 부침을 보노라니 갑자기 문제 하나가 떠올라 자문자답해보았다. 물음은 '누가 가장 불쌍한 사람인가?'이고, 대답은 '공부자孔夫子'였다. 제일 처음 "불쌍하다"는 말을 공자에게 바친 사람은 루쉰이다. 그는 「현대 중국의 공부자現代中國的孔夫子」에서 "이런저런 권세가들이 갖가지 분을 사용해 그에게 화장을 칠하고는 줄곧 깜짝 놀랄 만큼이나 그를 하늘 높이 치켜올렸다. 그러나 나중에 들어온 석가모니에 비하면 그야말로 몹시도 불쌍했다. 정말 고을마다 공자묘聖廟, 즉 공자사당文廟이 있기는 하지만 온통 적막하고 썰렁한 모습뿐이고, 일반 백성은 참배하러 가지도 않는다. 가더라도 불교 사찰에 가거나 신을 모신 사당에 간다. 백성에게 공자가 어떤 사람이냐고 물으면 자연스레 성인이라고 대답할 것이다. 그러나 이는 권세가들의 말을 그대로 따라 하는 것에 불과하다."(『차개정 잡문 2집且介亭雜文二集』) 권세가들에게 치켜세워지고 떠받들어졌을 때도 이미 "몹시 불쌍"했는데, 얻어맞고 욕먹고 규탄받았을 때라면 더 말할 필요도 없다.

1988년에 나는 스웨덴 문학원의 초청에 응해 스톡홀름 대학에서 '전통과 중국 당대문학'이라는 강좌를 했다. 거기서 5·4신문화운동에서 가장 불운했던 인물은 공부자라고 말했다. 왜냐하면 그를 문화혁명운동의 표적으로 삼아 '유교 거점孔家店'의 총두목이자 사람을 잡아먹는 문화의 대표자로 판정하고, 그에게 수천 년 중국 문화의 부정적 측면에 드는 모든 죄악을 떠안겼기 때문이다. 당시 문화개혁가들이 발표한 글을 보면, 중국의 전제제도, 억압, 노역, 중국인의 노예근성, 야수성, 나약함, 가축성, 처세의 능란함, 교활함, 허위성, 권력과 재물에 약한 점, 자기 과시욕, 여성의 전족, 남성의 아편 흡입과 같은 어두운 면을 전부 공부자에게 떠넘겼다. 그 시절에 이 노인은 정말 불쌍하게 전신에 시궁창 물을 뒤집어써야 했다. 그 강좌에서 나는 5·4운동의 두 가지 큰 발견을 긍정했다. 첫째, 당시 중국의 전통문화 자원은 현대화의 도전에 맞설 수 없음을 발견한 점이고, 둘째, 이성적 문화, 논리적 문화가 심각하게 부족하다는 것을 발견한 점이다. 문제를 똑바로 봐야 새로운 국면을 열 수 있으므로 5·4의 역사적 합리성과 공훈을 말살해서는 안 된다. 그렇지만 나는 공자에 대한 불공평한 처사도 대변했다. 2000년도 훨씬 더 전에 이 교장 선생님은 틀림없이 큰 교육자였고, 확실히 좋은 사람이었다. 권력자들이 그를 하늘 높이 떠받든 것은 물론 온당하지 않다. 그러나 혁명가들이 공자를 지옥에 처넣은 것도 온당치 않으며 게다가 무슨 죄악이든 모두 공자에게 미루는 것은 더욱 부적절하다. 유교의 거점을 타도하면 중국이 구제될 것이라는 기대는 아주 단순하고 일면적이다. 근년에 나는 5·4를 반성하면서 만일 신문화운동이 주된 타격 대상으로 공자를 선택하지 않고 권모술수와 음모를 집대성한 『삼국연의』와 '반란을 일으키는 데는 이유가 있다' 고 하는 『수호전』을 주된 비판 대상으로 삼았더라면, 그리고 『홍루몽』을 인문주의의 깃발로 삼았더라면 20세기 중국의 사회적 도의와 인심은 훨씬 더 좋아졌을 것이라는 생각을 갖고 있다.

5·4운동에만 착안하면 공부자를 '가장 불운한 사람'이라고 해도 틀리지 않겠지만 20세기, 더욱이 오늘에 착안한다면 더 정확한 개념을 사용해야 한다. '가장 불쌍한 사람'이 그것이다. 루쉰의 '불쌍한'에 '가장'을 덧붙인 것이다. 내가 정의하는 '가장 불쌍한 사람'은 남에게 멋대로 주물리는 사람이다. 구체적으로 말해, 남에게 멋대로 유린되고 멋대로 죄를 규정당하고 멋대로 배열되고 멋대로 부림을 당하는 사람이다. 20세기의 저명한 사상가 이사야 벌린은 스탈린을 이렇게 비판했다. 혹독한 제도를 시행하는 사회가 있다. 그 사회제도가 아무리 황당무계할지라도, 가령 모든 사람이 세 시가 되면 물구나무서기를 해야 한다고 강요하더라도 사람들은 그 제도를 따라서 목숨을 보존한다. 그러나 스탈린으로 말하자면 이것으로 부족하다. 이렇게 하면 사회를 바꿔놓을 수 없다는 것이다. 스탈린은 반드시 자기 백성을 밀가루 반죽으로 만들어야만 했고, 그런 뒤에야 그는 자기 뜻대로 주무를 수 있었다. 벌린은 이미지로 사상을 표현하는 데 뛰어나다. 그가 말한 여우형 지식인과 고슴도치형 지식인의 구분은 거의 전 세계에 영향을 주었다. 그리고 이 '밀가루 반죽'이라는 이미지는 세상에서 가장 불쌍한 사람을 가장 정확하게 정의하고 묘사했다.(『이사야 벌린 대화록』 제2차 담화 '현대 정치의 탄생'을 보라.) 그렇다. 불쌍한 사람은 타도당하고 패배당하는 사람이 아니라 밀가루 반죽처럼 남에게 멋대로 주물리는 사람이다. 불행히도 우리의 공부자가 바로 이런 사람이다. 불쌍한 이 '선사先師'는 '치켜세워 죽이기'에 희생되기도 하고 압살당하기도 하

고 추격을 받아서 죽기도 했다. 이리 주물리고 저리 주물리면서 신이 되기도 했다가 요괴가 되기도 하고, 때로는 성인이 되었다가 때로는 죄인이 되었다가, 때로는 참된 군자였다가 때로는 '교묘한 위선자'가 되었으며, 또 과거급제를 상징하는 별文曲星이었다가 '세력 잃은 악당'이 되기도 했다. 문화대혁명에서 '비림비공' 운동이 벌어졌을 때는 '공구孔丘'라는 이름만 부를 수 있었으니 루쉰이 그려낸 아Q의 대우와 동등했다. 발음도 비슷하고 지위도 별반 다르지 않았다. 공부자를 따라 불운해진 것은 『논어』와 유학이었다. '절반만 읽어도 천하를 다스릴 수 있다'던 『논어』는 밀가루 반죽처럼 주물려져 '경전'이었다가 '쭉정이'가 되기도 하고(마오쩌둥의 시 "진시황은 죽었으나 진의 업적은 남았고, 공구의 학문은 이름이 높으나 실은 쭉정이라네祖龍魂死秦猶在, 孔學名高實秕糠), '정신의 아편'이 되기도 했다가 '영혼을 위한 닭고기 수프'가 되기도 했다.

공부자는 거듭거듭 주물리면서 배역이 거듭거듭 바뀐 뒤에 그 '기능'도 변화무쌍해졌다. 루쉰이 간파한 것은 '문을 두드리는 벽돌'의 기능이었다. 이 벽돌을 가지고 권력의 문, 공명의 문, 호족의 문, 제후의 문, 궁정의 문을 전부 두드리고 들어갈 수 있었다. 공자의 책을 읽지 않고 어떻게 거인, 진사, 장원, 재상이 될 수 있겠는가? 그러나 루쉰은 공자가 성인이었을 때의 기능을 간파했지 불운하게 죄인으로 규정되었을 때의 기능을 간파한 것은 아니다. '비림비공' 운동에서 공자는 '지극한 성인이며 옛날의 스승님至聖先師'에서 '부정적 교훈으로서의 교원反面教員'으로 바뀌었고 그 기능도 부정적인 것이었다. 옛날에는 진사가 되기 위해 공자에 기대야 했다면 지금은 투사가 되고자 해도 공자에 기대야 한다. 공자를 가장 잔인하게 비판하는 사람만이 가장 확고하고 충성스러운 혁명 투사로 인정되었다. 공자의 '제자, 손제자'들의 경우에도 반드시 창끝을 돌려 '세력 잃은 악당'인 공자를 통렬하게 공격하고 꾸짖으며 선을 확실히 그어야 자신을 구원할 수 있었다. 문혁 후기에 공부자는 악운을 만나 으뜸가는 계급의 적이 되었고, 반당 매국집단의 두목 린뱌오와 이름을 나란히 했다. 린뱌오가 '극기복례克己復禮'라는 공자의 말을 인용한 적이 있어서 움직일 수 없는 증거로 찍혔기 때문이다. 그리하여 공부자는 뜻밖에도 린뱌오와 함께 역사의 심판대 위에 세워졌다. 이번에는 5·4 때와 달랐다. 5·4 시기에는 지식인 집단에서 이러저러한 글을 써서 공자를 비판한 것이 전부였지만 이번 비림비공은 당 전체가 그를 규탄하고 온 나라가 함께 그를 성토했다. 강대한 국가기구가 전부 동원되어 언어로 규탄하고 문장으로 성토했을 뿐만 아니라 억만 명의 발이 그를 짓밟았다. 1만 명의 발이 아니라 억만 명의 발이라는 점에 주의하시라.[110] 상황이 이렇게 되자 역사학자들은 이리 뛰고 저리 뛰며 즉시 '계급투쟁을 강령으로 삼은' 『중국통사中國通史』를 '유가와 법가의 투쟁을 강령으로 삼는' 새 판본으로 바꾸는 일에 착수했다. 이 시기 중국 문화는 가장 익살스럽고 가장 캄캄한 한 페이지를 열었다.

　문혁 후기에 공자는 타도되어 골짜기 밑바닥까지 떨어졌고, 그야말로 비판에 의해 썩어 악취를 풍겼다. 30년 뒤에 공부자가 또 사내대장부가 되어 공 씨네 둘째아들에서 공 씨네 맏아들이 되고 공 씨 어르신이 될 줄은 예상도 못했다. 공자는 다시 한번 "모던Modern 성인"(루쉰)이 되었다. 이번에는 현대의 기술과 현대적 수단에 의해 진짜 모던한 공자로 바뀐다. 방송, 텔레비전, 인터넷을 통해 종횡무진 대단한 기세로 줄기찬 활약을

110 　'일만一萬'과 '억만億萬'은 격차가 크지만 한어의 발음은 같다. 작가가 이 점에 착안해 지어낸 우스갯소리다.

보여준다. 고대의 수단들도 하릴없이 보고만 있지는 않는다. 공자사당을 세우고 향을 피우고 엎드려 절하고 제사를 지내는 것과 같은 일들이 용솟음치듯 한꺼번에 일어난다. 이번에 다시 모던해지는 것은 또 한 번 공자를 밀가루 반죽으로 만드는 것이나 다름이 없다. 다른 점이 있다면 20년 전의 문화대혁명은 공자를 땅바닥에 넘어뜨리고 발로 밟았지만 이번에는 하늘 높이 떠받쳐 올렸다는 것이다. 반죽을 할 때 밀가루 발효제를 많이 넣는 바람에 유난히 부풀어 오른 것이다. 이제 『논어』는 세상 어디에 내놓아도 모두 들어맞는 진리로 간주될 뿐만 아니라("유독 여자와 소인은 다루기 어렵다唯女子與小人爲難養也"라는 말조차 천번만번 옳은 것이 되었다.) 나아가 공자도 소크라테스, 예수를 뛰어넘는 최고의 위대한 성인으로 바뀌었고, 선진적인 문화라면 전부 다 체현하신 존재가 되었다. 이제 공 선생님은 '만물이 모두 나에게 갖추어져 있는萬物皆備於我' 배불뚝이 스승님이 되었다. 이런 위대한 성인이 계시는데 무슨 5·4정신이니, 민주니, 과학이니 하는 쓸데없는 말을 또 할 것이며 크리스마스니 양력설元旦이니 하는 것들까지 전부 다 실없는 소리다. 이런 것들은 죄다 우리 위대한 중화의 이미지를 손상시키는 것이므로 맹자의 모친절孟母節로 어머니날母親節을 대체하고 공자 기념紀年으로 서력기원을 대체해야 할 판이다. 이번에는 공부자가 "문을 두드리는 벽돌"이 된 것 말고도 또 '화살을 막는 방패'로 충당되어서 '문제'를 덮어 가리는 신기한 기능을 발휘한다. 이 방패가 있으니 '독립적인 정신, 자유로운 사상'은 멀리해야 하고 차이위안페이, 천두슈, 루쉰, 후스, 왕궈웨이, 천인커 같은 사람들은 깡그리 구석으로 치워버려야만 할 판이다.

공자가 주물리게 된 것은 무엇보다 권력자가 자신의 정치적 필요에 따라 치켜세웠다가 억눌렀다가 두들겨 팼다가 끌어당겼다가 하는 것이지만

대중과 지식인에게도 책임은 있다. 무엇이 대중인가? 대중이란 필요할 때
는 우상으로 떠받들고 필요하지 않을 때는 짓밟는 대상이다. 모든 것이
지금 이때의 이익에 따라 좌우된다. 소크라테스를 숭상한 것도 대중이고
소크라테스를 죽음에 이르게 한 것도 대중이다. 이익을 기준으로 삼을진
대 공부자를 받들어 모시든, 소비하든, 머리를 조아리든, 가지고 장난을
치든, 문을 두드리는 벽돌로 삼든, 만금유萬金油[111]로 삼든, 공자사당을 관
우사당關帝廟과 나란히 세우든, 공 씨의 푸줏간을 기생집과 한 골목에 개
업하든 죄다 아무래도 상관이 없다. 유용하다면 그만이다. 그러나 대중
속의 엘리트인 일부 지식인은 공자에 대해 성실한 마음이 없다. 명분은
공자를 따른다고 하지만 실제로는 공명功名을 추구한다. 루쉰은 중국인이
종교를 대하는 태도는 이용하는 것, 즉 "종교를 먹는 것吃敎"이라고 말했
다. 공자에 대해서도 먹으려는 욕구가 존경심보다 크다. 모두 입을 사용
하는 일인지라 공자를 말하는 것과 공자를 먹는 것의 경계가 늘 뚜렷하
지 않은 게 문제다. 요즘은 공자를 먹는 방법도 여러 가지가 있다. 간식으
로 먹기도 하고 정식으로 먹기도 하고 혼자 먹기도 하고 단체로 먹기도
하고 볶아 먹기도 하고 삶아 먹기도 한다. '영혼을 위한 닭고기 수프'로 충
당될 때는 서양 문화를 섞어넣으니 맛이 좀 색달라지면서 신선한 느낌이
들기도 한다. 가장 두려운 것은 대규모의 집단적 볶음 요리다. 또 정치운
동과 문화운동의 악몽이 떠오를까 두렵다. 요컨대 공자는 비록 다시 모던
해졌으나 여전히 불쌍하기 짝이 없다. 80년 전의 5·4운동 시기에 그는
'식인' 문화의 궁극적 대표자로 간주되었는데 지금은 '먹히는' 문화의 궁극

---

111 흔히 '호랑이약'으로 불리는 고형 약으로 근육통·두통·피부병 등 가벼운 외과 질환에 두루
효과가 있다고 알려져 아시아 전역에서 인기를 끌었다. 본문에서는 여러 방면에 쓸모가 있음을 비
유한다.

누가 가장 불쌍한 사람인가?

적 대표가 되었다.

　꽤나 많은 이야기를 했지만, 공자에게 문제가 있음을 말한 것이 아니라 공자를 대하는 태도에 문제가 있음을 말했다. 공자는 확실히 거대한 사상의 존재이고, 인류사회의 중대한 정신적 좌표이며, 우리가 존중하고 존경할 만한 가치가 충분히 있다. 그러나 20세기 이후 발생한 문제들은 다름 아니라 참으로 존경하지 않고, 참으로 존중하지 않는 데서 비롯된 것이었다. 또는 공자가 가져야 마땅한 존엄을 부여하지 않은 데서 유래한 것이라 하겠다. 공자에 대해서든 대사상가에 대해서든 우선 가져야 할 태도는 존중이다. 그런 뒤 이해가 필요하다. 만약 공자에게 높다란 모자만 씌워놓고 그를 꼭두각시와 허수아비로 만든다면 무슨 이해를 말할 수 있고 무슨 연구를 할 수 있겠는가?

　위잉스余英時 선생은 이렇게 말했다. 공자와 유가 경전을 대하는 바람직한 태도는 냉정하게 읽는 것이어야 한다. 뜨겁게 볶아대는 것이 아니다. 엄숙하고 냉정한 태도로 차분히 앉아서 공자와 유학을 풍부하고도 복잡한, 거대한 사상의 존재로 생각하며 충분히 존중하고 진지하게 연구해야 한다. 이런 전제 아래 그 사상 체계 속으로 들어가 심층의 함의를 파악한다면 오히려 존경할 만한 공자의 이미지를 환원할 수 있을 것이다.

　21세기에는 공부자의 운수가 더 나아지기를 바랄 뿐이다. 2008년 새해를 맞이하며 어르신께서 운수대통하시어 사상가의 존엄을 되찾으시길 축원해 마지않는다.

제6부 시대의 모습

人生諸相

어떻게 할 것인가?

　　신구 세기가 교체되는 이때는 중국에서든 세계에서든 모두 사고를 가장 필요로 하는 시대다. 이때는 사상가를 필요로 하는 시대이며, 군사 전문가를 필요로 하는 시대가 아니다. 서구인들은 이전에 베를린장벽만 무너지면 고전 자본주의라는 여객선은 순풍을 등에 업고 순항하게 될 것이라고 생각했다. 그러나 사람들은 얼마 지나지 않아서 대서양 양안에 실업자가 증가하고 인종주의가 도전하는 것을 보면서 사정이 결코 그리 단순하지 않다는 것을 느꼈다. 동방에서는 거대한 중국이 폐쇄된 상태에서 깨어나 경제를 큰 걸음으로 전진시키면서 중국인들이 한 세기 넘게 꿈꿔오던 부유하고 강한 나라가 현실로 다가오고 있다. 그러나 그런 놀라운 현실 외에 보이는 것이 또 있다. 한 민족이 가난할 때는 흔히 순박하고 부유할 때는 흔히 겸손하지만, 가난에서 부귀로 변하는 시기에는 수단을 가리지 않고 교묘한 술수나 힘을 동원해 재산을 모은다. 사회는 이 때문에 무서운 도덕적 대가를 치른다. 그러므로 중국의 앞길도 그리 순탄치는 않을 것이다. 그런데 인류를 더욱 초조하게 하는 것은 이번 세기의 불가사의한 모습 때문이다. 인류의 지혜는 최고봉까지 발전했고 아울러 찬란한 과학기술을 창조해냈지만 정작 인류가 창조한 과학기술이 바로 인간 자신을 기계의 부속품과 컴퓨터 부품으로 만들고 있으며, 금전의 동물, 광고의 노예로 만들고 있다. 사람들은 방향을 잃고 헤매고 있을 뿐만 아니라 사라지고 있다. 인간이 인간일 수 있는 가치와 의미가 사라지고 있다.

이때를 마주하여 머리에 떠오르는 것은 '어떻게 할 것인가?'라는 짧은 문장과 거대한 의문부호다. 러시아의 걸출한 작가 만델스탐이 제기한 문제가 이것이다. "하늘이 내게 이 육체를 주었으니 나는 어떻게 해야 하는가?" 바로 이 '어떻게 할 것인가?'는 개체성의 문제일 뿐만 아니라 세기가 바뀌는 이때 인류 집단이 공동으로 떠안게 된 큰 고민거리라고 나는 확신한다.

인류의 육체는 근본적으로 영혼이 거주하는 곳이다. 그러나 영혼은 시들고 있고, 마비되고 있고, 붕괴되고 있다. 어떻게 할 것인가?

인간은 방대한 물질세계를 창조했다. 그러나 이 세계는 지금 인류 자신의 적으로, 인류 자신의 폭군으로, 인류 자신의 절대적 지배자, 마음의 식민자로 변해가고 있다. 어떻게 할 것인가? 인간은 고생스럽게 하늘을 찌를 듯한 고층건물을 지었지만 고층건물의 담장은 인간을 그 벽에 붙어 사는 벌레로, 담장의 벽돌로, 담장 밑의 개미로 변하게 했다. 어떻게 할 것인가?

인간은 대량의 금전을 축적했지만 금전은 거꾸로 진흙과 모래가 되어 가슴속 폐부와 뱃속 뜨거운 창자와 마음속 양지良知를 막아버렸다. 어떻게 할 것인가? 인간은 지식을 생산해냈지만 지식은 도리어 권력이 되어 인간에게 억압을 행하고 독단을 행하고 마음의 독재를 행한다. 어떻게 할 것인가?

인간은 해방을 쟁취하기 위해 혁명을 했다. 그러나 혁명이 일으킨 원한은 인성을 새까맣게 태우고 사랑을 새까맣게 태우고 오랜 세월 면면히 이어져온 윤리를 새까맣게 태워버렸다. 어떻게 할 것인가?

인간은 자유를 지향하고 추구한다. 그러나 자유의 오독과 남용은 인간의 책임, 인간의 품격, 인간의 행위 규범, 인간의 도덕의 한계를 휩쓸어버렸고, 그리하여 폭력과 성이 횡행하게 되었다. 어떻게 할 것인가?

인간이 직면하고 있는 이 겹겹의 곤경은 또 자살로도 천국의 문과 우주의 문과 일체를 해탈하는 문을 두드려 열 수 없게 되었다. 어떻게 할 것인가?

이 모든 '어떻게 할 것인가?'는 마치 이 시대가 던지는 질문인 것만 같다. 우리, 독자와 작가와 편집자들 모두 인류의 일원으로서 회피하기 어려운 질문이다. 그러나 우리는 아마 20세기에 능숙하게 사용하던 개념, 이를테면 '혁명' '계급투쟁' '너 죽고 나 살자' 같은 개념을 다시 쓸 수는 없을 것이다. 또 현재 유행하는 '언어 전략' '문헌 전략' '서술 기교'와 같은 말을 써서 도피하고 은둔하는 자가 될 수도 없을 것이다. "혁명은 모든 것을 바꿀 수 있다"는 말이나 "서술이 바로 모든 것"이라는 말은 모두 황당무계한 것이다. 새로 시작되는 세기의 문이 바로 눈앞에 있다. 이 위대한 문턱을 넘을 때 우리는 현 세기에 유행했고 또 우리에게 크나큰 고통을 안겨준 거대한 개념과 거대한 사상 노선을 내려놓는 편이 가장 현명할 것이다. 새로운 세기를 맞으며 인류의 심각한 곤경을 예민하게 느끼고, 시대가 던지는 질문을 또렷이 들었기에 나는 비로소 친구 리쩌허우李澤厚와 함께 '혁명에 작별을 고한다告別革命'라는 명제를 제기할 수 있었고, 비로소 활활 타오르는 희망을 다시 한번 표현할 수 있었다. 21세기는 반드시 부정의 부정, 즉 인간을 다시 긍정하는 세기여야 하며, 인간의 태양이 다시 새롭게 떠오르고 나아가 찬란한 광명을 발하는 세기여야 한다. 새로운 세기에는 인류가 기계의 지배, 독재의 지배, 그리고 언어의 지배에서 벗어날 것이다.

문학의 기본적 기능은 희망을 표현하는 것이어야 한다. 새해, 새봄을 맞으며 나는 지금까지 쓴 글로 우려를 표현하고 또 희망을 표현한다.

도구세계와 정감세계의 충돌

20세기의 대철학자 하이데거는 횔덜린의 시구를 인용해 당위적 존재의 상태를 서술한 적이 있다. "인류는 시적詩的 정취로 지구에 산다"는 말이 그것이다. 그러나 21세기가 막 시작되려고 하는 지금, 우리는 이 지구가 갈수록 시적 정취를 잃어가는 것을 본다.

마음이 있고 성정이 있고 진솔함이 있어야만 시적 정취를 지닐 수 있다. 그러나 인류가 제조한 우주비행선이 우주 깊은 곳으로 날아가 지구에서 멀어질수록 인류 자신도 마음과 성정과 진솔함에서 멀어지는 것을 볼 수 있다. 홍콩 청스대학成市大學에서 내가 강의한 첫 번째 강좌의 제목이 '중국 문학의 원시原始 정신'이고, 거기서 논의한 것이 『산해경』이었다. 신화 서적이므로 역사가 아니지만 오히려 중국의 가장 본원적인 역사를 담고 있다. 이 서적에 체현된 것은 이해득실을 따지지 않는, 불가능한 줄 알면서도 행하는 중화 민족의 가장 본원적인 정신이다. 『산해경』 시대의 인간은 매우 사랑스럽다. 그들은 육신이 상하고 없어지는 것을 두려워하지 않고 존재의 의미를 추구했다. 그러나 인류의 지식이 많아질수록 머릿속은 복잡해진다. 갈수록 영리해지고 처세술이 발달해 원시시대의 천진함 및 자연의 울림과는 점점 더 멀어진다. 인류의 정신은 물질이 증대됨에 따라 끊임없이 진보하는 것이 아니다. 반대로 끊임없이 쇠퇴하고 몰락한다.

이로부터 내가 도달한 생각이 있다. 21세기는 대뇌와 마음이 격렬하게 충돌하고 문명과 문화가 격렬하게 충돌하는 세기가 될 것이다. 새로운 세기의 사유는 아마도 이 근본적인 충돌을 거머쥐어야만 비로소 핵심을 붙잡았다고 말할 수 있을 것이며 앞으로 100년의 '정곡'을 똑바로 가리킬 수 있을 것이다.

슈펭글러는 그의 탁월한 저서 『서구의 몰락』에서 '문명'과 '문화'라는 양대 개념을 정의했다. 그에 따르면, 문명은 물화物化한 문화이며 문화를 종결한 물질의 형태다. 즉 생산도구로 표기되는 가장 표면적이고 가장 인위적인 기술의 체계다. 반면, 문화는 아직 물화하지 않은, 생명에 바탕을 둔 정신의 체계다. 그러니까 문명은 도구器의 세계, 물질物의 세계다. 문화는 정감情의 세계, 마음心의 세계다. 인류가 걸어온 길은 문명이 끊임없이 증대되고 세계가 끊임없이 강대해진 역사이며 문화가 끊임없이 진보하고 정감의 세계가 끊임없이 풍부해진 역사가 아니다. 오히려 문명이 고도로 발달하면서 동시에 문화는 쇠퇴와 몰락의 길을 간다. 그러므로 21세기는, 도구세계가 더욱 팽창하고 확장되는 반면 마음세계와 정감세계는 더욱 크게 파괴되고 손상되는 세기가 될 것임을 우리는 짐작할 수 있다. 도구세계는 인류사회의 길이와 너비다. 그러나 정감세계는 인류사회의 깊이다. 물욕의 범람은 인류로 하여금 자신의 깊이와 인생의 근본을 잊게 한다. 그래서 세계는 갈수록 천박해지고 경박해진다. 정감세계와 마음세계는 온갖 '현실 문제' '물질 문제' '생존 문제'에 부딪혀 산산조각난다. 도구세계의 네온사인은 전례 없이 찬란하고 라스베이거스의 불꽃은 창공으로 곧게 치달아 오르지만 사람들의 마음은 외려 나날이 어두워져만 간다. 20세기 말과 21세기 초에 내가 본 것은 인류의 아름다운 마음이 저무는 해처럼 몰락하는 모습이다.

1980년대 중국의 학계에서는 '문명과 야만'의 충돌, 곧 도구세계의 현대화와 반反도구세계의 현대화의 충돌에 관한 문제를 토론한 적이 있다. 그러나 이는 19세기와 20세기에 속하는 문제였다. 21세기에도 일부 국가와 지역은 이 문제를 안고 있지만, 가장 첨예하고 가장 근본적인 문제는 '문명과 문화'의 충돌, 곧 도구세계·물질세계와 정감세계·마음세계의 충돌이다. 물질의 형태인 도구세계는 두뇌의 산물이지만 생명의 형태인 정감세계는 마음의 산물이기 때문이다. 마찬가지로 21세기의 근본적인 충돌은 두뇌와 마음의 충돌일 것이다. 이 충돌에서 인류는 전쟁을 하듯 어느 한쪽이 다른 한쪽을 먹어버리는 것으로 끝낼 수 있는 게 아니다. 인간의 욕망만 있으면 도구세계의 발전은 근거를 갖게 되고 문명도 역사적 합리성을 갖게 된다. 그래서 문화(정감세계)에 대한 도구세계의 파괴는 합리적 파괴에 속한다.(이는 독재나 야만이 행하는 비합리적 파괴와 질적으로 다르다.) 그러나 합리적 파괴에 대한 정감세계의 도전은 더 큰 합리성을 갖는다. 정감세계는 도구세계의 압박을 받으면서도 인간의 존엄과 긍지를 지키고자 한다. 정감세계는 변화한 세계의 유혹과 생존의 곤란이라는 타격을 받으면서도 인간의 참된 감정과 본성을 지켜내고 자유의 목소리를 내려고 한다. 가오싱젠高行健은 노벨문학상 강단에서 '문학의 이유'를 논증했다. 그 근본적인 이유는, 문학은 도구세계의 온갖 압박을 받으면서도 정감세계의 진실함과 풍요로움을 지켜내 인간의 존엄과 인간의 긍지를 가능케 하는 것이기 때문이다. 다시 말해, 인간은 도구세계의 노예이거나 거기 예속된 존재이거나 나사못이 되도록 운명지어질 수 없는 존재다. 인간은 마음세계와 정감세계 안에서 스스로 정신적 가치를 창조하여 인성의 빛으로 인심의 어둠과 도구세계의 황당무계함을 밝게 비추고, 나아가 이로부터 훌륭한 문화의 자취를 남길 수 있다.

언어의 미치광이

나는 대학 중문과에 입학해서 바로 마르크스주의 언어학 과목을 들었다. 필수 교재는 스탈린의 『마르크스주의 언어학 문제』였다. 혁명가는 영도자가 되고 나면 곧 무엇이든 잘 알고 언어학에서조차 전문가가 된다. 중국의 장원壯元과 매우 비슷하다. 본디 팔고문에만 능숙했다가도 장원으로 급제해 높은 관직에 오르면 모르는 것이 없고 못 하는 것이 없다. 도로를 정비하고, 하천의 범람을 다스리고, 사건을 처리하고, 재정을 관리하고, 교육을 관리하고, 시를 짓는 것으로부터 전쟁을 하는 것에 이르기까지 각양각색의 일을 다 막힘없이 해낸다. 스탈린이 언어학을 잘 알았다는 것도 참 사람을 탄복하게 만든다. 당시에 나는 강철 같은 이 최고사령관이 뜻밖에 "언어는 계급성이 없다"는 말을 했다는 데에 정말 호감을 느꼈다. 후에 우리 중문과 선생들이 이 문제에 관해 학술토론회를 열었는데, 선생 몇몇 분은 스탈린의 관점에 동의하지 않았고 언어는 계급성이 있다고 단정지었다. 그래서 나는 우리 선생님들이 스탈린보다 훨씬 더 '혁명'적이라고 느꼈다.

스탈린은 언어가 '인류의 사유 도구'라는 점, 곧 언어의 피동성만 보았다. 인류의 사유에서 언어가 갖는 주동적 성격은 보지 못했다. 20세기 언어학의 성과는 후자를 강조한다. 곧 '내가 언어를 말한다'는 것만 알아서는 안 되고 '언어가 나를 말한다'는 것도 알아야 한다고 본다. 담론 체계가 일단 독립적인 존재가 되고 나면 그것은 도리어 사람에게 영향을 끼쳐 사람을 장악하고 지배한다. 이렇게 되면 사람들은 부지불식간에 언어의 통제와 억압 속에, 말하자면 어디나 다 있어 피할 수 없는 언어의 감옥에 갇혀 살게 된다. 하지만 사람들은 늘 이 점을 의식하지 못한다.

선충원의 중편소설 『호랑나비鳳子』는 지도자다운 풍채와 도량을 가진 어느 산적 두목이 한 전문 기술자를 자신의 산채에 초대해 그에게 '예쁜 것은 흔히 독이 있다'는 이야기를 해준다. 산적 두목은 길가에 돋아난 호랑이 얼룩무늬를 가진 풀(아예 '호피무늬 풀'이라고 하자)을 가리키며 기술자에게 말한다. "이 풀이 당신에게 야만적인 곳의 의미를 알려줄 거요. 빛깔은 아주 훌륭한 풀이지만 이것은 사람이 손으로 만지거나 꺾는 것을 허락하지 않지. 이 풀의 독은 사람의 손바닥을 물어 죽일 수 있지만 이토록 아름답단 말이야." 두목은 또 말한다. "언어는 그야말로 독을 가진 거야! 당신은 이렇게 젊으니 그곳에 가면 바로 여자아이들의 노래와 말의 독에 중독돼 발광하지 않을 수 없을걸." 이 산적 두목이 "언어는 독을 가지고 있다"고 한 것은 언어의 주동적인 면을 가리킨다. 언어는 사람에게 장악되기만 하는 게 아니라 사람을 장악하고 독살할 수 있다. 이런 독은 산적 두목이 비유한 호피무늬 풀처럼 아름답기 그지없어 사람들은 중독돼도 그 사실을 알지 못한다.

선충원이 말하는 언어의 독은 일반적인 독이 아니라 맹독이다. 이 맹독이 중독자들을 '발광'하게 만들 수 있다니 까무러칠 일이지만 진지하게 생각해보면 정말 언어가 사람을 발광하게 만들 수 있다고 느껴진다. 나와 내 동년배 친구들은 다들 이런 맹독에 중독돼 발광하면서 제정신이 아니던 체험을 했다. 문화대혁명 기간에 우리는 '최고 지시', 즉 새로 나온 마오쩌둥의 어록을 듣기만 하면 바로 완전히 마귀가 들린 것처럼 침대에서 벌떡 일어나 거리로 쏟아져 나가서는 미친 듯이 천편일률적인 구호를 외치고 미친 듯이 천편일률적인 충성무용을 추며 되는 대로 한바탕씩 혁명을 치렀다. 문화대혁명이 지난 뒤에야 우리는 당시 우리가 미치광이였다는 것을 인정했다. 그러나 이는 특수한 미치광이로, '언어의 미치광이語狂'라 부를 수 있다.

'언어의 미치광이'는 흔히 말 한마디에 미친다. 예컨대 린뱌오가 발언한 "우리의 철학은 투쟁의 철학이다"라는 말이 신경계에 전달되어 들어올 때 분석 능력을 가진 사람이라면 그래도 한 차례 방어를 했겠지만 분석 능력이 없는 사람이라면 미쳐서 정신병자가 됐을 것이다. 소설 『상흔傷痕』의 작가 루신화盧新華는 『마귀魔』라는 중편소설을 썼는데(사람들이 그다지 주목하지는 않았지만) 이 소설은 어떤 기층 간부가 '투쟁의 철학'을 신앙처럼 떠받들며 '투쟁'을 생활 속의 각 영역으로 확장시킨다는 줄거리다. 그래서 이 기층 간부는 외부에서 내면까지, 국가에서 가정까지 그렇게 모든 방면에서 줄기찬 '투쟁'을 벌이다가 마지막에는 자신도 인간에서 마귀로 완전히 변해버린다. 이런 마귀는 일반적인 마귀가 아니라 언어의 마귀다. 언제나 하는 말은 모두 '혁명'과 '주의'와 '투쟁' 일색이고 또 입만 열면 허풍을 떨고 틀에 박힌 말을 하고 미친 소리를 늘어놓고 거짓말을 밥 먹듯이 한다. 선충원의 소설에서 산적 두목이 "언어는 독을 가지고 있다"고 한 것은 그야말로 진리다.

나와 내 동년배들은 또 여러 신성한 언어에 중독된 적도 있다. 예컨대 "계급투쟁을 틀어쥐기만 하면 신통력이 생긴다"는 말이 그것이다. 우리는 모두 무신론자였기 때문에 어떠한 신도 믿지 않는 철저한 유물론자였다. 그런데 이 말은 우리를 '철저한 유물주의'로부터 '철저하게 오직 계급투쟁만' 하도록 구체화했다. 우리는 계급투쟁을 극단적으로 숭배했으며 계급투쟁은 정말 신기하고 영험하다는 생각을 가졌다. 그래서 농촌에서는 계급투쟁을 틀어쥐기만 하면 먹고 입는 것이 풍족해지고 1묘당 만 근의 인공위성을 쏘아 올릴 수 있고,[112] 공장에서는 계급투쟁을 틀어쥐기만 하면 8~10년 내에 영국과 미국을 따라잡을 수 있고, 문화계에서는 계급투쟁을 틀어쥐기만 하면 수정주의를 막을 수 있을뿐더러 창작의 영감도 생겨 전무후무한 위대한 작품까지 창조해낼 수 있으며, 병원에서는 계급투쟁이 죽을 사람도 살리고 암, 간경화, 당뇨병을 치료할 수 있을 것으로 생각했다. 계급투쟁은 우리가 새로 갖게 된 물신종교였다. 그렇게 사람마다 경쟁적으로 계급투쟁의 전사가 되고자 했고 경쟁적으로 계급투쟁이라는 첩경을 가면서 계급투쟁이 정말 인간의 기적을 창조할 수 있을 거라고 믿었다. 그래서 농촌에서는 계급투쟁을 틀어쥔답시고 요란법석을 떨다가 먹을 밥이 없었는데도 여전히 틀어쥐기만 하면 신통력이 생길 거라고 믿었다. 그때는 중국 전체가 마귀가 들려 언어광증이 공상광증, 또 과대광증으로 변했으니 지구 동쪽은 그야말로 거대한 정신병원이었다.

광증을 앓던 그 시절에는 우스운 이야기도 진짜 많았다. 예컨대 너 나 할 것 없이 '모든 관계는 다 계급적 관계'라는 말에 중독되어 있었기에 하

---

112 이 책에 수록된 「아Q는 왜 허풍을 잘 떠는가?」 참조.

나같이 신경이 곤두서서 긴장의 끈을 팽팽히 당겼고 그것이 고스란히 표정으로 나타났다. 특히 '흐루쇼프 같은 인물이 바로 우리 곁에 자고 있다'는 말에 중독되었을 때는 신경질이 더욱 심해졌고 함부로 이것저것 의심을 했다. 자기 주변에 시한폭탄이라도 있다는 듯 국가적 변고를 일으킬 어마어마한 수정주의자를 찾아내겠다고 아무한테나 의심을 품었다. 어떤 이는 이런 인물을 찾지 못하면 곁의 남편이 바로 그 인물이 아닌지 의심했다. 첫째, 그는 분명 내 곁에서 자고 있고, 둘째, 그는 계급투쟁을 강령으로 삼는 데 반대한다. 그러므로 어찌 흐루쇼프 같은 인물이 아니랴? 그래서 자기 남편을 적발하고 난리를 피우다가 가정은 파탄나고 사람도 잃었다. 이것 또한 언어의 바이러스가 일으킨 작용이다. 이런 바이러스가 얼마나 무서운지 알 수 있다.

20세기 후반 중국에서는 수천 수백만 명이 언어 바이러스에 중독되는 '언어광증'이 발생했다. 이런 현상은 중국 문화사에서 전례가 없는 일이기에 이 현상을 연구하는 것도 아주 흥미로운 제재가 될 것이다.

혀의 혁명에 관하여

19세기 말 중국의 지식인들은 자기 나라가 외국에 뒤처진 것을 발견하고 외국의 지식을 '훔치기' 위해 필사적으로 외국어를 공부했다. 루쉰 선생은, 그때는 강대해지기 위해서 40세, 50세 넘은 사람들이 뻣뻣한 혀로 외국어를 배웠다고 말했다.

뜻밖에도 20세기 말에 이르러 대륙의 수많은 40, 50대 동년배들이 또 뻣뻣한 혀로 외국어를 배운다. 내가 바로 이런 경설당硬舌黨의 일원으로서 지금은 매일같이 뻣뻣한 혀로 중얼중얼하며 스스로 즐기고 있다.

하지만 20세기 말은 19세기 말과는 많이 다르다. 지금의 중국은 대륙이나 타이완이나 할 것 없이 뻣뻣한 혀로 외국어를 배우는 사람은 이미 하류末流에 속한다. 이들 경설당 뒤에는 적어도 수십만 명의 유학생과 각종 다양한 직업의 젊은이들이 유창하게 외국어를 구사한다. 그들의 혀는 자연히 생동적이고 민첩하니 연설당軟舌黨에 속한다. 연설당은 사람 수가 많고 젊은 데다 국내외에 널리 분포해 있다. 중국이 100년 동안 그래도 진보했다는 것을 알 수 있다.

아쉽게도 중국은 여전히 진보가 몹시 느리다. 특히 일부 선진국에 비하면 현재의 상황은 아직 고개를 젓게 한다. 여기에는 물론 여러 원인이 있지만, 그중 하나는 연설당의 중요성을 모르는 것이다. 특히 외국에서 조예가 깊어진 연설당을 말한다. 유학생은 중화 민족의 '질質'이고 농민은 우리 민족의 '양量'이라는 것이 내 생각이다. 나는 농사꾼의 자식인 데다 혀가 뻣뻣한 사람이니 당연히 양의 범위에 속한다. 나의 본업인 문학을 가지고 말하더라도, 20세기 중국 현대문학의 상반부(1920~1930년대)는 기본적으로 루쉰, 저우쭤런周作人, 위다푸鬱達夫, 궈모뤄郭沫若와 같은 일본 유학생이 만들어냈고(물론 후스와 같은 구미 유학생들도 있지만), 하반부(1930~1940년대)는 기본적으로 라오서, 바진, 쉬즈모徐志摩, 첸중수와 같은 구미 유학생들이 만들어냈다.(물론 일본 유학생과 기타 '토박이'지식인도 있었다.) 그때는 유학생이 지극히 소수였지만 그들이 발휘한 작용은 놀라울 정도로 대단했다. 현재의 유학생은 이렇게도 많은데 이는 얼마나 거대한 에너지인가? 그리고 유학할 기회가 없어서 아직 국내에 있는 청년 지식인들도 지난날과 비교도 안 될 만큼 많다. 요컨대 연설당은 가장 강대한 인적 자원인데도 흔히 망각되고 있다. 이런 망각(물론 망각이 아닐지도 모른다)이 지속된다면 우리 민족은 큰 발전을 이루기는 어려울 것이다.

그러나 우리와 같은 경설당도 뒤처지지 않으려고 한다. 국내에 있을 때 나는 중국 근대사의 모든 개혁과 혁명이 혀로부터 시작되었음을 알고 있었다. 그것이 외국어를 배우게 했고 중국어 표준 양식을 바꿔놓았다.(게다가 이로 인해 문체가 바뀌었다.) 그래서 1980년대부터 외국어를 배우는 기풍이 점차 조성되었다. 외국어 학습 외에도 혀의 혁명은 또 한 가지 요점

혀의 혁명에 관하여

이 있다. 바로 나 자신에 속한 말을 배우는 것이다. 언제부터인지 잘 모르겠으나, 우리는 자신에게 속한 말을 하지 않는 자신을 불현듯 발견했다. 우리가 하는 말들은 죄다 영도자와 선생님들이 한 말이었다. 영도자들의 말은 본디 그들 자신에게 속한 말이었는데, 우리가 두뇌를 쓰지 않고 날마다 따라 말하고 반복적으로 말하면서 차츰 그들의 말을 틀에 박힌 말, 빈말, 심지어 쓸데없는 말로 바꿔놓았다. 이렇게 저명한 학문을 속된 학문으로 바꾸고 성인의 말씀을 속인의 말로 바꿔놓았으니 정말로 과오를 저지른 것이다. 그러나 성인도 손실을 보기는 했지만 우리가 본 손실은 더 컸다. 혀가 뻣뻣해졌을 뿐만 아니라 아예 굳어지고 딱딱해진 것이다. 위아래 할 것 없이 다들 하는 말이 천편일률적인 팔고문 투의 말이다보니 백성에게 혐오감을 주고, 듣기만 해도 머리를 아프게 한다. 어떤 이는 아예 귀를 막고 차라리 말과 소와 닭의 울음소리를 들으러 간다. 혀가 딱딱하게 굳어지니 글도 따라서 딱딱하게 굳어져 천편일률적인 글을 쓰고 타인의 언어가 드리운 그늘 속에서 생활했다. 지금에 이르러서야 우리는 모든 것 위에 군림하고 모든 것을 뒤덮어버리는 언어의 감옥에 살고 있음을 발견한다. 그리고 혀를 혁명하지 않으면 안 된다는 생각을 하게 된다. 1980년대 중국 대륙의 문화사는 곧 혀를 혁명하고 붓을 혁명한 역사였다. 말하자면 경설당이 혁명을 당하고 또 자신을 혁명한 역사였다. 내가 작년에 발표한 「80년대 문학비평의 혁명을 논함」에서 말한 것은 바로 혁명적 혀에 대하여 혀의 혁명이 필요하다는 의미였다.

그러나 나처럼 혀가 뻣뻣한 사람들과, 또 나보다 나이도 많고 혀도 더 뻣뻣한 혁명 세대 늙은이들은 흔히 혀만 뻣뻣한 게 아니라 성깔도 뻣뻣하다. 그들은 언제나 늙었다는 것에 대해 승복하지 않고 패배를 인정하지 않으며 자신들의 혀가 뻣뻣하다는 것을 인정하지 않는다. 이런 정신은 비록 가상하지만 혀가 계속 뻣뻣하다보면 점차 딱딱하게 경직되고 형식화되어 아무도 그의 말에 귀 기울이지 않을 것이다. 그러나 이들 경설당의 중심 세력은 '중요한 영도자 자리'를 기어코 지켜내면서 대륙의 문화적 생명과 혈맥을 장악하고 지휘한다. 때문에 그들은 자연스레 연설당과 충돌을 빚는데 나는 경설당의 중심 세력에 속하지 않고 늘 연설당을 대신해 발언했기에 그들을 기분 나쁘게 했고, 토벌 대상에 포함되었다.

혀의 개혁과 혀의 혁명은 '경설당'만을 겨냥하는 것이 아니라 '교설당巧舌黨'도 겨냥한다. 경설당 가운데 많은 사람이 외국어를 할 때는 더듬더듬 말하지만 중국말을 하기 시작하면 말주변이 아주 좋고 번지르르하다. 경설당 가운데 많은 사람이 중년과 청년 시기에, 특히 정치운동에서 대단한 활약을 펼쳤다. 비록 그들은 자신에게 속한 언어는 없었지만, 지도 교사들의 언어(즉 비판의 무기)를 사용해 남을 비판하기 시작하면 몹시 사납게 굴었고, 게다가 이런 틀에 박힌 언어를 사용해 은밀하게 인물을 품평하고 시비를 일으키는 데도 능했다. 때문에 그때 그들의 혀는 뻣뻣한 것도 아니고 부드러운 것도 아닌 '교묘한' 것이었다. 이런 '교묘함'은 말솜씨 좋은 아낙네처럼 재잘재잘 말하는 것이 아니라 궤변을 늘어놓는 교묘함이다. 예를 들어 한 묘의 밭에서 식량을 만 근 내지 수만 근을 생산하기란 불가능하다는 것이 분명한데도 그들은 '과학'적 이치를 장황하게 늘어놓으며 가능하다고 말할 수 있었던 것이다. 물론 이런 '교묘함' 속에는 '뻣뻣함'도 있다. 뻣뻣함 속에 교묘함이 있고 교묘함 속에 뻣뻣함이 있으니 혀를 혁명할 때는 늘 뻣뻣한 혀와 교묘한 혀를 한데 연결해서 혁명해야 한다. 말하자면 거짓말과 허튼소리를 틀에 박힌 말 그리고 빈말과 함께 혁명해야 한다. 이렇게 혁명을 하면 고통이 더 심하다. 경설당 친구들이 울분으로 가득 차고 다들 하나같이 고생과 원한이 사무친 모습을 보이

혀의 혁명에 관하여

는 것도 이상한 일이 아니다.

　실상 나는 경설당의 고충을 대단히 동정하는 사람이다. 2년 동안 뻣뻣한 혀로 영어를 배우려니 정말 쉽지 않고, 얼마 전까지도 늘 딸아이의 조롱을 받았다. "이 단어를 스무 번은 알려줬는데 아직 말을 제대로 못 하시네." 정말로 썩은 나무에는 조각을 할 수 없나보다. 뻣뻣한 혀로 자신을 바꾸고 변화시킨다는 것은 무척 고통스러운 일임을 알 수 있다. 그들이 분노로 마음이 평온하지 못하고, 더욱이 연설당을 혼내주려고 드는 것도 이해가 간다.

　이 책에 수록된 작품의 문체는 잡문이다. 주제는 인성의 진상을 드러
내 보여주고 인성의 변이를 담론하고 세인들의 병적인 상태를 묘사한 것
이다. 류짜이푸의 10여 종의 산문집에서 뽑아 엮었다.

　류짜이푸는 이 잡문들 속에서 사회와 문학의 온갖 현상에서 느낀 바
를 펼쳐내 인간을 말하고 인간의 모습을 논한다. 또는 시대를 느끼고 세
계를 평한다. 그의 필치는 예리하고 내포는 유머러스하며 화제는 집중적
이고 의미는 매우 풍부하다. 여섯 개의 장, '인간의 모습' '짐승의 모습' '아
Q의 모습' '마음의 모습' '중생의 모습' '시대의 모습'에 수록된 이 글들은
복잡한 인성의 다양한 측면 속에 숨겨진 것들을 속속들이 찾아내고 눈
에 보이지 않는 것들을 밝게 드러낸다. 그리하여 위의 주제에 관한 류짜
이푸의 끊임없는 모색이 도달한 깊이와, 끊임없는 탐구가 개척한 넓이를
체현한 것이 바로 이 책이다.

　인간의 세계 속에서, 인간의 발전과정에서 인간성이 어떻게 끊임없이
병적 변이를 일으키고 기형적으로 바뀌는가, 나아가 넋이 나간 채 인성이
빠르게 소외되어가면서도 전혀 알아채지 못하는, 그래서 실상은 비인간
적 인간이 되어버리거나 인간인지 아닌지도 애매모호하게 돼버린 존재들

의 여러 면면을 작가는 세밀하고 정확한 관찰로 묘사해낸다. 이 묘사는 독자들을 경악시키고 증오하게 하며 두렵게 만든다. 그는 인간의 소외 현상을 관찰하고 몸소 느끼는 동시에, 물줄기를 거슬러 올라가 원천을 찾듯이 갖가지 실제 정황을 찾아내고, 온갖 소외를 빚어낸 주관적, 객관적, 의식적, 사회적인 여러 내적 요인과 외적 요인을 추적한다. 이는 인간 소외를 만들어낸 원인과 자초지종을 매우 절실하고도 심각하게 드러내 독자에게 그 실정과 원인을 알리고 여러 변이된 '형태' 속에서 인간의 다양한 '정신'의 변화를 심층적으로 알 수 있게 한다. 나아가 이러한 변이를 초래한 여러 가지 인성적, 사회적인 병폐들을 사색하고 탐구할 수 있게 한다. 이렇게 집대성식으로 인성의 병증 사례들을 진단, 진맥하는 것은 루쉰의 뒤를 이어 또 한 번 현대 중국인의 국민성을 심층적으로 해부한 것이라 할 만하다.

내가 깊이 공감한 것은, 또 작가가 일부 글에서 종종 드러내 보이듯이 그 자신을 살피는 의식, 자신을 성찰하는 정신이다. 류짜이푸는 인간의 소외와 기형적인 변이를 살필 때 자신을 에둘러 지나가거나 빼놓지 않는다. 그는 「꼭두각시 인간을 논함」에서 직접 "한때 나 자신도 꼭두각시 인간이었음"을 고백한다. 또 「내 생각을 반성한다」에서는 "지난 몇 년간 나는 일부 사회 현상과 문학 현상에 대해 '반성'을 했고, 지금은 또 이 '반성'을 다시 생각해보는 중이다. 이것이 바로 내 생각을 반성하는 것이다"라고 고백한다. 바로 자신으로부터 출발하여 우선 자아를 반성하는 그는 자신의 문학 연구를 부단히 심화하는 동시에 기왕의 자아를 부단히 초월하고 있다. 또 자신의 사상을 나날이 성숙하고 온후하게 하며 학문 또한 갈수록 더 깊고 풍부하며 넓게 개척한다.

1980년대 『인물 성격 이중 조합의 원리』와 문학 주체성을 논하는 이론으로부터, 훗날의 『전통과 중국인』 '홍루4서' 그리고 지금 이 『인간농장』에 이르기까지, 류짜이푸의 이론적 비판과 학술적 사고는 줄곧 일관된 내재적 중심선을 한 줄기로 유지해왔다. 그것은 '사람으로 근본을 삼는다以人爲本'라는 기본 이념에 입각하여 인간의 주체성과 본체성의 문제에 관해 누구도 발휘하지 못한 깊은 의미를 발휘하고, 누구도 언급하지 못한 말을 함으로써 인간 문제에 있어 지속적으로 깊고 오묘한 의미들을 찾으며 끊임없이 세밀하고 생동감 있게 사물을 묘사한 것이다. 이로부터 그는, 인간학과 문학을 가장 깊고 절실하게 연결시켜 '문학은 곧 인간학이다'라는 명제를 가장 투철하고 상세히 발휘했다. 나아가 오직 자신에게만 속하는, '인본人本'이 바탕색이 되는 류 씨만의 이론비평 체계를 형성했다.

인간의 문제에 관해 류짜이푸가 느낀 것과 사유한 것, 본 것과 체득한 것이 더욱 집중적으로 반영되어 있다는 점에서, 특별한 주제를 가진 이 잡문집은 분량도 결코 가볍지 않을뿐더러, 나아가 그의 이론사상을 탐구하는 중요한 독본이 된다. 그 외에도 류짜이푸가 이 잡문집에서 잡문의 새로운 문체를 시험적으로 창작해본 것도 특별히 주의를 기울일 만한 가치가 있다. '짐승의 모습'에 들어 있는 10여 편의 글은 소설과 비슷하지만 실제를 기록하는 산문의 규범에 어긋남이 없다. 황당한 이야기들을 도입하고 있으나 곳곳마다 허구가 아닌 진실을 썼다. 이는 류짜이푸의 산문 시리즈에서 별도의 새 장을 연 것이라 할 수 있으며, 현·당대 산문들 가운데서도 별도의 새로운 짜임새와 격식을 열었다고 할 수 있다.

이것을 편집 후기로 삼는다.

바이예白樺

2010년 8월 6일 밤, 베이징 차오네이朝內에서

편집 후기

저자 후기

   이 책의 교정쇄를 읽고서야 내가 쓴 이 익살스러운 잡문들이 대부분 1990년대 초, 그중에서도 1991년 하반기와 1992년, 1993년에 쓰였다는 것을 알게 되었다. 아마 그 2~3년 사이에 나는 정치의 그늘 속에서 이미 빠져나온 것 같고, 고향과 작별했다는 무거운 느낌도 이미 내려놓기 시작한 것 같다. 게다가 칼비노의 '다음 천 년을 위해 쓰는 비망록'에서 계발을 얻어 나도 '가벼운 것으로 무거운 것을 제어하는以輕御重' 시도를 해야 한다고 느꼈다. 그래서 『인간론 25종』 외에도 「날고 도는 족제비」 「웨이웨이」 4대 이야기」 「자식을 먹은 어미 돼지」와 같이 인간과 짐승이 엇섞인, 소설과 비슷하지만 실제의 기록으로 짜여진 글들을 써냈다. 이 실험적 산문들이 발표된 뒤 나와 친구들 몇몇은 여러 날 동안 아주 즐거웠다. 오늘 이 잡문들을 다시 읽어보니 비록 어느 정도는 장난하며 비웃은 점이 있지만 오로지 '현상'을 겨냥한 것이지 '개인'을 겨냥한 것은 결코 아니다. 글 속에도 분명 한계선이 있다. 더군다나 유머는 풍자와 달라서 공격적 성격이나 상해를 주는 성격이 없다. 선의의 회초리를 가한 것일 뿐이다.

   국내에 있을 때는 잡문을 쓴 적이 거의 없다. 일이 무척 바쁘기도 했지만 '우려' 역시 과중했기 때문이다. 정신적으로 짐이 아주 무거우면 희극적 필치도 나올 수가 없다. 해외에서 쓴 웃음기를 띤 이 글들을 지금 다시 읽어보니 그래도 편애하고 싶은 심정이다. 이 글들은 어디까지나 외로움과 적막함 속에서 내가 해탈할 수 있게 도와주었다.

'잡문'이 한 권의 책자로 이루어져 독자들을 만날 수 있게 되었으니 글을 찾아서 모아주신 바이예와 예훙지葉鴻基 두 동생에게 감사해야겠다. 아울러 책임편집인 정융鄭勇의 '엄밀한 점검'과 자세한 교열에도 감사드린다.

읽고 나서 기쁜 심정을 특별히 위의 글로 깊이 새겨둔다.

류짜이푸

2010년 12월 5일, 미국 메릴랜드 주 젠메이劍梅의 집에서 역자가 이 책을 우리말로 옮긴 작업의 순서는 다음과 같다. 책 대부분을 차지하는 본문을 먼저 옮겼고, '한국어판 서문'과 '저자 후기'를 다음으로 옮겼고, 마지막으로 바이예의 '편집후기'를 옮겼다. 본문을 끝낸 뒤 어느 정도는 긴장감이 풀린 탓인지 저자의 서문과 후기에 깃든 특별한 '의도'를 제대로 이해하지 못한 채로 일단 번역을 마쳤다. 그 뒤 출판사로부터 마지막 교정지를 받아 읽고 나서야 이 점을 깨달았다. 책의 구체적 내용과 상관이 없다 하더라도 독자 여러분께 말씀드려야 하는 이유가 있다. 류짜이푸의 글쓰기, 그 밑바탕에 깔린 기본적인 생각을 독자에게 알리는 것이 옮긴이의 책무일 것이기 때문이다.

류짜이푸는 1989년 6월 '톈안먼 사건' 이후 중국 당국의 정치적 박해를 피해 미국으로 건너가서 지금까지 해외에서 쓴 잡문들을 일관되게 '유머'라는 말로 해명했다. 옮긴이가 짐짓 '해명'이라고 쓴 이유는, 이미 출간된 그의 산문집마다 예외 없이 유머라는 말이 보이기 때문이다. 독자들 가운데 누군가가 품을지 모르는 '오해'를 불식시킬 필요가 있었으리라 추측한다. 바이예 역시 이 책이 '유머'를 내포한다고 말했다. 옮긴이는 처음에 '유머幽默'와 '유머러스한幽默性的'이라는 중국어의 외래어에 큰 의미를 두지 않았다. 중국어사전과 국어사전을 참고해서 '익살'과 '익살맞은(익살스러운)'으로 옮겼을 뿐이다. 이번에 교정을 하면서 미심쩍은 생각이 들어 저자의 『인간론 25종人論二十五種』(1992) 한국어판을 찾아 '초판 저자 후기'를 읽어보았다. 과연 그는 유머를 풍자나 익살과 구분하려고 애쓰고 있었다.

그에 따르면, 익살은 자신을 조롱하는 것이다. 이런 자기비하가 지나치면 '어릿광대'가 되기 십상이다. 그리고 풍자는 공격성이 주된 것이다. 이런 공격의 도가 지나치면 '전사'가 되기 일쑤다. 그래서 자신은 익살이나 풍자가 아닌 유머를 선택했다는 것이다. 『인간농장人性諸相』의 '한국어판 서문'과 '저자 후기'에서도 류짜이푸는, 이 책은 장난기가 조금 심한 정도의 '짓궂은' 산문집일 뿐 특정인을 겨냥해서 쓴 글이 아니다, 기껏해야 악의가 아닌 '선의의 회초리'를 가한 것일 뿐이라고 해명한다. 독자들은 어떻게 느낄지 모르겠다. 옮긴이가 보기에 이 책은 유머러스할 뿐만 아니라 지은이의 체면이 땅에 떨어지는 것을 두려워하지 않을 만큼 충분히 '익살'맞고, 대상을 향한 서슬 퍼렇고 날카로운 '풍자'로 그득하다.

그럼에도 극구 익살과 풍자가 아닌 유머를 사용해서 그저 짓궂은 농담을 한 것뿐이라고 거듭 말하는 저자의 의도는 무엇일까? 이제 옮긴이는 류짜이푸의 이 말조차도 가볍게 웃고 지나갈 농담이 아니라 매우 의미심장한 유머로 받아들이게 된다. 허나 이 짧은 지면에서 그 '의미'를 해설한다는 것은 불가능한 일이다. '아는 만큼 보인다'라는 오늘날의 속담도 있듯이, 옮긴이의 무지함 탓으로 그의 유머의 외연과 내포를 다 파악해서 들춰낼 수는 없다. 무엇보다 독자들이 스스로 누려야 할 가장 흥미로운 몫이 이 '유머' 찾기일 것이다. 다만 책의 저자 및 편집자와 옮긴이를 포함해 21세기 현재를 살고 있는 그 누구도 '어릿광대'와 '전사'라는 인류적 주

옮긴이의 말

홍글씨에서 완전히 자유로울 수 없음은 분명하다고 생각한다.

옮긴이는 류짜이푸의 농담이 겉보기에는 20세기의 '현대 중국(인)'을 겨냥했지만 실상 중국이라는 범위를 넘어 인류의 사회정치적 삶을 대상으로 한 것이라고 느낀다. 한국인만 놓고 보더라도 일제강점기는 물론이고 광복 이후 자유당정권, 유신정권, 군사정권, 민간정부, 그리고 오늘 '100퍼센트 대한민국 정권'에 이르기까지 구절양장의 현대사를 거쳐오면서 좋든 싫든 '어릿광대' 또는 '전사'의 얼굴로 살아오기 마련이었다. 어릿광대와 전사는 두 개의 극단적 캐릭터인 것처럼 보이지만 기실 공통점이 있다. 나 자신에 대한 비판과 반성을 결여한 존재 상태가 그것이다. 내 나라를 좀먹는 사회정치적 '악'을 가장 증오하는 '민주'적 '시민'들조차 지금 내가 소유한 땅값, 내가 살고 있는 아파트 가격이 떨어질 낌새라도 보이면 인생의 낙을 잃고 단말마를 지르는 것이 우리 삶이다. 그 어느 때보다도 현재 지구는 하나이며 전사와 어릿광대는 남의 캐릭터가 아니다.

자신의 '전생'을 온전히 기억하고, 그것을 글로 쓰고, 다시 기억들로부터 벗어나기 위해 류짜이푸는 '유머'에 집중한 것이 아닐까. 모자람과 지나침이라는 두 극단을 넘어 중용을 붙잡는 것이 '유머'에 집착하는 그의 의도가 아닐까. 아름다운 우리말을 그르친 것도 모자라서 옮긴이가 분수에 넘치는 말을 너무 많이 했다. 독자 여러분께 죄송할 따름이다.

제3부 아Q의 모습

각 글의 출처

제6부 시대의 모습

각 글의 출처

인간농장

초판인쇄 2014년 10월 6일
초판발행 2014년 10월 13일

지은이 류짜이푸
옮긴이 송종서
펴낸이 강성민
기획 노승현
편집 이은혜 박민수 이두루
편집보조 유지영 곽우정
마케팅 정민호 이연실 정현민 지문희 김주원
온라인 마케팅 김희숙 김상만 한수진 이천희

펴낸곳 (주)글항아리 | 출판등록 2009년 1월 19일 제406-2009-000002호

주소 413-120 경기도 파주시 회동길 210
전자우편 bookpot@hanmail.net
전화번호 031-955-8897(편집부) 031-955-8891(마케팅)
팩스 031-955-2557

ISBN 978-89-6735-129-8 03900

글항아리는 (주)문학동네의 계열사입니다.

이 도서의 국립중앙도서관 출판예정도서목록(CIP)은 서지정보유통지원시스템 홈페이지(http://seoji.nl.go.kr)와 국가
자료공동목록시스템(http://www.nl.go.kr/kolisnet)에서 이용하실 수 있습니다. (CIP제어번호 : CIP2014025500)